觀鳥金門
金門賞鳥指南

金門縣政府 編印

縣長序

　　位於大陸弧形沿岸中間地帶的金門是候鳥南來北往的路徑，擁有豐富的鳥類生態資源、戰地風光及古樸的閩南僑鄉風情。因多樣的棲地環境和特殊地理位置，讓金門成為鳥類重要棲息地，鳥類密度為全台之冠，記錄到的鳥類近三百種，諸多常見的鳥種是台灣本島罕見或是從無紀錄的種類。如留鳥中的戴勝、褐翅鴉鵑、鵲鴝、玉頸鴉，夏候鳥的栗喉蜂虎，冬候鳥的冠鸊鷉等。

　　在金門隨處可見與人朝夕相伴的鳥影，隨時可聆聽此起彼落的各類鳴聲，迎著夏季微風你可以造訪有著鮮艷的羽色和靈巧飛行技巧的「夏日精靈」－栗喉蜂虎。當然你也可頂著凜冽的東北季風，體會鸊鷉漫天飛舞、大軍壓境的攝人氣勢。

來金門；請您放慢腳步、沉澱心靈，靜心領略人文
與自然的和諧，來金門；請您開放感官、誠心體驗，
讚嘆這亙古以來的生態情境之美。

金門！歡迎您！

金門縣長李沃士 謹誌

目　錄

金門
Kinmen

野鳥的快樂天堂

▶ 鳥類是環境重要的指標，對鳥類來說，金門可說
是鳥類的天堂，而鳥類對金門來說是金門地區一
項不可多得、特殊的自然資源也是觀光資源

金門的地理位置

　　金門位於中國大陸東南沿海福建省九龍江口，主要由大金門、小金門及一些小島礁所組成，與臨近的廈門隔海相望，是典型的大陸性島嶼。主要島嶼大、小金門的面積約150平方公里，在氣候上屬於亞熱帶季風型態，冬季吹襲著寒冷的東北季風，夏季為西南氣流，高溫炎熱，春天季節交替的時候，經常引起海霧，籠罩全島，年平均溫為攝氏21度，氣候變化較台灣明顯。

■金門地理位置圖

金門面積雖小，但開發時間甚早，至今已有1,600多年的歷史。也因地理位置十分特殊重要，自古以來便是兵家必爭之地，因此環境多因軍事的需要受到重大的改變。金門原為綠意盎然的海島，但經先民不斷墾伐及盜寇外力的破壞，造成金門日後的飛砂滾滾，土地貧瘠，所有民生物資幾乎都仰賴鄰近的大陸。

到民國三十八年（1949）國共對立後，金門成為中華民國政府反共復國的前線，從此便蒙上一層神秘的面紗。因為軍事的須要，島上長期進行植樹綠化人工造林的工作、為蓄水而開挖池塘、水庫，並實施海岸線管制，這無意間形成了金門多元的生態系，提供鳥類極佳的棲息、繁殖場所。加上金門位於東亞島弧的中間地位，也提供南來北往遷移的候鳥一個良好的停棲點。這種種的因素無不對金門的環境產生重大的影響，造就了金門地區今日生態環境的多樣性及鳥類生態的豐富度，這也是吸引觀鳥人一而再、再而三來金門的動機。

金門的鳥類概況

　　全世界鳥的種類約有九千多種，牠們分屬於27大目155科。因為地理環境的隔離，分隔了鳥種類別與分布。鳥類研究學者們將全世界的鳥類分布區分為：舊北區、新北區、東洋區、大洋區、衣索匹亞沙漠區、南美熱帶雨林區及極地區七個區塊。金門地區的鳥類分布延續了中國大陸及喜馬拉雅山系的鳥種，屬東洋區。

■世界鳥類地理分布圖

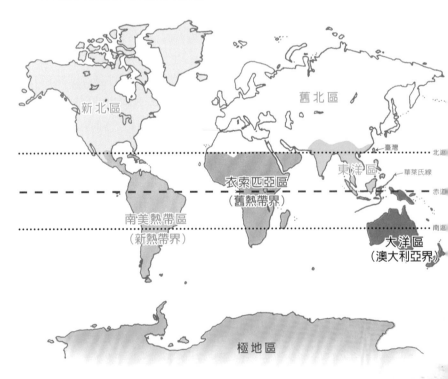

新北區

舊北區

臺灣　　北迴

衣索匹亞區
（舊熱帶界）

東洋區　　華萊氏線

赤道

南美熱帶區
（新熱帶界）

南迴

大洋區
（澳大利亞界）

極地區

以鳥類世界而言，金門是個得天獨厚的地方，島嶼面積雖小，但適合鳥類棲息的各類型棲地交疊錯落在一起，全島水域環境有海域、海岸、泥灘、湖泊、沼澤、魚塭，陸地有田野、山丘、農耕地、樹林、灌叢等，包括聚落在內，幾乎都有野鳥的蹤跡。

目前金門地區累計發現的鳥種數量，根據金門縣野鳥學會近二十年來累計的資料顯示，已多達305種（廈門約284種、台灣約為550種）；這樣的鳥種數量，如果以單位面積來說，是鳥類分布密度相當高的地區。

終年棲息於金門繁殖的留鳥約有40種之多，這些留鳥中較特殊的鳥種有黑翅鳶、戴勝、斑翡翠、白胸翡翠、鵲鴝、褐翅鴉鵑、蠣鷸等，這些鳥種是台灣沒有分布或極為稀少的候鳥，但在金門卻普遍可見。另外，因地處東亞遷移候鳥必經的要道，許多生活在北方寒冷國度的遷移性候鳥，在秋冬或春天會過境，甚或留在金門地區度冬。

最近十年來，每年總會有二隻被鳥類紅皮書列爲瀕臨絕種的保育類野生動物－黑鸛，固定在金門的浦邊一帶海岸度冬，而且每隔數年，還會有新生的亞成鳥跟隨而來。在冬候鳥中最令人熟知的就是體型又大又黑、數量又多的鸕鶿了。根據統計，這幾年來，牠們在金門度冬的數量，正年年的增加中，目前已有將近上萬隻的紀錄，每當黃昏時牠們飛回夜棲地休息，那特殊飛行景觀令人讚嘆。其他來度冬的鳥類較引人注目的鳥種還有羅紋鴨、黑頭翡翠、黑面琵鷺、冠鸊鷉、地啄木等，冬天可說是金門鳥類不論是種類和數量上都最爲豐盛的季節。

除了來度冬的鳥外，當然還有夏天從南方炎熱地區來此避暑的鳥種。每年春末夏初，金門的聚落田野間總是處處聞啼鳥，十分熱鬧，四聲杜鵑、噪鵑清澈響亮的叫聲，迴盪於原野，常是只聞其聲而不見其影。在觀鳥人眼中，夏季最引人注目的主角就是栗喉蜂虎了。牠們是一群羽色鮮艷，習性特殊的鳥類，牠們在田野裡追蹤昆蟲的身影，運用細長彎曲的嘴喙在空中獵捕，以及趴在垂直的土壁上挖洞為巢的畫面，是生態奇景。這些五彩繽紛的精靈，不僅吸引觀鳥人的目光，更吸引了國內外的學者來此進行鳥類生態研究的工作。

　　鳥類是環境重要的指標生物，牠們的多樣陳述了環境提供的豐富性。對鳥類來說，金門是牠們可依的棲所，是牠們生活的天堂，而鳥類對金門來說是一項不可多得特殊的自然資源，也是永續的觀光資源，金門呈現了鳥類與人和諧的生活在同一個空間裡的奇幻島。觀鳥在金門，可說是輕鬆自在的休閒活動。

金門 Kinmen
觀鳥何處去

▶ 賞鳥結合了知性與感性，不但可以陶冶身心，更豐富了您的知識。只需一架望遠鏡、一本鳥類圖鑑、一顆親近自然的心，現在就讓我們一起進入金門的鳥類世界。

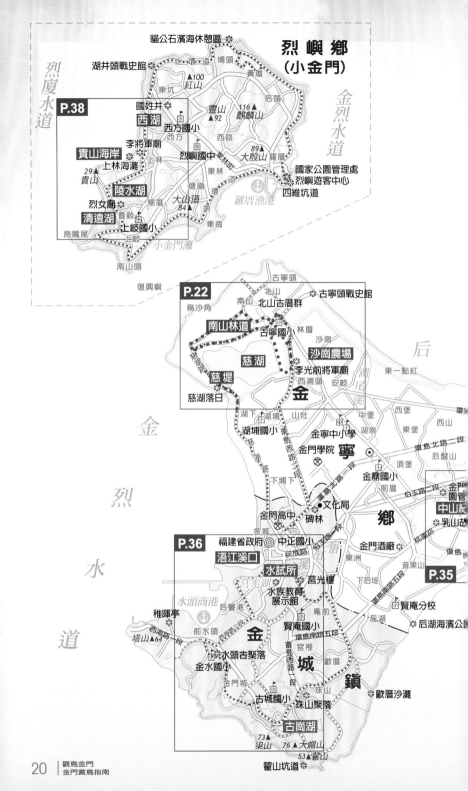

烈嶼鄉
（小金門）

貓公石濱海休憩區

烈嶼水道

湖井頭戰史館

北一環道 埔頭 黃厝 后頭

P.38

東坑 ▲100 紅山 靈山 ▲92 116▲ 麒麟山

國姓井
西湖 西方國小 西方 西路

李將軍廟 89▲ 羅厝 大殷山

貴山海岸 上林海灘 林街 東林 東林 環道

貴山 29▲ 陵水湖 大山頂 環 楊厝 南 84▲

烈女廟 青岐 環道

清遠湖 上岐國小 青岐 東崗

烏礱尾

南山頭

金烈水道

國家公園管理處
烈嶼遊客中心
四維坑道

羅厝漁港

小金門灘

復興嶼

P.22 古寧頭

北山 南山 北山古厝群 古寧頭戰史館

烏沙角

南山林道 古寧國小 林厝 沙崗

慈湖 沙崗農場

慈堤 李光前將軍廟 西浦頭 安岐

慈湖落日 金 東一點紅

后

湖下 湖前 山灶 中堡 西堡 西山

湖埔國小 環島西路二段 湖南 東堡 后盤山

下埔下 金寧中小學 頂堡

金門學院 寧 環島北路二段

金鼎國小 伯玉路一段 金門園管

文化局 中山紀

金門高中 碑林 乳山故

P.36 福建省政府 中正國小 金門酒廠 環島

浯江溪口 民族路 金 鄉 P.35

水試所 莒光樓 東洲 下后垡 后湖海濱公園

水頭商港 莒光湖 水族教育展示館 庵前 賢庵分校

稚暉亭 后豐港 賢庵國小 后湖

塔山▲64 前水頭 西海路二段 賢庵路 官裡 官澳

金 城 環島南路五段

水頭古聚落 歐厝 鎮

金水國小 珠山路

金門城 珠山聚落 歐厝沙灘

古城國小

古崗湖 73▲ 梁山 76▲ 大帽山 53▲翟山

翟山坑道

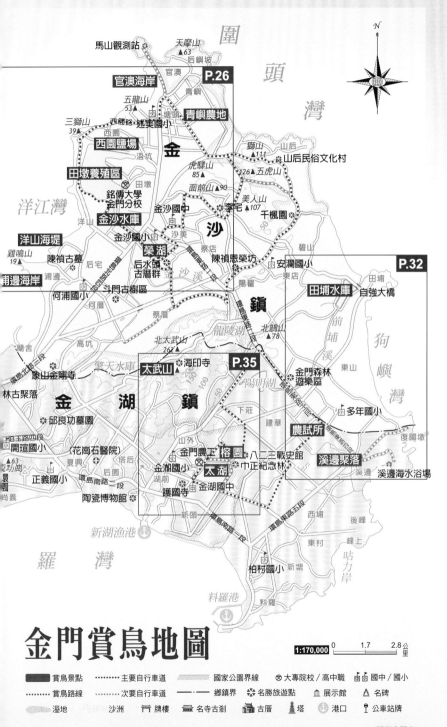

金門賞鳥地圖

1:170,000 0 1.7 2.8 公里

賞鳥景點　　　主要自行車道　　　國家公園界線　⊗ 大專院校 / 高中職　　國中 / 國小

賞鳥路線　　　次要自行車道　──── 鄉鎮界　　　名勝旅遊點　🏛 展示館　△ 名碑

溼地　　　沙洲　　　牌樓　　　名寺古剎　　　古厝　　　塔　　　港口　🚩 公車站牌

慈湖區及沙崗農場

本區位於金門本島的西北邊，主要賞鳥點為慈堤、慈湖東岸及東側魚塭養殖池、南山林道、沙崗農場，生態環境類型為沿海潮間帶、湖泊、魚塭養殖池等，是鹹淡水交接的濕地生態景觀，以及開闊地農耕地、疏林及田野環境。

慈湖區｜慈湖東側的堤岸也是交通道路，堤西邊爲海岸潮間帶，可見泥灘地上佇立著許多反登陸樁，向西遠眺可見小金門島及廈門，東邊則爲慈湖。

◎ 慈堤

本區觀賞的鳥類以春秋過境及度冬的鷸鴴科、鷗科、雁鴨科鳥類爲主，牠們多利用潮間帶活動，所以觀察時須配合潮汐，最好是在滿潮前二小時抵達。漲潮時鷸鴴科、鷗科等鳥類會慢慢地往較高的沙洲集中，滿潮時部份鳥兒即飛往慈湖東面水域休息。海岸型的冠鸊鷉，這時會慢慢地往岸邊靠近，也正是觀賞牠潛水捕魚的最佳時機。常見鳥種以水鳥爲主。

常見留鳥：東方環頸鴴、小白鷺、夜鷺、白胸翡翠、斑翡翠、翠鳥等

常見夏候鳥：黃斑葦鷺

常見冬候鳥：冠鸊鷉、鸕鷀、紅嘴鷗、銀鷗、灰背鷗、裏海燕鷗、大白鷺、蒼鷺、蒙古鴴、鐵嘴鴴、灰斑鴴、金斑鴴、黑腹濱鷸、三趾濱鷸、中杓鷸、白腰杓鷸等，及猛禽魚鷹

常見過境鳥：小燕鷗、燕鷗、斑尾鷸、黑尾鷸、黃足鷸等

◎ 慈湖東岸及東側魚塭養殖池

　　慈湖東岸湖域水位較低，常有裸露出的泥灘地，因此每當滿潮淹沒沙洲後，許多鷸鴴科鳥類便飛來此處停棲休息，另有些不受潮汐影響的鳥種如小環頸鴴、青足鷸、長腳鷸等則隨時可見。此堤岸是冬季觀賞鸕鷀夜歸的最佳場所。

　　東側魚塭養殖池由雙鯉湖關帝廟西方的小路或李光前將軍廟前方沿著水溝邊的馬路進入，即可看見現行使用的魚池及長滿了蘆葦的荒廢魚池。常見鳥種以水鳥為主。

常見留鳥：小鸊鷉、紅冠水雞、白胸苦惡鳥、斑嘴鴨、小白鷺、夜鷺、翠鳥
　　　　　、白胸翡翠、斑翡翠等
常見夏候鳥：黃斑葦鷺
常見冬候鳥：鸕鷀、白骨頂、赤頸鴨、小水鴨、綠頭鴨、琵嘴鴨、白眉鴨、
　　　　　羅紋鴨、赤膀鴨、尖尾鴨、大麻鷺、蒼鷺、中白鷺、大白鷺、
　　　　　池鷺、黑面琵鷺、長腳鷸、田鷸、赤足鷸、白腰杓鷸、青足鷸
　　　　　、裏海燕鷗、黑頭翡翠等，以及猛禽魚鷹、鵟、黑鳶、紅隼、
　　　　　遊隼等
常見過境鳥：小燕鷗、燕鷗、斑尾鷸、黑尾鷸、黃足鷸，及猛禽東方澤鵟

◎ 南山林道

　　南山林道為車轍道，兩旁種有木麻黃、白千層等行道樹，周遭環境為農耕地、荒草地、樹林及灌草叢，田野遼闊。觀賞鳥種以陸棲鳥類為主，最好以步行方式賞鳥，晨昏是最佳的賞鳥時段。常見鳥種以陸鳥為主。

常見留鳥：環頸雉、戴勝、褐翅鴉鵑、玉頸鴉、喜鵲、鵲鴝、金翅雀、八哥
　　　　　、白頭翁、褐頭鷦鶯、灰頭鷦鶯、棕背伯勞、珠頸斑鳩、白鶺鴒
　　　　　等，及猛禽黑翅鳶
常見夏候鳥：家燕、栗喉蜂虎、四聲杜鵑、噪鵑
常見冬候鳥：金背鳩、黃尾鴝、黑喉鴝、斑點鶇、黑臉鵐、小黃嘴雀、地啄
　　　　　木、極北柳鶯、黃眉柳鶯、褐色柳鶯、灰椋鳥、絲光椋鳥等，
　　　　　及猛禽鵟、紅隼
常見過境鳥：紅尾伯勞、黃鶺鴒

沙崗農場｜沙崗農場範圍不大，位於林厝及安歧聚落之間，環境主要為耕作地、畜牧養牛場及海岸木麻黃林等。耕作地作物以高粱、小麥為主，冬季休耕後種植綠肥植物如油菜花等，常有小型陸鳥棲息覓食。棲息鳥種以陸鳥為主。

常見留鳥：環頸雉、戴勝、褐翅鴉鵑、玉頸鴉、喜鵲、白頭翁、褐頭鷦鶯、
　　　　　灰頭鷦鶯、棕背伯勞、金翅雀、八哥、珠頸斑鳩、紅鳩、白鶺鴒
　　　　　、鵲鴝、小雲雀等，及猛禽黑翅鳶
常見夏候鳥：家燕、栗喉蜂虎、四聲杜鵑、噪鵑、大卷尾
常見冬候鳥：樹鷚、大花鷚、灰鶺鴒、黃尾鴝、黑喉鴝、
　　　　　　斑點鶇、黑臉鵐、小黃嘴雀、地啄木、極北柳鶯、
　　　　　　黃眉柳鶯、褐色柳鶯、灰椋鳥、絲光椋鳥等，
　　　　　　及猛禽鵟、紅隼、遊隼
常見過境鳥：紅尾伯勞、黃鶺鴒

洋山及浦邊區、田墩區、
金沙水庫區、青嶼及官澳區

此區是金門本島上最寬廣、開闊、平坦的一片土地，也是主要溪流之一金沙溪流域，土地多用於水產養殖魚塭、鹽田、水庫、農業耕地等，海岸彎曲形成多處泥質灘地、沙洲等潮間帶。這片地區是岸鳥棲息覓食最佳的選擇。

浦邊及洋山區｜浦邊至洋山海岸潮間帶寬廣，岸邊有木麻黃樹林，環境清幽隱密。主要賞鳥點爲浦邊海岸及洋山海堤。

◎ 浦邊海岸

　　浦邊海岸在聚落西邊，可由劉氏家廟前的馬路進入，沿著路邊河溝前進，河溝裡或堤岸上常可發現翡翠、鷸、鴴鴿等鳥種，另兩旁的荒廢池塘，平時有小鸊鷉、斑嘴鴨、小白鷺的棲息，海岸漲潮後又有一些鷸鴴科會進來停棲，穿過葉章湖便來到海岸邊，此間矗立著一座落星塔。浦邊海岸的潮間帶極爲寬廣，海岸間有紅樹林、反登陸樁、草叢地，使這個潮間帶吸引了相當多的生物在此棲息。瀕臨絕種的黑鸛、黑面琵鷺每年都在此度冬，此外，還有金門最大群的蠣鴴在此棲息，是相當珍貴的潮間帶。常見鳥種以水鳥爲主。

常見留鳥：小鸊鷉、小白鷺、夜鷺、紅冠水雞、白胸苦惡鳥、東方環頸鴴、白胸翡翠、斑翡翠、翠鳥等

　常見夏候鳥：黃斑葦鷺

　　常見冬候鳥：黑鸛、黑面琵鷺、琵鷺、大白鷺、中白鷺、蒼鷺、池鷺、赤頸鴨、小水鴨、琵嘴鴨、紅嘴鷗、裏海燕鷗、金斑鴴、灰斑鴴、蒙古鴴、鐵嘴鴴、蠣鴴、翹嘴鷸、白腰草鷸、三趾濱鷸、紅胸濱鷸、赤足鷸、青足鷸、磯鷸、白腰杓鷸、中杓鷸、黑頭翡翠等，及猛禽鵟、魚鷹、紅隼

　　常見過境鳥：綠簑鷺、栗葦鷺、黃足鷸、鶴鷸、斑尾鷸、黑尾鷸、鷹斑鷸等

◎ 洋山海堤

洋山海岸是泥質灘地潮間帶，與堤岸邊樹林灌叢，整體環境隱密清幽。常見鳥種以水鳥為主。

常見留鳥：斑嘴鴨、小白鷺、東方環頸鴴、白胸翡翠、斑翡翠、翠鳥、棕背伯勞、珠頸斑鳩、八哥、斑文鳥等

常見夏候鳥：栗喉蜂虎、噪鵑、家燕

常見冬候鳥：大白鷺、蒼鷺、池鷺、紅嘴鷗、金斑鴴、灰斑鴴、蒙古鴴、鐵嘴鴴、磯鷸、翹嘴鷸、三趾濱鷸、紅胸濱鷸、赤足鷸、青足鷸、磯鷸、白腰杓鷸、中杓鷸、黑頭翡翠、褐色柳鶯、黃眉柳鶯、極北柳鶯等

常見過境鳥：黃足鷸、紅尾伯勞

田墩區｜因金門居民生活習性改變，多處魚塭、鹽田均已廢置，提供野鳥極佳的棲息之所。主要賞鳥點為田墩養殖區及西園鹽場。

◎ 田墩養殖區

主要觀鳥點為堤外的潮間帶，觀察時須配合潮汐，最好是在漲潮前及退潮後抵達。漲潮時鷸鴴科、鷗科等鳥類會慢慢地往較高的沙洲集中，有些鳥也會利用反登陸椿來停棲。滿潮時部份鳥兒會飛往堤內的魚塭或西園鹽田休息。常見的鳥種以水鳥為主。

常見留鳥：小鸊鷉、白胸苦惡鳥、小白鷺、夜鷺、蠣鷸、東方環頸鴴、白胸翡翠、斑翡翠、翠鳥等

常見夏候鳥：栗喉蜂虎、家燕

常見冬候鳥：冠鸊鷉、鸕鶿、大白鷺、中白鷺、蒼鷺、池鷺、紅嘴鷗、裏海燕鷗、金斑鴴、灰斑鴴、蒙古鴴、鐵嘴鴴、反嘴鷸、三趾濱鷸、紅胸濱鷸、赤足鷸、青足鷸、磯鷸、白腰杓鷸、中杓鷸、黑頭翡翠等

常見過境鳥：黑尾鷸、斑尾鷸、黃足鷸

◎ 西園鹽場

西園的荒廢鹽田與魚塭養殖區緊鄰聚落，當海水漲潮後，潮間帶的岸鳥會飛進西園鹽田休息。常見鳥種以水鳥為主。

常見留鳥：小鸊鷉、斑嘴鴨、白胸苦惡鳥、小白鷺、夜鷺、東方環頸鴴、白胸翡翠、斑翡翠、翠鳥、褐翅鴉鵑、八哥、棕背伯勞、鵲鴝等

常見夏候鳥：栗喉蜂虎、噪鵑、四聲杜鵑、家燕

常見冬候鳥：赤頸鴨、小水鴨、大白鷺、中白鷺、蒼鷺、池鷺、紅嘴鷗、金斑鴴、灰斑鴴、蒙古鴴、鐵嘴鴴、反嘴長腳鷸、三趾濱鷸、紅胸濱鷸、赤足鷸、青足鷸、磯鷸、白腰杓鷸、中杓鷸、黑頭翡翠、黑臉鵐、黃尾鴝、灰椋鳥、褐色柳鶯等

常見過境鳥：黃足鷸

金沙水庫區 | 金沙溪上游為榮湖，之間攔截蓄水成水庫，下游至田墩養殖區出海。主要賞鳥點為金沙溪口、金沙水庫及榮湖。

◎ 金沙溪口

　　水庫位於金沙溪下游河段構築堤壩而成，其西南方為第二富康農莊及農田耕作區地，耕地間有池塘或聚落住家，而東北方主要為農田耕作區，田間有荒廢的池塘。常見鳥種以水鳥為主。

常見留鳥：小鸊鷉、斑嘴鴨、小白鷺、夜鷺、紅冠水雞、白胸苦惡鳥、白胸翡翠、斑翡翠、翠鳥、棕背伯勞、喜鵲、玉頸鴉、黑領椋鳥、白面白鶺鴒等，及猛禽黑翅鳶

常見夏候鳥：栗喉蜂虎、噪鵑、家燕

常見冬候鳥：鸕鶿、大白鷺、中白鷺、牛背鷺、蒼鷺、池鷺、赤頸鴨、小水鴨、琵嘴鴨、紅嘴鷗、金斑鴴、白腰草鷸、磯鷸、黑頭翡翠等，及猛禽鶚、魚鷹、紅隼

常見過境鳥：綠簑鷺、栗葦鷺

◎ 金沙水庫

　　金沙溪出海口河段水位隨潮汐而改變，乾潮時有裸露的泥灘地，冬季吸引赤頸鴨、小水鴨成群在此覓食棲息，漲潮後會前往岸邊休息，另有零星的鸕鶿科、翡翠科、鷺鷥科也會前來。另外，棕背伯勞偶而也會來此獵食，曾見牠捕獵到螃蟹的紀錄。溪流的東北邊是荒廢的魚塭養殖區，同時提供棲所。常見鳥種以水鳥為主。

常見留鳥：小鸊鷉、斑嘴鴨、白胸苦惡鳥、小白鷺、夜鷺、東方環頸鴴、白胸翡翠、斑翡翠、翠鳥、褐翅鴉鵑、八哥、棕背伯勞、鵲鴝等

常見夏候鳥：栗喉蜂虎、噪鵑、四聲杜鵑、家燕、大卷尾

常見冬候鳥：赤頸鴨、小水鴨、大白鷺、中白鷺、蒼鷺、池鷺、紅嘴鷗、金斑鴴、灰斑鴴、蒙古鴴、鐵嘴鴴、反嘴長腳鷸、三趾濱鷸、紅胸濱鷸、赤足鷸、青足鷸、磯鷸、白腰杓鷸、中杓鷸、黑頭翡翠、黑臉鵐、黃尾鴝、灰椋鳥、褐色柳鶯等

常見過境鳥：黃足鷸

◎ 榮湖

　　榮湖東邊緊鄰后浦頭，東南邊
為后水頭聚落，汶源宮前的水塘是
本區的重點觀鳥點，西南邊為耕作
地。常見鳥種以水鳥為主。

常見留鳥：小鸊鷉、斑嘴鴨、小白鷺、夜鷺、紅冠水雞、白胸苦惡鳥、白胸
　　　　　翡翠、斑翡翠、翠鳥、褐翅鴉鵑、黑領椋鳥、喜鵲、戴勝、棕背
　　　　　伯勞等，及猛禽黑翅鳶
常見夏候鳥：栗喉蜂虎、噪鵑、四聲杜鵑、大卷尾、家燕
常見冬候鳥：鸕鷀、大白鷺、中白鷺、牛背鷺、蒼鷺、池鷺、赤頸鴨、小水
　　　　　鴨、琵嘴鴨、白腰草鷸、磯鷸、黑頭翡翠、褐色柳鶯、黃尾鴝
　　　　　、黑臉鵐、灰椋鳥、絲光椋鳥等，及猛禽鵟、魚鷹、紅隼
常見過境鳥：綠簑鷺、栗葦鷺、紅尾伯勞、斑鶇、黃鶺鴒

青嶼及官澳區 | 金門東北邊的這個角落，聚落較少，臨近海岸環境開
闊，為農耕地。主要賞鳥點為青嶼農地及官澳海岸。

◎ 青嶼農地

　　青嶼鄰近海岸，是一塊農地重劃區，主要作物為高粱及小麥。農
耕地在作物成長的各個階段與農地周邊的環境，都是食蟲性鳥類極佳
的覓食區。常見鳥種以陸鳥為主。

常見留鳥：喜鵲、白胸苦惡鳥、戴勝、八哥、棕背伯勞、褐頭鷦鶯、灰頭鷦
鶯、小雲雀、褐翅鴉鵑、麻雀、金翅雀、斑文鳥等，及猛禽黑翅
鳶

常見夏候鳥：家燕、大卷尾、噪鵑、四聲杜鵑、栗喉蜂虎

常見冬候鳥：絲光椋鳥、灰椋鳥、黃尾鷸、黑喉鴝、褐色柳鶯、大花鷚等，
及猛禽鵟、紅隼、遊隼

常見過境鳥：黃鶺鴒、紅尾伯勞

◎ 官澳海岸

官澳聚落臨海，海岸潮間帶為鷸鴴
科等岸鳥最佳的覓食環境。因為是潮間
帶，至此觀鳥最好配合潮汐。常見鳥種
以水鳥為主。

常見留鳥：小白鷺、夜鷺、東方環頸鴴、礪鷸、紅
冠水雞、白腹秧雞、戴勝、翠鳥、白胸翡翠、褐翅鴉鵑、珠頸斑
鳩、棕背伯勞、麻雀、鵲鴝、八哥、喜鵲、玉頸鴉等，及猛禽鵟
、黑翅鳶

常見夏候鳥：家燕、大卷尾、栗喉蜂虎

常見冬候鳥：冠鸊鷉、大白鷺、蒼鷺、池鷺、裏海燕鷗、紅嘴鷗、灰斑鴴、金
斑鴴、蒙古鴴、鐵嘴鴴、黑腹濱鷸、紅胸濱鷸、赤足鷸、青足鷸
、白腰杓鷸、中杓鷸、磯鷸、黃尾鴝、黑喉鴝、藍磯鶇、褐色
柳鶯等，及猛禽鵟、魚鷹、紅隼

常見過境鳥：黃足鷸、翹嘴鷸、斑尾鷸、黑尾鷸等

田埔水庫區及農試所區

此區是金門的前埔溪流域，於下游設有田埔水庫，水域呈長形開闊，與附近溝渠提供水鳥活動棲息。東側開闊地為金門農業改良的實驗地，耕地環境與耕作用蓄水池等，是許多陸鳥最佳的覓食棲所。

田埔水庫區｜水庫緊鄰海岸，水域開闊，四周有人工造林地、耕作地及魚池、溝渠等，使水庫區生態多樣豐富。常見鳥種以水鳥為主。

常見留鳥：小鸊鷉、白胸翡翠、斑翡翠、翠鳥、斑嘴鴨、紅冠水雞、白胸苦惡鳥、黑領椋鳥、褐翅鴉鵑等

常見夏候鳥：黃斑葦鷺、栗喉蜂虎、噪鵑、四聲杜鵑、大卷尾、家燕

常見冬候鳥：鸕鷀、赤頸鴨、小水鴨、牛背鷺、池鷺、蒼鷺、大白鷺、磯鷸、白腰草鷸、灰椋鳥、黑臉鵐等，及猛禽紅隼、魚鷹、鵟

常見過境鳥：綠簑鷺、紅尾伯勞、斑鶇、黃鶺鴒

農試所區｜農試所是金門農業改良的實驗地，種植農作物多樣，加上養殖場、公園、池塘、溝渠、樹籬等，生態環境多樣，提供多類型鳥類前來覓食活動，主要觀鳥區域為農試所所區及溪邊聚落前池塘。

◎ 農試所區

　　農試所的實驗農地耕作區與畜牧區內，除耕地、牧場外還有池塘、溪流水域，河溝旁的竹林是夏候鳥栗喉蜂虎重要的夜棲地。常見鳥種以陸鳥為主。

常見留鳥：棕背伯勞、戴勝、八哥、黑領椋鳥、珠頸斑鳩、斑文鳥、金翅雀、灰頭鷦鶯、褐頭鷦鶯、白鶺鴒、褐翅鴉鵑、棕背伯勞、鵲鴝、麻雀等，及猛禽黑翅鳶

常見夏候鳥：家燕、大卷尾、噪鵑、四聲杜鵑、栗喉蜂虎

常見冬候鳥：黑喉鴝、黃尾鴝、赤胸鶇、斑點鶇、虎斑地鶇、樹鷚、大花鷚、灰鶺鴒等，及猛禽紅隼、鵟、魚鷹

常見過境鳥：紅尾伯勞、斑鶇、黃鶺鴒

◎ 溪邊聚落前池塘

　　本池塘位於溪邊聚落前環島東路金溪橋旁，池畔有一忠烈祠。池塘水面時常佈滿大萍，周遭環境為疏林及農耕地，雖位於馬路旁邊，但人為干擾少，有很多鳥會利用這裡做為覓食、沐浴、休息的場所，因此只要將車停在路旁，在車上即可觀鳥。常見鳥種以水鳥為主。

常見留鳥：白胸翡翠、斑翡翠、翠鳥、斑嘴鴨、紅冠水雞、白胸苦惡鳥、黑領椋鳥、褐翅鴉鵑、白面白鶺鴒、金翅雀等
常見夏候鳥：黃斑葦鷺、家燕、栗喉蜂虎、噪鵑、四聲杜鵑
常見冬候鳥：小水鴨、大白鷺、池鷺、灰椋鳥、絲光椋鳥、黑臉鵐、褐色柳鶯等，及猛禽紅隼、鵟
常見過境鳥：綠簑鷺、黃鶺鴒

太武山區、中山紀念林及太湖區

金門本島地形平坦，僅中央為丘陵地是太武山區，最高峰253公尺，以花崗岩為主，岩石旁散落著疏林與灌叢。中山紀念林區為人工造林，太武山東南邊為榕園，園旁有大小兩個蓄水池，也就是大小太湖，池邊是金門人晨間活動的場所。

太武山區 | 太武山區主要為人造松樹林及一些原生樹種，如潺槁樹等，以及軍營房舍。目前仍屬軍事管制區，觀察活動以步行方式賞鳥，將車停在廣場後，通過太武公墓、檢查哨後沿玉章路前進，一路上會有許多健行的民眾或觀光客，經海印寺可繼續前進到太武水庫頑石點頭附近。從海印寺到水庫附近是賞鳥的精華路段，白斑紫嘯鶇、栗背短腳鵯、藍腹藍磯鶇等特殊鳥種都能在此發現。常見鳥種以陸鳥為主。

常見留鳥：喜鵲、珠頸斑鳩、白頭翁、藍磯鶇、白斑紫嘯鶇、綠繡眼、大陸
畫眉、褐翅鴉鵑等

常見夏候鳥：栗喉蜂虎、噪鵑、四聲杜鵑

常見冬候鳥：黃尾鴝、藍磯鶇、白腹鶇、赤胸鶇、斑點鶇、虎斑地鶇、褐色
柳鶯、極北柳鶯、黃眉柳鶯，及猛禽鵟
、紅隼、松雀鷹

常見過境鳥：髮冠卷尾、栗背短腳鵯，及猛禽赤腹鷹

中山紀念林 | 中山紀念林為人造林，樹種以松樹為主，園區內另有金門國家公園管理處行政中心及遊客中心等建物設置。常見鳥種以陸鳥為主。

常見留鳥：褐翅鴉鵑、戴勝、綠繡眼、鵲鴝、白頭翁
、八哥、喜鵲、金翅雀、麻雀、斑文鳥等

常見夏候鳥：噪鵑、四聲杜鵑、栗喉蜂虎

常見冬候鳥：褐色柳鶯、樹鷚、藍尾鴝、黃尾鴝、藍
磯鶇，另叉尾太陽鳥在本區有多次發現
紀錄

常見過境鳥：紅尾伯勞

太湖區┃大小太湖是以蓄水爲主的湖泊，水域寬廣，湖中有島，湖旁邊的榕園以種植榕樹爲主，水域陸域相輔相成，吸引水鳥及陸鳥前來棲息覓食，主要賞鳥地點爲大、小太湖及榕園。

◎ 大、小太湖

　　位於山外的兩個湖泊，主要功能是民生蓄水。湖邊堤岸於晨昏常有民眾來此運動，環湖道路可開車行進。大太湖湖中有二個小島，其中一個可以步行上島，小太湖面積小，湖中亦有小島，兩湖中的小島冬天均有鸕鷀停棲度冬。這群鸕鷀的習性和慈湖的不一樣，常停棲於樹上休息，餓了就到湖中或外出捕魚，少見集體覓食。常見鳥種以水鳥爲主。

常見留鳥：小鸊鷉、小白鷺、斑翡翠、白胸翡翠、翠鳥、戴勝、八哥、珠頸
　　　　　斑鳩、棕背伯勞、鵲鴝等
常見冬候鳥：鸕鷀、黑頭翡翠、池鷺、紅嘴鷗、
　　　　　　中白鷺、大白鷺、灰椋鳥、絲光椋
　　　　　　鳥及猛禽魚鷹
常見過境鳥：綠簑鷺、白翅黑燕鷗、黑腹燕鷗、
　　　　　　紅尾伯勞

◎ 榕園

　　榕園樹種以榕樹為主，園中榕果成熟期間，許多吃漿果的鳥都會聚集於此，榕樹下的草地也是地面活動的鳥類喜愛的場所。另外入口處有一庭園造景的水池，白胸翡翠、翠鳥、池鷺常出現於此。常見鳥種以陸鳥為主。

常見留鳥：戴勝、白胸翡翠、翠鳥、褐翅鴉鵑、八哥、黑領椋鳥、鵲鴝、白頭翁、棕背伯勞、黑鵯、喜鵲、玉頸鴉、白鶺鴒等
常見夏候鳥：栗喉蜂虎、噪鵑、四聲杜鵑、家燕
常見冬候鳥：池鷺、灰鶺鴒、樹鷚、白腹鶇、赤胸鶇、斑點鶇、虎斑地鶇
常見過境鳥：紅尾伯勞、黃鶺鴒

古崗湖區及浯江溪口區

臨金烈水道的海岸凹入地區正是浯江溪的出海口，也是金城鎮的所在地，範圍包括溪口至建功嶼一帶的潮間帶、水試所附近池塘、魚塭、湖泊。

古崗湖區｜古崗湖鄰近古崗聚落，是一個半人工的天然湖泊，湖畔有一古色古香的三層樓建築，周遭環境為耕作地及丘陵地。常見鳥種以水鳥為主。

常見留鳥：環頸雉、小白鷺、夜鷺、褐翅鴉鵑、戴勝、白胸翡翠、斑翡翠、翠鳥、白鶺鴒、棕背伯勞、白頭翁、鵲鴝、八哥、玉頸鴉、喜鵲、黑鶇、麻雀，及猛禽黑翅鳶

常見夏候鳥：黃斑葦鷺、栗喉蜂虎、噪鵑、四聲杜鵑、家燕

常見冬候鳥：蒼鷺、大白鷺、磯鷸、黃尾鴝、赤胸鶇、白腹鶇、絲光椋鳥、灰椋鳥、樹鷚、褐色柳鶯、黑臉鵐，及猛禽魚鷹、鵟

常見過境鳥：紅尾伯勞、極北柳鶯、紫背椋鳥、灰背椋鳥

浯江溪口區｜浯江溪口為金門縣政府所在的金城鎮，溪口水域寬廣，除保有潮間帶濕生環境外，尚有人工湖及散落的池塘魚塭。

◎ 浯江溪口潮間帶

　　溪口水域較寬，除中心水道外，幾乎佈滿了紅樹林海茄苳，潮間帶灘地上有招潮蟹、彈塗魚及各種無脊椎動物，吸引不少鳥類在此棲息覓食。周邊為運動場、海濱公園、石雕公園及水試所的實驗池塘，滿潮時一些鷸鴴科鳥類會飛到水試所實驗池塘的堤岸上休息。常見鳥種以水鳥為主。

常見留鳥：白胸苦惡鳥、東方環頸鴴、小白鷺、夜鷺、白胸翡翠、斑翡翠、翠鳥、鵲鴝、棕背伯勞、八哥

常見夏候鳥：黃斑葦鷺、栗葦鷺、栗喉蜂虎、家燕、噪鵑

常見冬候鳥：鸕鷀、蒼鷺、蒙古鴴、鐵嘴鴴、金斑鴴、灰斑鴴、磯鷸、翻石鷸、赤足鷸、黃足鷸、青足鷸、中杓鷸、白腰杓鷸、黑腹濱鷸、紅胸濱鷸、紅嘴鷗、裏海燕鷗、黑頭翡翠、灰椋鳥、絲光椋鳥等

常見過境鳥：黑尾鷸、斑尾鷸、綠簑鷺

◎ 水試所及附近池塘、魚塭

　　水試所位於浯江溪口旁，附近有觀光名勝莒光樓。生態環境有池塘、魚塭及石雕公園，水試所內的魚塭堤岸提供漲潮時水鳥良好的休息點。而莒光樓及石雕公園間的草地時常可見黑鶇及戴勝覓食。

常見留鳥：斑嘴鴨、小白鷺、夜鷺、白胸翡翠、斑翡翠、翠鳥、珠頸斑鳩、戴勝、黑鶇、棕背伯勞等

常見夏候鳥：黃斑葦鷺、栗葦鷺、栗喉蜂虎、家燕、噪鵑

常見冬候鳥：蒼鷺、黑頭翡翠、紅喉潛鳥、赤頸鴨、琵嘴鴨、小水鴨、尖尾鴨，及猛禽魚鷹、紅隼

常見過境鳥：紅尾伯勞

小金門西湖、陵水湖 貴山海岸及清遠湖

烈嶼鄉的西側有數個較大的水塘，包括中墩附近的西湖，上庫及上林間的陵水湖、以及烈女廟旁的清遠湖，這些水塘都位於環島的戰備道旁，是小金門最主要的濕地，也是主要的觀鳥地點。

西湖｜西湖主要是二個大水塘，周遭環境為農耕地，西邊為海岸林，目前在臨海的環島車轍道旁各設有觀賞平台。在這裡主要是觀賞於冬季及過境季節棲息的雁鴨科及鷺科、鷸科等。

常見留鳥：小白鷺、夜鷺、紅冠水雞、白胸苦惡鳥、斑嘴鴨、白胸翡翠、斑翡翠、翠鳥、鵲鴝、喜鵲、玉頸鴉等
常見夏候鳥：黃斑葦鷺、栗葦鷺
常見冬候鳥：鸕鶿、白骨頂、黑面琵鷺、蒼鷺、草鷺、大白鷺、磯鷸、田鷸、鶴鷸、黑頭翡翠、各類雁鴨等，及猛禽鵟、魚鷹、黑鳶、紅隼等

陵水湖│湖區水體面積大，周遭密生水生植物蘆葦及鹹草等，是秧雞、雁鴨及葦鷺們極喜愛的棲所。由將軍廟順著車轍道進入，道路兩側即爲湖區，路旁種著高大的木麻黃，並設有二座賞鳥牆供觀察使用。常見鳥種以水鳥爲主。

常見留鳥：小白鷺、夜鷺、紅冠水雞、白胸苦惡鳥、斑嘴鴨、白胸翡翠、斑翡翠、翠鳥等
常見夏候鳥：黃斑葦鷺、栗葦鷺
常見冬候鳥：鸕鷀、白骨頂、黑面琵鷺、蒼鷺、草鷺、大白鷺、磯鷸、田鷸、鶴鷸、黑頭翡翠、各類雁鴨等，及猛禽鵟、魚鷹、黑鳶、紅隼

貴山海岸│由陵水湖戰備道旁的萬神爺宮西北側道路直走，即可到達貴山海灘，這兒是最接近廈門的海岸，以沙泥地質海灘爲主。觀鳥最好是在漲潮前或退潮後。常見鳥種以水鳥爲主。

常見留鳥：紅冠水雞、白胸苦惡鳥、斑嘴鴨、蠣鷸、東方環頸鴴、白胸翡翠、斑翡翠、翠鳥等
常見夏候鳥：黃斑葦鷺、栗葦鷺
常見冬候鳥：鸕鷀、黑頭翡翠、蒙古鴴、鐵嘴鴴、白腰杓鷸、中杓鷸、赤足鷸、翻石鷸、翹嘴鷸、紅頸濱鷸、蒼鷺、大白鷺等
常見過境鳥：黃足鷸、黑尾鷸、斑尾鷸

清遠湖│位於烈女廟旁，湖區由數個水塘組成，目前有的已長滿蘆葦，塘邊有木麻黃等生長，湖畔亦建有一座室內游泳池，附近散落有農耕地及海岸樹林。

常見留鳥：小鸊鷉、紅冠水雞、白胸苦惡鳥、斑嘴鴨、東方環頸鴴、白胸翡翠、斑翡翠、翠鳥、褐翅鴉鵑、灰頭鷦鶯等
常見夏候鳥：黃斑葦鷺、栗葦鷺、家燕
常見冬候鳥：鸕鷀、黑頭翡翠、中杓鷸、赤足鷸、青足鷸、蒼鷺、大白鷺、中白鷺、褐色柳鶯、東方大葦鶯等
常見過境鳥：紅尾伯勞

金門 Kinmen

如何觀鳥

▷ 賞鳥結合了知性與感性，不但可以陶冶身心，更豐富了您的知識。只需一架望遠鏡、一本鳥類圖鑑、一顆親近自然的心，現在就讓我們一起進入金門的鳥類世界。

觀鳥樂趣

觀鳥，什麼是觀鳥？
到底要『觀』什麼鳥？
要『觀』鳥的什麼？
要如何去『觀』？
鳥有什麼好『觀』的呢？

　　這樣的疑問句是很多尚未進行觀鳥活動的人心中的思索，可以很確定的是『觀』鳥的樂趣無限，全球進行觀鳥活動的人將近百萬，它的歷史也有百年，這樣的讓人一代代參與投入又樂此不疲，它必然是極有內涵及意義的。

　　概括而論，其一，從事這樣的活動可以增加知識。當你不斷地進入自然去觀賞觀察時，你會發現許多有趣的生態事，季候變化對地理、生物的影響，你會不斷地充實自己，你會不停地學習、吸收。其二，由觀賞與觀察的過程中怡情養性、鍛鍊身體。大自然中充滿了驚喜，當你用心體會，以時間換得快樂時，身心靈都得著滿足。每個觀鳥人的目的與期待是不太一樣的，有人想累積觀察的鳥種數，在當前所知世界上約9,000種鳥，而觀鳥人最高的觀鳥鳥種紀錄超過7,000種；自然也有人是以喜歡觀察各個鳥種的生活行為為樂趣，每一種鳥都有牠們特殊的習性好惡，不斷地為生存需求而覓食、繁殖、遷移等，牠們的外觀構造也因著生存需要有了多樣的變化，牠們的點點滴滴都吸引著我們前去發掘探索。

認識鳥的外觀

蝙蝠也是會飛的動物，
全身披覆絨毛

■什麼是鳥

簡單的說，鳥就是身上長著羽毛並且會飛的動物。麻雀應該是所有人最為熟悉的一種鳥類了。鳥類在生物分類學上屬於動物界、脊椎動物門、鳥綱。鳥類外觀上和其他動物不一樣的地方是牠們全身披著構造精緻特殊的羽毛，前肢演化為翅膀讓牠們可以在空中展翼飛翔，尾部的羽毛像船隻的舵控制方向，嘴喙堅硬可替代手的抓取、銜含。不過，並不是所有的鳥都會飛行，有些特例，如企鵝以雙翅為槳在水中划水、鴕鳥以強健的雙腳奔跑於草原、鴯鶓以及紐西蘭的奇異鳥也不用飛行來生活。目前全世界的鳥種，共有33目203科約9,755種。（2000年）

遷移性鳥類除嘴喙及腳
爪外，全身披覆羽毛

■鳥外觀部位

　　身體外觀部位基本上分為頭、胸、腹、四肢。在觀鳥活動時掌握各個部位的名稱，便於在觀察時大家相互溝通並進行觀查紀錄。有許多鳥種在重要部位上的羽色花紋會是辨識上的重點，有些鳥種在科別上也有著共同的特徵，這些都是觀察時極有趣的發現，值得大家來瞭解。

◎ 鳥類全身部位名稱

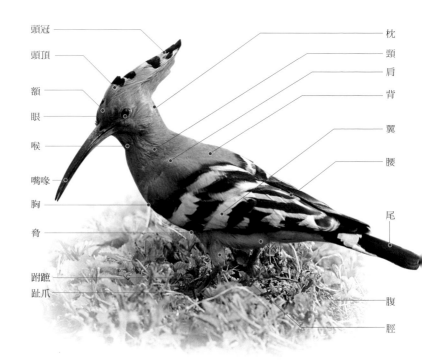

頭冠
頭頂
額
眼
喉
嘴喙
胸
脅
跗蹠
趾爪

枕
頸
肩
背
翼
腰
尾
腹
脛

◎ 頭各部位及紋路線條名稱

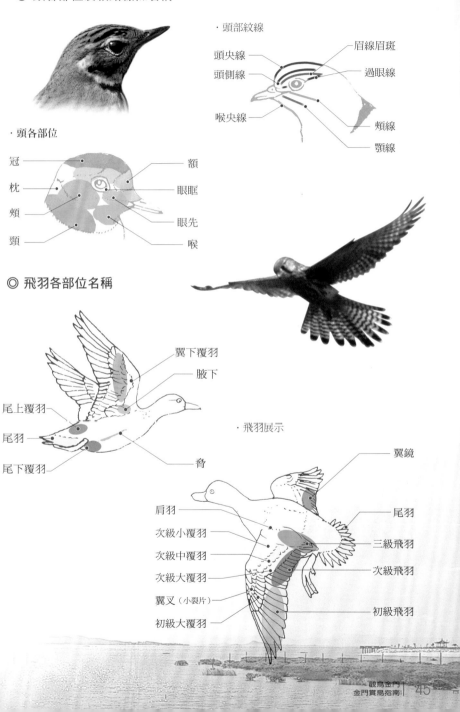

· 頭部紋線

頭央線
頭側線
喉央線

眉線眉斑
過眼線
頰線
顎線

· 頭各部位

冠
枕
頰
頸

額
眼眶
眼先
喉

◎ 飛羽各部位名稱

翼下覆羽
腋下

尾上覆羽
尾羽
尾下覆羽

脅

· 飛羽展示

翼鏡

肩羽
次級小覆羽
次級中覆羽
次級大覆羽
翼叉(小裂片)
初級大覆羽

尾羽
三級飛羽
次級飛羽
初級飛羽

◎ 羽色變化

　　部份鳥種於繁殖期具繁殖羽色。除羽色外，嘴喙、眼先或腳脛亦有色澤變化。例如牛背鷺就有明顯的繁殖羽色及非繁殖羽色。

·牛背鷺
繁殖羽

·牛背鷺
非繁殖羽

◎ 體長長度測量

從嘴喙到尾羽羽端長度

◎ 翼展長度測量

雙翼展開兩翼尖的長度

■嘴喙的形狀

　　嘴喙是鳥覓食的工具，不同科的鳥，嘴形樣貌都有差別。一般而言，可以由鳥的嘴形來判斷牠們喜歡覓食的食物種類，與覓食過程時所運用的物理原則，十分值得探討。

· 陸鳥群

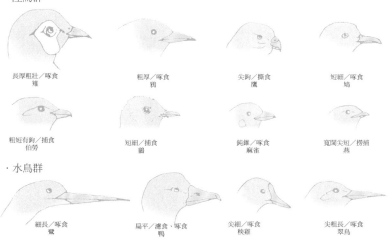

長厚粗壯／啄食
雉

粗厚／啄食
鴉

尖鉤／撕食
鷹

短細／啄食
鳩

粗短有鉤／捕食
伯勞

短細／捕食
鶲

鈍錐／啄食
麻雀

寬闊尖短／撈捕
燕

· 水鳥群

細長／啄食
鷺

扁平／濾食、啄食
鴨

尖細／啄食
秧雞

尖粗長／啄食
翠鳥

　　如猛禽類的嘴喙，以獵捕其他鳥類、哺乳類等為生，進食時必須將獵物身體上的肉撕裂，取下後再吞入口中，所以猛禽類的嘴形前端有鉤，粗短並強而有力。

　　如雁鴨扁平較寬的嘴喙，喙邊緣有濾篩的結構搭配充滿棘突的舌頭，讓牠們能夠過濾水中的藻類或水生生物幼體等來吞食，每次僅吞入這樣微小的食物，使牠在生活中覓食的動作極為頻繁，以量取勝。

　　如鷸科鳥類有著不同長度的長嘴喙，構造也十分特殊，嘴似堅硬卻柔軟，嘴喙邊緣佈滿了神經細胞，當嘴喙插入軟泥濕地的土層下時，可感覺到泥土裡的生物蠕動再用嘴喙前端夾住底棲生物拖出來吞食。

文鳥吃種子

鷹吃老鼠

　　如麻雀科、文鳥科及雀科的鳥類，有著尖而硬的三角錐形嘴喙，於覓食有堅硬外殼的穀物等植物種子時，以喙緣夾開硬殼帶出種子吞食。

　　如翡翠科及鷺科鳥類大部份以魚類為食，粗長而又尖又硬的嘴就如同匕首一樣，俯衝入水捕魚，可以刺穿魚身，或夾住用力掙扎的魚而不致讓魚逃脫。

鷺吃魚

■腳爪的型態

　　鳥的腳爪多為四趾，因棲息環境的不同與運用的便利演化出多種型態，在觀察時能發現牠們有前趾三隻後趾一隻型態、前趾二隻後二隻型態、及一些瓣蹼與趾蹼等變化。絕大多數鳥種多是較長的三趾在前，較短的一趾在後，部分鳥種會有例外狀況。而腳的功能除了用來走路、停棲於樹上抓住樹枝外，隨著腳趾結構不同，也有不同的功能。

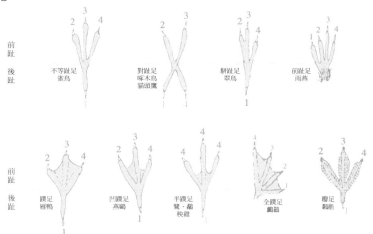

前趾　後趾　不等趾足 雀鳥　　對趾足 啄木鳥 貓頭鷹　　駢趾足 翠鳥　　前趾足 雨燕

前趾　後趾　蹼足 雁鴨　　凹蹼足 燕鷗　　半蹼足 鷺、鷿 秧雞　　全蹼足 鸕鷀　　瓣足 鷿鷈

　　如鴟鴞科的貓頭鷹，四隻腳趾長度較為平均，是二前二後型，在進行抓取食物時十分牢固。

　　如雁鴨科與鷿鷈科的鳥，腳趾間有蹼相連或瓣蹼，就像是配置一對船槳一樣，再加上羽毛的防水能力，讓牠們可以終日在水中踩踏划動浮游生活，或是潛入水中，毫不費力。

　　如秧雞、鷸類生活在沼澤泥灘地裡，牠們的腳趾較長，像是雪橇的功能，踩踏於軟泥上時，增加面積讓牠們不易陷入泥中。

　　如猛禽類的腳爪長得比較粗壯有力，爪也粗長尖銳，讓牠們在使用爪子抓住獵物時極為有效率。

猛禽腳爪粗壯有

　　如雨燕科的鳥類十分特別，四趾均於腳前方，使牠不宜站立地面或抓握樹枝，雨燕的生活是不停地在天空中飛行，巢多於高處，可見牠吊掛巢邊。

　　如雉雞科鳥類雙腳粗曠壯碩，總在地面用爪挖掘，雄鳥腳後上方還有距，作為攻擊利器。

距

環頸雉雄鳥腳有距

■尾羽的形狀

鳥的尾羽形狀有長、短，平角形、扇形、叉形、魚尾形、楔尾形。它的作用就像船尾的舵一樣，當鳥兒飛行時，可以運用它來控制飛行的方向，控制降落停棲時身體的平穩順利；另外，有些鳥種也同時利用尾羽來作為求偶時展示的工具，如孔雀開屏就是最好的例子。

彩鷸

大濱鷸

← 有如鴨及鷸科鳥種

長長短短的平角尾

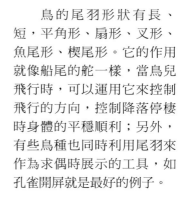

黑鳶

← 有如黑鳶

凹入的魚尾

如扇的圓弧尾

田鷸

戴勝

藍磯鶇

← 有如鳩鴿、鷸鴴

尾羽的支數，在分類系統上也具有意義，如地鶇屬各地鶇的尾羽支數不同。

尾羽的支數是雙數，兩邊對稱平衡，換羽時會兩側同時更換。

深岔的燕尾

洋燕

← 有如家燕、燕鷗

← 有如海鷗

長尾鳩

← 有如海鷗

長短的楔形尾

← 有如樹鵲、藍鵲

■翅膀的型態

窄長型
海鳥

寬闊型
猛禽

短圓型
畫眉、雉

尖窄型／燕

鳥展開雙翅，利用拍動、風力、氣流，讓牠們在空中飛行自如，其目的與人用雙腳一樣可以將身體移動到另一個地方。不同種類的鳥，翅膀形狀也有變化，這樣的變化影響著牠的飛行能力、飛行模式、飛行距離等。在觀察時發現，鳥的飛行一般多是直線式，但有些鳥飛行時呈波浪狀，有時速度極快，有時優雅輕盈，有的鳥飛行時須努力拍翅，有些則展翼翱翔，甚至有的鳥種能像直升機一般，在空中定點。另外大部份的鳥都可以在原地振翅起飛，有些鳥種則需要在水中踩水助跑才能起飛。這些觀察都十分有趣。

如鸊鷉科、秧雞科雙翅寬而圓短，絕少做長距離飛行，起飛時多需在水面踩水助跑才能起飛。

如雉雞翅膀寬闊翅形呈短圓，又因身體圓胖，這樣的翅膀不擅長距離飛行。

如雨燕的翅膀尖長如彎月般的飛鏢，在空中飛行時動作十分靈活。

如鷗科及信天翁科等海鳥翅膀狹長，在海面飛行甚至不需拍翅，僅利用海面上的氣流上下盤飛，終年於海上生活。

如鳶雙翼長而寬闊，牠們利用展翼面積承載多的上升氣流，而能長時間盤旋於天際。

窄長型翅膀

寬闊型翅膀

短圓型翅膀

鷗科鳥類雙翼窄長擅飛

短圓型翅膀

◎ 常見的飛行模式

拍翅

多數鳥都以拍翅幫助飛行，往前飛的模式有直線式及波浪狀式。大部份鳥飛行都是直線式，邊拍邊飛如常見的麻雀、珠頸斑鳩及喜鵲等，或快速直線飛的鳥如翠鳥。波浪狀飛行為拍翅時向上飛即又收翅，此時向下飛，形成規律地波浪狀，如白鶺鴒、灰鶺鴒及地啄木等。

波浪狀

直線狀

滑翔

這飛行方式需要寬大或狹長的翅膀及靠氣流來進行，因為氣流的協助，只須要鼓翼幾下就可以滑行很長的一段距離。最明顯的例子就是在海上活動的信天翁，一對狹長的翅膀張開可達3～4公尺，讓牠不費力氣的在海上飛行。

空中定點鼓翼

在金門常見的鳥種中，黑翅鳶、紅隼、鷲、魚鷹及斑翡翠都會利用此方式來尋找獵物。而除了斑翡翠外，其他猛禽比較須要借助風力，以減少體力的損耗。牠們停住在空中不斷地拍翅，配合尾羽張開的動作來平衡身體，低頭凝視地面，發現獵物即收翅俯衝進行捕捉。

斑翡翠定點鼓翼

盤旋

通常猛禽比較會利用此飛行模式，最明顯的例子就是鷲。鷲是金門的冬候鳥。在天氣晴朗的冬日，可以觀察到數隻鷲慢慢的由低繞圈圈盤旋飛行，越飛越高。

掌握鳥的行動

　　鳥類為了求生存，長期利用環境而演化出一些特定的生活習性。在同科鳥種中會有共通的習性，如鶲科鳥類大多有空中捕食昆蟲後回到原點進食的定點捕食習性。某些鳥會因節氣變化作短或長距離遷移行為，如北方鳥種因冬季天寒地凍覓食不易，大舉往南遷徙，落腳度冬成為南方地區的冬候鳥；許多鳥種多喜大群聚集生活，互相照應，但有許多種類則以獨居為主，除繁殖配對時，有畫地為王驅趕其他鳥種接近的領域行為。經過多年的觀察，你就能掌握牠們的行為模式，十分有節律與藝術的。

■遷移行為

　　鳥類進行遷移的動作主要的目的是求生存。生活在北方的鳥種，因為冬天冰天雪地，根本無法取得食物得以維生，為了得到多的生存機會，只好在繁殖季結束後冰雪來臨前，不分日夜地千里滔滔飛越千山萬水，到達南方較為溫暖的地區棲息度冬，待隔年春天冰雪溶化，再回到北方進行繁衍下一代。候鳥遷移時常是成群結隊的進行，許多大型的鳥如鸕鷀等為了節省體力常會以人字形的隊形來飛行。在台灣某些留鳥也會於冬季由高海拔降遷至低海拔山區，進行遷移行為，如山雀類鳥種。

■繁殖行為

　　鳥類繁殖主要是為了延續種群。首先雄鳥透過鳴叫、羽色的展示或特殊的行為展示來達成求偶的目的，進而進行交配、築巢、生蛋、育雛等來完成繁殖任務。大部份鳥種和人類一樣，為一妻一夫制，但部份鳥種為了拓展自己的基因也有偷情的繁殖行為。另外在孵蛋、育雛期間，有的鳥種是雌雄輪流孵蛋、共同育雛，這時雌雄鳥羽色大都相似，如常見的麻雀、綠繡

綠繡眼親鳥育

眼就是這種模式，或有些是採分工合作的方式，如雌鳥負責孵蛋，雄鳥負責提供雌鳥食物等等；由雌鳥負責孵蛋，雄鳥負責提供雌鳥食物的鳥種，雄鳥的羽色較為鮮艷亮麗，雌鳥的羽色則較為樸素。除了一妻一夫制外，還有一妻多夫的特殊繁殖方式，採這個繁殖方式的鳥種，主要是棲習在沼澤濕地，如水雉、彩鷸等。彩鷸雌鳥下蛋後即離去，由雄鳥孵蛋及育雛，這時雄鳥的羽色較為樸素。

■鳴叫行為

鳥類的鳴叫聲包含了一般的鳴叫、求偶的鳴叫、建立領域範圍的鳴叫等。

大部份的鳥在清晨天剛亮時喜歡鳴叫，但也有很多鳥平時是不鳴叫的，只有在繁殖季求偶期才聽得到牠們悅耳的鳴唱聲，如白胸翡翠、戴勝等。

鳴叫的戴勝

■領域行為

大卷尾在巢邊警戒

鳥類在繁殖期有繁殖領域，在度冬地有度冬領域。在金門的留鳥中，棕背伯勞不論是繁殖季或非繁殖季，終年都有很強烈的領域行為，以獨居為主；大卷尾的領域性極強，繁殖期若人類接近牠們的巢邊，牠們會發動攻擊。而冬候鳥中，黃尾鴝的度冬領域非常明顯，10月飛抵金門，落地即展開度冬領域的建立，此時常可聽到牠們宣示領域的鳴叫聲，以及相互追逐的領域行為。

■擬態行為

許多鳥類為了躲避天敵的注意，身上的羽色和環境顏色相似。大麻鷺是一個非常好的例子，大麻鷺常棲息於蘆葦叢中，除了身上的羽色和蘆葦的顏色相似外，當牠警戒時，還會仰頭將整個身體往上伸直，一動也不動地做出擬態。

蘆葦叢中的大麻鷺

■擬傷行為

　　許多鴴鷸科鳥類，在孵蛋或育雛期間，為了引開獵食者對鳥蛋或雛鳥的傷害，親鳥會以假裝受傷的動作來吸引獵食者的注意，慢慢將獵食者引開，等確定安全了，才飛回巢邊繼續守護。

■儲食行為

　　伯勞科的鳥有一個特殊的習性，就是會將捕獲獵物儲存起來，將吃不完的食物，固定在樹

東方環頸鴴在沙礫地繁殖區的擬傷動作

枒上，等肚子餓了再去把食物吃掉。研究觀察者曾經在台灣中部，針對度冬的紅尾伯勞的儲食行為做了相關的探究，發現寒流來襲之前，紅尾伯勞儲食的行為較為明顯。

於慈湖東岸魚塭區，發現一隻被
棕背伯勞儲食的翠鳥

觀鳥必備工具

　　觀鳥的基本裝備，主要為雙筒望遠鏡及一本資料正確的鳥類圖鑑，但如果要觀賞潮間帶的鳥類，因觀賞距離較遠，則需要有20～60以上倍率較高的單筒望遠鏡來運用。

■望遠鏡的選擇與使用

· 單筒望遠鏡

　　目前市面上不論雙筒望遠鏡或單筒望遠鏡，種類極為繁多。雙筒望遠鏡有所謂的「標準型」及「迷你型」兩種。通常我們可以在望遠鏡的鏡身上看到標示倍率及物鏡大小的數字，像是「8X25」、「8X40」、「10X25」、「10X40」等，左邊第一個數字8及10是倍率，第二個數字25及40是物鏡的口徑大小，通常物鏡為25mm左右為「迷你型」，40mm左右為「標準型」。一般適合手持觀賞鳥類的雙筒望遠鏡倍率大都為7~10倍左右。物鏡鏡片口徑的大小，影響到進光量，口徑越大的越明亮，重量也越重，如果長時間掛在脖子上是一項負擔。建議購買之前，請有經驗的鳥友介紹。

· 雙筒望遠鏡

有＋、一符號可調整目鏡刻度

倍率10×
口徑42

標準型　　　迷你型

　　至於望遠鏡的使用方法，主要有三個步驟。首先，使用時因為每人雙眼的間距不一，所以要先調整目鏡和雙眼一樣。接著，二個目鏡其中一個目鏡是可以轉動的，這個目鏡是為調整視差，目鏡上有「＋」及「－」的刻度標示，進行個人調整兩眼視差時，先閉上無刻度目鏡那隻眼睛，然後轉動目鏡到眼前看起來最舒服最清楚的時候。最後是調焦，以雙眼觀看想要觀察的目標，然後轉動對焦環，直到看清楚目標為止。

照片式

■鳥類圖鑑

　　進行觀鳥活動除了望遠鏡，最重要的是，要有一本可提供鳥種辨識的鳥類圖鑑，這本圖鑑可以隨時翻閱，幫你鑑定所看到的鳥種名稱等相關知識。從中更了解鳥類，也增加了觀鳥的樂趣。一般有繪圖式及照片式兩種型式。

繪圖式

■筆記本

　　另外隨身攜帶一本小筆記本，可以將所到的觀察地點、日期及所觀察到的鳥種或行為記錄下來，如果你能繪畫，還可以將你所見描繪下來，標示重點等。如此一來，日積月累，將可累積很多寶貴的資料，而日後回憶起來別有一番滋味，或能提供鳥類生態研究人員可貴的資料。

觀鳥時應注意事項

■動作要慢

鳥類對移動的物體較為敏感，尤其是具有威脅性的動物，所以觀鳥時最好是慢步行走或靜處一地，而最好的方式就是選一個好地點，然後靜靜地坐著，就會發現周遭的生物似乎離你越來越近。如果發現鳥處於警戒狀態時，不要有任何動作。

■講話要輕聲細語

觀鳥另一要點，是講話輕聲細語。發現鳥兒時，最好是安靜地觀察，不要發出聲響，以免驚擾牠們。如果人未到、聲先到的情況，鳥也早早就飛離了。

■穿著儘量樸素

觀鳥是一種戶外休閒活動，穿著儘量能以舒適，色澤樸素的服裝為宜。目前許多觀鳥人喜歡穿著迷彩服，目的就是希望能在野外儘量隱藏自己，融入環境之中，降低曝露形蹤為目的。

本書使用說明

本書鳥類分類依據2007年審定的台灣鳥類名錄，以及2003年出版之霍華及莫爾世界鳥類完整名錄第三版的分類方式。金門鳥類名錄則依據鳥類資料庫及金門鳥會紀錄資料與部份個人觀察紀錄編寫。

鳥類生息狀態類別說明（例舉金門鳥種）

留 鳥　全年可見的鳥種。如戴勝、鵲鴝、喜鵲等。

過境鳥　春、秋兩季候鳥遷移季節出現的鳥種，這些鳥通常只短暫停留數天補充體力後，會繼續牠們的遷移行程，如黃足鷸、赤腹鷹、佛法僧等。而有的鳥種可能只飛過金門的天空，不停棲，例如灰面鵟鷹。

冬候鳥　每年10月到翌年4月停棲度冬的鳥種，例如鸕鶿。

夏候鳥　每年4月到10月這段期間出現的鳥類；這些夏天出現的鳥種通常是為了繁衍後代，如栗喉蜂虎。

迷 鳥　不正常出現的鳥種，被觀察的次數極少。這類鳥以遷移候鳥為主，可能在遷移期間受到不正常因素的影響而迷失方向，像颱風等。如小天鵝。

籠中逸鳥　由外地引進籠中飼養鳥種，常因飼主疏忽，讓鳥逃飛或有意的放生，至該種鳥在野外生活。籠中逸鳥常帶給本地鳥類生存壓力並影響生態，造成許多衝擊和改變，如環頸雉。

不 明　因該鳥種目前在金門地區狀況不能掌握。

食性分類符號說明

　蟲＝毛蟲、昆蟲。

　果＝水果類如木瓜、漿果類如榕果。

　種＝植物種子如禾本科。

　植＝植物嫩芽嫩葉、藻類。

　魚＝魚、蝦、蟹類。

　肉＝老鼠、鳥類、蛇等。

　水＝水中浮游生物、底棲生物等。

保育類鳥種

分類中文目別

分類中文科別

該科全世界、台灣及金門鳥種類數

鳥種中名及注音

漢語拼音
參照廈門鳥類圖冊及商務印書館新華字典。

俗稱
包括地方俗名及中國大陸用名。

鳥種英名及學名

生息狀態
鳥種在金門地區是留鳥、過境鳥、冬候鳥、夏候鳥、迷鳥、籠中逸鳥分別，並說明見程度，如稀有、不普遍及普遍。

生態圖片
可觀察的特徵及行為。

卷尾科 （全世界23種，台灣3種，金門3種）

大卷尾
da juan wei

Black Drongo
Dicrurus macrocercus
稀有留鳥、普遍夏候鳥

體長 29cm

俗稱【烏秋、黑卷尾】
廣泛分布於東亞及南亞地區。常單獨活動，喜歡停在視野良好、空曠的地方，像農耕地、公園綠地邊的樹木上，伺機獵捕空中飛行的昆蟲。也時常跟隨牛隻活動，藉以捕捉被驚飛的昆蟲。築巢於高大樹上或電線上，巢呈深碗狀。繁殖季時性情較為兇猛，會攻擊經過巢附近的任何動物，包括人類。叫聲為響亮的「啞、啞」。

識別重點
綠緣同色。嘴、腳黑色、嘴邊有眼毛，眼睛褐色，全身有金屬光澤的黑色，尾羽長微翹呈魚尾狀。

相似種
鬈冠卷尾：全身黑色，額頭有數根絲狀毛髮，尾端向上翻翹。見 P.197。

· 大卷尾的巢通常都築在高大的樹枝分叉處，圖中右邊是親鳥正在巢邊看護離鳥。

眼睛褐色

全身黑色有金屬光澤

尾羽長微翹上翹魚尾狀

出現月份3-10月 食物

1 觀鳥金門 金門賞鳥指南

體長
從嘴喙至尾羽羽端之長度。體長測量見如何觀鳥 P.46。

鳥種認識
描述該鳥種的棲息環境，金門地區可觀察地點及生態習性。

識別重點
詳述雌雄鳥、亞成鳥或繁殖及非繁殖羽的外觀差異。

相似種
提供可能相似種特徵重點，做為辨識提示。沒有相似種的鳥種，表示該鳥種在金門無辨識問題。

許普榮／攝

體背藍黑色

燕隼：尾下覆羽紅栗色，見下圖

隼科

燕隼
yan sun

European Hobby
Falco subbuteo
稀有過境鳥

體長 30cm

鳥種認識
繁殖地在歐亞洲北部、中國東北、韓國、日本，亞洲族群冬季會南遷至華南度冬。燕隼是因飛行時的外型如燕子而得名，牠們和遊隼一樣善於在空中捕捉飛蟲、飛鳥為食。

識別重點
體緣同色，背面大致為黑色，背部羽緣乳黃色，額向一黑斑，上喉面白色，胸、腹部密佈黑色粗縱紋，下顎、腹下、尾下覆羽紅栗色。

相似種
遊隼：尾下覆羽灰色，見上圖。

頰後白斑大

體背黑色

下顎及尾下覆羽栗紅色

出現月份10-5月 食物

2 觀鳥金門 金門賞鳥指南

出現月份
在金門地區可觀察月份

食性
提供鳥種覓食食物種類，有蟲、果、種、植、魚、肉、水生生物等類別（詳見食性分類符號說明）

去背圖識
以拉線說明鳥種主要辨識特徵，並標示雌雄類別，以及繁殖及非繁殖羽色。

金門 Kinmen

彩羽繽紛

▶ 因為軍事的需要，進行的植樹綠化工作，無意間形成了多元的生態系，提供鳥類很好的棲息、繁殖場所。讓我們一同認識在金門常見的250種鳥類生態！

雉科(雞)（全世界159種，台灣7種，金門2種）

環頸雉 huan jing zhi

Common Pheasant
Phasianus colchicus
普遍留鳥（籠中逸鳥）

體長 ♂80cm；♀60cm

俗稱【雉雞、啼雞】

廣泛分布於亞洲。金門原本沒有原生的環頸雉，目前在野外所看到的環頸雉，據說是由居民自台灣攜帶回金門飼養時，因籠舍吹毀不慎逃離到野外而在野外自然繁衍的族群。這種自籠中逃離生存的鳥被稱為「籠中逸鳥」。經研究學者調查鑑定確認，目前這個族群已廣泛分布金門全島。

環頸雉常使用嘴喙及腳爪撥土尋找食物，主要以植物的種子、嫩芽嫩葉、穀物、昆蟲等為食，因常啄食破壞蔬菜或地瓜田，造成農民損失。當牠們遇到危急狀態會以半蹲姿勢警戒，當危急靠近時會突然起飛猛力拍翅及大聲鳴叫，然後滑行逃逸，這突如其來的狀態，常讓人嚇一跳。

繁殖季在3～8月，以叫聲建立領域範圍，雄鳥的叫聲為響亮具爆發力的「嘎咯」，然後伴隨著用力向前振翅鼓翼的動作，雌鳥則不鳴叫。求偶的時候，雄鳥會貼近雌鳥，然後張翅傾身並張開尾羽向雌鳥展示。築巢於隱密的灌草叢中，孵化的工作完全由雌鳥負責，但雄鳥會在附近負責警戒任務，因雌鳥具有相當良好的保護色，巢一般不易發現。

辨別重點

雌雄異色。嘴、腳淡黃色，眼黃色。

雄鳥頭、上頸部暗藍綠色有金屬光澤，二側有耳冠，臉部粿露紅色，頸中有一白圈，背部及腹面暗紅褐色有黑斑紋，大、中、小覆羽及腰灰色，尾羽甚長灰褐色有節狀的細黑色橫紋。

雌鳥全身大致為黃褐色，背面有黑斑或乳白色斑，尾羽較短有黑褐色節狀的細橫紋。

- 頭側有耳冠
- 臉紅色肉垂
- 白色頸圈

·二隻雄鳥為了求偶打架對峙。

出現月份 全年　食物 🦗 🌰 🍎

雌鳥

體黃褐色
有黑白色斑

·油菜花田是環頸雉活動場域。

·環頸雉為雜食性的鳥類，覓食時經常會用爪子將土撥
開，尋找土壤裡的昆蟲或種子。

尾羽甚長、灰褐色
節狀細黑橫紋

雄鳥

·求偶期雄鳥追逐雌鳥臉部紅色的肉垂澎大。

雁鴨科 （全世界157種，台灣34種，金門23種）

鴻 ㄏㄨㄥˊ 雁 一ㄢˋ
hong **yan**

Swan Goose
Anser cygnoides
稀有冬候鳥

嘴黑色、基部有白色細環

許晉榮 / 攝

背部白色細橫紋

腳橙黃色

體長 87cm

繁殖地在西伯利亞，冬季會南遷至東北亞度冬。金門為不規律出現的稀有鳥類，浦邊海岸潮間帶曾發現牠們的蹤跡。喜成小群在潮間帶活動，漲潮時會在水面上漂浮覓食，退潮時則在泥灘地覓食，以水生植物的根、莖、嫩芽嫩葉、藻類為食。

識別重點

雌雄同色。嘴黑色、基部有白色細環，頭上至後頸茶褐色，背部黑褐色有白細橫紋，喉、前頸、胸腹部淡黃褐色，脅下有褐色橫紋，後下腹及尾下覆羽白色，腳橙黃色。

相似種

豆雁：嘴尖橙黃色，見下圖。

出現月份 10-4月　食物

雁鴨科

豆 ㄉㄡˋ 雁 一ㄢˋ
dou **yan**

Bean Goose
Anser fabalis
稀有冬候鳥

嘴黑色、嘴尖橙黃色

許晉榮 / 攝

背部羽緣黃褐或白色

腳橙黃色

體長 85cm

繁殖地在歐、亞洲的寒溫帶，亞洲族群冬季會遷移到東北亞一帶度冬。金門極稀有，發現次數不多。習性和鴻雁類似，常成小群在潮間帶活動，浦邊海岸潮間帶曾發現牠們的蹤跡。漲潮時會在水面上漂浮覓食，退潮時則在泥灘覓食，以水生植物的根、莖、嫩芽嫩葉、藻類為食。

識別重點

雌雄相同。嘴黑色、近嘴尖橙黃色，腳橙黃色。頭、頸部及背部黑褐色，背部羽緣黃褐或白色，胸、腹部黃褐色，尾上、下覆羽白色，尾羽黑褐色末端白色。

相似種

鴻雁：嘴基部有白色細環，見上圖。

出現月份 10-4月　食物

雁鴨科

小天鵝
xiao tian e

Tundra Swan
Cygnus columbianus
迷鳥

體長 120cm

俗稱【鵠】

繁殖區在北極圈、阿拉斯加等極地，冬天會南下遷移至日本等地度冬。2006年底在浯江溪口潮間帶發現6隻大型白色的天鵝，但隨即消失。原先認為是黃嘴天鵝，事後比對拍攝照片，應是小天鵝。而後台中高美濕地也發現6隻小天鵝，並留下來度冬。

嘴黑色、上嘴基部至眼先鮮黃色

全身白色

范兆雄 / 攝

 識別重點

雌雄相同。全身白色。嘴黑色、上嘴基部至眼先鮮黃色，腳黑色。

出現月份 10-4月　食物

雁鴨科

翹鼻麻鴨
qiao bi ma ya

Common Shelduck
Tadorna tadorna
稀有冬候鳥

體長 62cm

俗稱【花鳧】

分布在中、蘇邊境到裏海、黑海及波羅的海一帶，冬季會往南遷移華南沿海及地中海岸一帶度冬。喜歡在湖泊、水庫、河口潮間帶的淺灘活動覓食，常和其他鴨類混棲。

雌鳥
葉守仁 / 攝

雄鳥前額有瘤狀凸起，雌鳥沒有

初級飛羽黑色

嘴紅色略為上翹

識別重點

雌雄相似，僅頭部稍有差異。雄鳥前額有瘤狀的凸起，雌鳥沒有。

嘴略為上翹、紅色。頭頸部為有金屬光澤的暗綠色，腳淡粉紅色，身體大致白色，胸前有紅褐色橫帶，胸及腹下中央有條黑色縱帶，肩羽、尾羽末端黑色，尾下覆羽栗褐色。

飛行時可見初級飛羽黑色、上覆羽白色、次級飛羽有金屬光澤的暗綠色。

出現月份 10-4月　食物

雁鴨科
黄ㄏㄨㄤ 麻ㄇㄚˊ 鴨ㄧㄚ
huang   ma   ya

Ruddy Shelduck
Tadorn ferruginea
稀有冬候鳥

體長 63cm

俗稱【瀆鳧】

分布在中亞、中東、非洲北部，冬季會往南遷移至華中、華南東北地區度冬。全身橘黃色色彩鮮艷，非常明顯也容易辨認。喜歡在湖泊、水庫、河口潮間帶的淺灘活動覓食，常和其他水鴨混棲。

識別重點

雌雄相似，僅頭、頸部稍有差異。全身橘黃色，嘴、腳、尾黑色。飛行時初級飛羽黑色、上覆羽白色、次級飛羽有金屬光澤的暗綠色。
雄鳥頭部、上頸部淡橘黃色，頸部有細黑色頸圈，雌鳥從嘴的基部到臉為白色，頸部沒有細黑色頸圈。

出現月份 10-4月　食物

雄鳥頸部有細黑色頸圈，
雌鳥頸部沒有頸圈

全身橘黃色

雄鳥
蘇宗監 / 攝

保育 ## 雁鴨科
鴛ㄩㄢ 鴦ㄧㄤ
yuan   yang

Mandarin Duck
Aix galericulata
迷鳥

體長 45cm

分布於東亞地區，金門為迷鳥，台灣為稀有的留鳥。曾於金門環島北路屠宰場前長滿浮萍的灌溉水池內發現一隻，但只停留一天便不見了。台灣地區棲息於中、低海拔山區的溪流、湖泊及水庫，非繁殖季常成群活動，主食為水生植物。使用天然樹洞來繁殖。

識別重點

雌雄異色，翼鏡藍綠色末端白色，腳橙黃色，腹部白色。雄鳥具非繁殖羽似雌鳥，但嘴淡橙紅色、尖端白色。
雄鳥繁殖羽嘴橙紅色、尖端白色，頭上藍綠色、後頭橙紫色長飾羽，眼後寬白色帶至後頭，臉、脅橙黃色，頸側暗橙黃色飾羽狀，胸、背部暗紫色，胸側有二道白色細斜線，三級飛羽甚長且上翹突出，暗橙黃色尖端羽緣白色。全身除腹部羽毛外皆有金屬光澤。
雌鳥嘴黑褐色、基部有細白環，全身大致為暗褐色，眼周圍成白環狀連接眼後一道白線，胸、脅部密佈白色斑點。

出現月份 10-4月　食物

換羽中
雄鳥

翼鏡藍綠色末端白色

嘴橙紅色
尖端白色

雁鴨科

赤<ruby>膀<rt>ㄆㄤ</rt></ruby>鴨

ㄔ ㄆㄤ ㄧㄚ
chi pang ya

Gadwall
Anas strepera
稀有冬候鳥

體長 50cm

繁殖地於歐亞洲北部及北美洲，亞洲族群冬季會遷移到日本、韓國及中國中部和東南沿海一帶度冬。喜歡在水庫、湖泊或水田活動，常和其他鴨類混群，陵水湖及慈湖偶爾出現，以水生植物、藻類為食。

雄鳥
陳永福／攝

嘴黑色
肩羽長
中覆羽紅褐色

識別重點

雌雄相近，雄鳥繁殖羽異色。嘴黑色，腳橙黃色。
雄鳥繁殖羽頭、頸部灰褐色，有黑色細紋，臉較淡色，過眼線細黑，肩羽較長，中覆羽紅褐色。非繁殖羽色似雌鳥。

相似種

綠頭鴨、尖尾鴨雌鳥，見下圖及 P.76。

出現月份 10-4月　食物

雁鴨科

綠<ruby>頭<rt>ㄊㄡ</rt></ruby>鴨

ㄌㄩ ㄊㄡ ㄧㄚ
lu tou ya

Mallard
Anas platyrhynchos
不普遍冬候鳥

體長 59cm

繁殖地在歐、亞洲北部及北美洲，亞洲族群冬季會遷移到中國、韓國及日本度冬。目前有馴養的個體在太湖水域活動，野生族群在慈湖及東岸的魚塭區較容易發現。較喜歡在內陸長有水生植物的水域，以水生植物的嫩芽嫩葉、藻類、水生昆蟲、小魚蝦為食。常與其他種類的鴨群混群。

雌鳥

嘴橙色
白色細環
雄鳥

尾上覆羽上捲
腳橙色

識別重點

雌雄異色。翼鏡金屬光澤的深藍色，上下有白邊，嘴、腳橙色。
雄鳥頭及上頸部是有金屬光澤的綠色，頸中央有白色細環，下頸、胸、背部暗栗褐色，翼、脅、腹部灰色，腰、尾上下覆羽黑色，尾上覆羽上捲，尾羽白色。
雌鳥全身大致為褐色，有黑褐色斑紋。

相似種

赤膀鴨雌鳥，見上圖及 P.77。

出現月份 10-4月　食物

雁鴨科

羅<small>ㄌㄨㄛˊ</small> 紋<small>ㄨㄣˊ</small> 鴨<small>ㄧㄚ</small>

luo wen ya

Falcated Teal
Anas falcata
稀有冬候鳥

體長 48cm

繁殖地在西伯利亞、蒙古及中國東北，冬季遷移到日本、韓國及中國東部一帶度冬。金門地區出現在湖泊及池塘，像陵水湖、西湖、山西水庫、慈湖及周遭的魚池。常成小群或混群於其他鴨群中，主要漂浮在水面上覓食，以水生植物、藻類為食。

識別重點

雌雄異色。翼鏡暗綠色，嘴、腳灰黑色。

雄鳥上嘴基有一小白點，頭上至後頸暗紫褐色，眼周圍至後頸側為有金屬光澤的暗綠色，背部鼠灰色有黑色細紋，三級飛羽呈飾羽長而下彎，尾黑色，喉白色，胸、脅黑色有白色鱗紋，尾下覆羽中央黑色、兩側有黃色三角形色斑。雄鳥非繁殖羽似雌鳥，但顏色較濃。

雌鳥嘴基有細白紋，背面黑褐色、羽緣黃褐色，腹面黃褐色有褐色斑紋。

相似種

赤頸鴨雌鳥，見 P.69 及 P.76。

雌鳥
周民雄 / 攝

嘴基細白紋

羽緣黃褐色

**繁殖羽
雄鳥**
周民雄 / 攝

頭頂至後頸暗紫褐色

三級飛羽呈飾羽長
而下彎

上嘴基小白點

嘴灰黑色

出現月份 10-4月　食物

雁鴨科

赤〈ˋ頸ㄐㄧㄥˊ鴨ㄧㄚ

chi　jing　ya

Eurasian Wigeon
Anas penelope
普遍冬候鳥

體長 50cm

繁殖地在西伯利亞，冬季會南遷至東北亞度冬。金門為不規律出現的稀有鳥類，浦邊海岸潮間帶曾發現牠們的蹤跡。喜成小群在潮間帶活動，漲潮時會在水面上漂浮覓食，退潮時則在泥灘地覓食，以水生植物的根、莖、嫩芽嫩葉、藻類為食。

·冬天慈湖的湖面上，有為數不少的赤頸鴨度冬。

識別重點

雌雄異色。翼鏡綠色，嘴鉛藍色、尖端黑色，腳黃褐色。

雄鳥額至頭頂黃色，頭、頸部栗紅色，背、脅部灰色有細黑色橫紋，初級飛羽與覆羽黑色，大、中覆羽白色，胸部茶褐色，腹白色，尾下覆羽黑色。

雌鳥頭部黑褐色，背部、胸、脅部褐色，大、中覆羽灰黑色，腹白色。

相似種

羅紋鴨雌鳥，見 P.76。

雌鳥

頭部黑褐色
背胸脅部褐色

雄鳥

額至頭頂黃色
嘴鉛藍色 尖端黑色
頭頸栗紅色
腳黃褐色

出現月份 10-4月　食物 🐌 🌿 〜

雁鴨科

斑ㄅㄢ 嘴ㄗㄟˇ 鴨ㄧㄚ

ban　zui　ya

Spot-billed Duck
Anas poecilorhyncha
普遍留鳥

體長 60cm

俗稱【花嘴鴨】

廣泛分布於東南亞、南亞及東亞，金門為普遍的留鳥，各種水域、農田均可發現牠們，常成群活動。牠們主要以水生植物、昆蟲、穀物為生。高粱採收的季節，農民會把高粱穗拿到馬路上讓汽車輾壓，達成脫粒的目的，此時常見牠們到這些地方覓食高粱穀粒。也常可在養牛的牧場看到牠們進食酒糟的畫面。在水面上覓食時常將上半身垂直的潛入水中，水面上只見尾部及兩隻不時撥水的腳，相當有趣。

本鳥種在金門地區有繁殖紀錄。3月以後就可看到親鳥帶著幼鳥在水面覓食。

辨別重點

雌雄相同，翼鏡金屬光澤的深藍。全身大致為深褐色，羽緣乳白色，嘴黑色、尖端黃色，頭頂黑褐色，細黑褐色過眼線，眉線白色，頰線黑褐色上翹，喉、胸部顏色較白，三級飛羽白色，尾上下覆羽黑色，腳橙紅色。

頭頂黑褐色

全身深褐色
羽緣乳白色

翼鏡金屬光
的深藍

嘴黑色
尖端黃色

腳橙紅色

出現月份 全年　食物

· 斑嘴鴨常停在水面突出的物體上休息。周民雄 / 攝

· 一群斑嘴鴨的幼鳥在水邊覓食,牠們的親鳥在一旁警戒。周民雄 / 攝

· 斑嘴鴨在馬路上撿食高粱。周民雄 / 攝

· 農田翻耕後,斑嘴鴨常成群來光顧尋找食物。

雁鴨科
琵嘴鴨
ㄆ一ˊ ㄗㄨㄟˇ 一ㄚ
pi zui ya

Northern Shoveler
Anas clypeata
不普遍冬候鳥

體長 50cm

繁殖地在歐亞洲北部及北美洲，冬季遷移到南亞及非洲等地度冬。喜歡在海岸、湖泊、池塘或沼澤地帶活動。西湖、陵水湖、金沙水庫、金沙溪口、慈湖及東岸的魚塭區較容易發現。常與其他種類的鴨子混群。漂浮在水面上以寬扁的嘴喙濾食。

辨別重點
雌雄異色。翼鏡有金屬光澤的綠色，嘴扁長呈匙狀，腳橙色。

雄鳥嘴黑色，頭及上頸部暗綠色有金屬光澤，下頸部、胸部、肩羽白色，背部至中央尾羽、尾下覆羽、初級飛羽黑色，中、小覆羽灰黑色，大覆羽白色，脅、腹部栗褐色有細黑褐色紋。

雌鳥嘴褐色邊緣橙色，全身大致為褐色，背部顏色較黑，羽緣乳黃色，有細淡黑褐色，翼似雄鳥但顏色較淡。

眼黃色

嘴扁長呈匙狀

雄鳥
許晉榮 / 攝

全身大致為褐色

翼鏡有金屬光澤的綠色

嘴褐色邊緣橙色

雌鳥

腳橙色

出現月份 10-4月　食物

雁鴨科

尖_{ㄐㄧㄢ} 尾_{ㄨㄟ} 鴨_{ㄧㄚ}
jian wei ya

Northern Pintail
Anas acuta
普遍冬候鳥

體長 ♂75cm；♀53cm

俗稱【針尾鴨】

繁殖地在歐亞洲北部及北美洲，亞洲族群冬季會南遷到日本、韓國及中國東南部度冬。喜歡在水庫、湖泊、河流、潮間帶或水田活動，陵水湖、西湖、慈湖、浦邊海岸數量較多。喜歡成群在水域覓食，時常將頭倒栽入水中覓食。以水生植物、藻類為食。

辨別重點

雌雄異色。翼鏡深藍色，嘴黑色側邊鉛色，腳黑褐色。

雄鳥頭部暗褐色，後頸、背、脅部灰色有細黑色橫紋，肩羽長灰色羽軸黑色，尾羽、尾下覆羽黑色，中央二根尾羽甚長，下頸、胸白色有一細長白線自頸側延伸至後頭頂。

雌鳥全身大致為褐色，背及脅部有黑褐色斑紋。

相似種

赤膀鴨雌鳥，見 P.77。

· 春天北返前多已成對活動。

背及脅部有黑褐色斑紋

腳黑褐色

雌鳥

頭部暗褐色

嘴黑色側邊鉛色

頸胸有一細長白線

中央尾羽甚長

雄鳥

出現月份 10-4月　食物

雁鴨科

白_{ㄅㄞ}眉_{ㄇㄟ}鴨_{ㄧㄚ}
bai　mei　ya

Garganey
Anas querquedula
不普遍冬候鳥

雌鳥　劉川 / 攝

體長 38cm

繁殖地在歐亞洲北部，冬季遷移到南亞
及非洲等地度冬。喜歡在湖泊、池塘或
沼澤地帶活動。陵水湖、慈湖及東岸的
魚塭區較容易發現。會成小群或與其他
種類的鴨群混群。漂浮在水面上覓食，
主要以水生植物為食。

嘴黑色

長白色眉線

肩部有黑白色
長飾羽

雄鳥　許晉榮 / 攝

辨別重點

雌雄異色。翼鏡有金屬光澤的綠色、上下白邊，嘴、腳黑色。
雄鳥頭上暗褐色，白色眉線延至後頸，臉、頸、胸栗褐色，背至尾羽暗
褐色，脅、腹部灰白色，肩部有黑白色長飾羽，全身佈滿細斑紋。
雌鳥頭、腹部褐色有黑褐色斑紋，背至尾黑褐色有乳黃色羽緣。

相似種

小水鴨、赤膀鴨雌鳥，見 P.77。

出現月份 10-4月　食物 🐀 🌱 〜

雁鴨科

花_{ㄏㄨㄚ}臉_{ㄌㄧㄢ}鴨_{ㄧㄚ}
hua　lian　ya

Baikal Teal
Anas formosa
稀有冬候鳥

雄鳥　陳永福 / 攝

體長 40cm

俗稱【巴鴨】

繁殖地在西伯利亞，冬
季會遷移到日本、韓國
及中國東部一帶度冬。
喜歡在水庫、湖泊、河
流或水田活動，往年冬
天文台寶塔海岸都會發
現一隻混雜於其他鴨群
中覓食高粱酒糟，自
2002年酒廠不排放酒糟
到海上後，便未曾再有
發現的紀錄。

頭部有黃色，
綠色大色塊

翼鏡綠色
上緣紅棕色
下緣白色

辨別重點

雌雄異色。翼鏡綠色有金屬光澤、上緣紅棕色線、下緣白色，嘴、腳黑色。
雄鳥頭上黑色，細白眉線延伸到後頭，臉部黃色、綠色被二條彎曲的細
黑白線自眼而下分隔，背部至尾羽暗藍灰色，肩有黑白色長飾羽，胸、
腹部黃褐色密佈黑色細斑點，胸及尾下腹羽各有一道白色縱線，脅部灰
白色，尾下覆羽黑色。雄鳥非繁殖羽似雌鳥，但顏色較紅褐色。
雌鳥靠近嘴基羽毛有一白色斑點，黃白色眉線不明顯，背面、脅黑褐
色，羽緣黃褐色，腹部褐色有黑色斑點。

相似種

小水鴨雌鳥，見 P.77。

出現月份 10-4月　食物 🐀 🌱 〜

雁鴨科

小_{ㄒㄧㄠ} 水_{ㄕㄨㄟ} 鴨_{ㄧㄚ}
xiao　shui　ya

Common or Green-winged Teal
Anas crecca
普遍冬候鳥

體長 38cm

繁殖地在歐亞洲北部及北美洲，冬季遷移到
南亞及非洲等地度冬。出現在河流水域、潮
間帶、池塘、湖泊、水庫及水田等環境，像
慈湖、榮湖、金沙水庫、太湖、陵水湖、西
湖及文台寶塔海岸或養牛場都是牠們出現的
地方。常成大群或與其他鴨群混群，主要漂
浮於水面上覓食，以水生植物、藻類為食，
在文台寶塔海岸或養牛場覓食的個體主要以
高粱酒糟為食。

・小水鴨漂浮於水面上覓食。

識別重點

雌雄異色。翼鏡帶金屬光澤的綠色、上
下有白邊線，嘴、腳黑褐色。
雄鳥頭至頸部栗色，眼後暗綠色延伸至
後頸、周圍有細黃白線，背、脅灰色有
細褐色鱗紋，胸淡黃色有黑色細斑點，
尾下覆羽中央黑色、兩側呈黃色三角形
斑塊。雄鳥非繁殖羽似雌鳥。
雌鳥全身大致褐色，羽緣乳黃色，頭頂
及眉線黑褐色，腹部顏色較白。

相似種

白眉鴨、赤膀鴨雌鳥，見 P.77。

雌鳥

全身大致褐色

雄鳥

頭頸部栗色

眼後至後頸暗綠色

嘴黑褐色

尾下覆羽兩側
呈黃色三角形斑塊

出現月份 10-4月　食物

母鴨辨識

都是「母鴨」，要如何分辨呢？

◖ 綠頭鴨 P.67

全身	大致為褐色，有黑褐色斑紋
翼鏡	帶金屬光澤的綠色
頭部	嘴喙橙色、中間為黑褐色
	臉、頸顏色較淡，有黑褐色過眼線
腳	橙色

◖ 琵嘴鴨 P.72

全身	大致為褐色，背部顏色較黑，羽緣
	乳黃色有細淡黑褐色細紋
翼鏡	帶金屬光澤綠色
頭部	琵嘴明顯，嘴橙褐色、邊緣橙色
腳	橙色

◔ 羅紋鴨 P.68　　周民雄 / 攝

全身	體背黑褐色，羽緣黃褐色，腹部黃褐色有褐色斑紋
翼鏡	暗綠色
頭部	嘴基有細白紋臉及喉部帶點褐色的淡灰黑色
腳	灰黑色

◔ 赤頸鴨 P.69

全身	體背及胸黑褐色有紅褐色羽緣，肋部紅褐色，下腹部白色
翼鏡	帶金屬光澤綠色
頭部	嘴鉛色、尖端黑色
腳	黃褐色

白眉鴨 P.74　　劉川 / 攝

全身　背至尾黑褐色有乳黃色羽緣，
　　　腹部褐色有黑褐色斑紋
翼鏡　帶金屬光澤綠色
頭部　頭部褐色有黑褐色斑紋
腳　　黑色

小水鴨 P.75

全身　大致褐色，羽緣乳黃色，腹
　　　部顏色較白
翼鏡　帶金屬光澤綠色
頭部　嘴黑色
　　　頭頂及眉線黑褐色
腳　　黑褐色

赤膀鴨 P.67　　陳永福 / 攝

全身　大致為黑褐色，羽緣淡黃褐色
翼鏡　白色
頭部　嘴橙黃色、中線黑色
腳　　橙黃色

尖尾鴨 P.73

全身　背大致為黑褐色有乳白色羽緣，
　　　頭及上頸部栗褐色有黑細紋
翼鏡　黑褐色
頭部　嘴鉛色、中線黑色
腳　　黑褐色

紅頭潛鴨 P.78

全身　頸及胸部暗褐色，背及腹部
　　　淡灰褐色有細黑斑紋
翼鏡　細黑斑紋的黑色
頭部　嘴鉛色、尖端黑色
　　　頭暗褐色，眼黑色
腳　　黑色

許晉榮 / 攝

雁鴨科

紅ㄏㄨㄥˊ 頭ㄊㄡˊ 潛ㄑㄧㄢˊ 鴨ㄧㄚ
hong tou qian ya

體長 45cm

俗稱【磯雁】

繁殖地在歐洲北部及亞洲的蒙古一帶，亞洲族群冬季會遷移到日本、韓國及中國南部一帶度冬。喜歡在水庫、湖泊及魚池等環境活動，陵水湖、西湖、慈湖及映碧潭都曾發現。為潛鴨類，常潛入水中覓食也會將頭倒栽入水中啄食水生生物。以水生植物、藻類、小魚蝦等為食。

出現月份 10-4月　食物 🦐 〜〜

Common Pochard
Aythya ferina
稀有冬候鳥

雄鳥

頭部栗紅色
眼紅色
背及腹部細黑斑紋的灰色
頸胸黑色

識別重點
雌雄異色。
雄鳥嘴黑色中間鉛色，眼紅色，頭部栗紅色，下頸部、胸、腰及尾羽黑色，背及腹部灰色有細黑斑紋。
雌鳥頭、頸及胸部暗褐色，眼黑色，背及腹部淡灰褐色有細黑斑紋。

相似種
赤頸鴨雌鳥，見 P.76。

雁鴨科

鳳ㄈㄥ 頭ㄊㄡˊ 潛ㄑㄧㄢˊ 鴨ㄧㄚ
feng tou qian ya

體長 40cm

俗稱【澤鳧】

繁殖地在歐、亞洲北部，亞洲族群冬季遷移到日本、韓國、中國東南及南部度冬。喜歡成群在水庫、湖泊及魚池等環境活動，陵水湖、西湖、慈湖都曾發現。潛入水中或將頭倒栽入水中覓食。以水生植物、藻類、小魚蝦等水生生物為食。

Tufted Duck
Aythya fuligula
不普遍冬候鳥

眼黃色
雌鳥
體黑褐色

頭帶紫色
頭後有冠
雄鳥

嘴鉛色
尖端黑色

識別重點
雌雄異色。嘴鉛色尖端黑色，腳灰黑色，眼黃色。
雄鳥除腹部及飛羽白色外，全身大致為黑色，頭帶紫色，後頭有冠羽。
雌鳥大致為黑褐色、脅部褐色。

相似種
斑背潛鴨雌鳥，見 P.79。

出現月份 10-4月　食物 🦐 〜〜

雁鴨科
斑_{ㄅㄢ}背_{ㄅㄟ}潛_{ㄑㄧㄢ}鴨_{ㄧㄚ}
ban   bei   qian   ya

Greater Scaup
Aythya marila
不普遍冬候鳥

雌鳥
葉守仁 / 攝

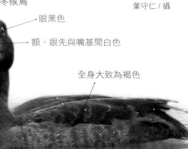

眼黑色
額、眼先與嘴基間白色
全身大致為褐色

體長 45cm

俗稱【鈴鴨】

繁殖地在歐、亞洲北部及北
美洲,亞洲族群冬季遷移到
日本、韓國、中國東南沿海
一帶度冬。喜歡在水庫、湖
泊及魚池等環境活動,陵水
湖、西湖、慈湖都曾發現。
常成群或混群於其他鴨群
中,習性及覓食行為與鳳頭
潛鴨相似,以潛入水中或將
頭倒栽入水中覓食。食物以
水生植物、藻類、小魚蝦等
為主。

識別重點
雌雄異色。嘴鉛色。
雄鳥頭部綠褐色,頸及胸部紫褐色,背部灰色有黑色細橫
紋,尾黑色,腹白色。
雌鳥全身大致為褐色,脅部較白,額、眼先與嘴基間白色。

相似種
鳳頭潛鴨雌鳥,見 P.78。

出現月份 10-4月　食物 🐾 〜〜

雁鴨科
川_{ㄔㄨㄢ}秋_{ㄑㄧㄡ}沙_{ㄕㄚ}
chuan   qiu   sha

Goosander or Common Merganser
Mergus merganser
迷鳥

頭部栗褐色
有長羽冠
嘴紅色、細長
尖端下鉤

雌鳥

翼鏡白色

體長 65cm

俗稱【普通秋沙鴨】

繁殖地在歐、亞洲北部及北美
洲,亞洲族群冬季遷移到日本、韓
國、中國東北到中部沿海一帶度
冬。喜歡在水庫、湖泊及魚池等開
闊水域環境活動,曾在映碧潭發現
一隻漂浮水面上休息。以潛水覓食
小魚蝦等水生生物為食。

識別重點
雌雄異色。嘴紅色,細長尖端下鉤,腳紅色,白色翼鏡。
雄鳥繁殖頭部暗綠色有金屬光澤,背部、肩羽前端、初級飛羽、覆羽黑色,尾灰色,其他部位白色。
雌鳥頭部栗褐色,背、脅部鼠灰色,腹白色。

出現月份 10-4月　食物 🐾 〜〜

潛鳥科 （全世界5種，台灣2種，金門2種）

紅ㄏㄨㄥˊ 喉ㄏㄡˊ 潛ㄑㄧㄢˊ 鳥ㄋㄧㄠˇ
hong hou qian niao

Red-throated Loon
Gavia stellata
迷鳥

非繁殖羽

體長 63cm

繁殖於北半球的寒、溫地帶，冬季遷移至中國東北海域、韓國、日本及北美洲海域度冬。喜在海域、湖泊或水庫棲息，慈湖及莒光湖有發現紀錄。長像似鴨，流線形的身軀，腳有蹼讓他們善於在水中潛泳，捕食水中的魚蝦、軟體動物或甲殼類。由於腳生長部位靠近尾部，上了陸地就很難行走，僅能匍匐前進，所以極少看見他們上岸活動。

嘴黑色上翹
頭後黑褐色
背部黑褐色雜有白色細斑點

識別重點
雌雄相同，具繁殖及非繁殖羽異色。嘴黑色略微上翹，頭頂至背部黑褐色，背雜有白色細斑點。
繁殖羽頭至頸灰色，後頸有黑色細縱紋，前頸有栗褐色三角形斑。

出現月份 10-4月　食物

鸊鷉科 （全世界20種，台灣4種，金門4種）

黑ㄏㄟ 頸ㄐㄧㄥˇ 鸊ㄆㄧˋ 鷉ㄊㄧ
hei jing pi ti

非繁殖羽
周民雄 / 攝

Black-necked Eared Grebe
Podiceps nigricollis
迷鳥

體長 31cm

主要分布於歐、亞、非洲。喜愛內陸的水域環境，諸如湖泊、水庫及魚池等，金門地區曾於1998年冬天在慈湖東邊的魚塭發現一隻。腳趾間有瓣蹼，善於潛水，極少起飛，起飛須於水面長距離助跑。以水生昆蟲、魚蝦貝類及兩棲類為食。

眼紅色
橙黃色飾羽
喉頰白色
嘴黑色略上翹

繁殖羽

識別重點
雌雄相同，具繁殖及非繁殖羽異色。嘴黑色略往上翹，眼紅色。頭頸黑色，喉頰白色，前頸淡灰色，胸部雜有灰黑色羽毛，飛行時可見次級飛羽為白色。
繁殖羽眼後有橙黃色飾羽，背部黑褐色，胸腹白色，脅部紅褐色。

相似種
小鸊鷉：眼睛黃色，見 P.81。

出現月份 10-4月　食物

鸊鷉科

小鸊鷉
xiao pi ti
(ㄒㄧㄠ ㄆㄧ ㄊㄧ)

Little Grebe
Tachybaptus ruficollis
普遍留鳥

· 漂浮水上的巢與蛋。

體長 26cm

廣泛分布於歐、亞、非洲。主要生活在淡水水域，慈湖及周遭的魚池、太湖、金沙水庫、古崗湖、陵水湖等都可發現牠們，冬天會聚集成群活動。腳有瓣蹼，善於潛水游泳，極少飛起，遇到危險狀況便潛入水中。以水生生物為主食，小魚、蝦子、蝌蚪、青蛙及其他水生昆蟲等都是牠們的食物。

繁殖時以新鮮水草或枯枝在水面上堆積淺巢形，像浮在水中的堡壘，白色的蛋經數天的孵化後，蛋的顏色漸變成褐色。蛋不怕水，孵蛋期間遇緊急狀況，親鳥會用巢材將蛋蓋住才潛水離開，等狀況解除，才回巢將蓋住的巢材撥開繼續孵蛋。

識別重點

雌雄相同，具繁殖及非繁殖羽異色。眼黃色，腳黑色。嘴橘黃色，頰至前頸黃褐色，脅下黃褐色。幼鳥頭頸部雜有白花斑。
繁殖羽嘴黑色、先端淡黃色、基部黃色，頭頂、背羽、胸前為黑褐色，頰至前頸為紅褐色。

相似種

黑頸鸊鷉：嘴黑色略微上翹，眼紅色，見 P.80。

嘴轉橘黃色

頰至前頸轉黃褐色

眼黃色

嘴黑色、基部黃色
頰至前頸為紅褐色

幼鳥全身雜有
白色花斑

非繁殖羽

繁殖羽

· 幼鸊孵出後，即能游水活動，親鳥常將牠們背覆背上活動。

出現月份 全年　食物

鸊鷉目

鸊鷉科
冠ㄍㄨㄢ 鸊ㄆㄧ 鷉ㄊㄧ
guan　pi　ti

Great Crested Grebe
Podiceps cristatus
稀有冬候鳥

體長 56cm

繁殖地分布於歐、亞洲北部，非洲及
澳洲，主要生活在海上、湖泊及水庫
等寬廣水域。金門西岸沿海較易觀察
到牠們的蹤跡，慈堤是最佳的觀賞地
點，浦邊外海最多曾發現300隻以上
的紀錄。牠們會隨著潮水活動，少數
個體滿潮時可近距離的觀察牠們在岸
邊，腳有瓣蹼，善於游泳潛水，潛入
水中可達數分鐘之久，遇危險時常不
飛走而潛水遁逃。以魚蝦為主食。

· 冠鸊鷉以魚為主食。周民雄 / 攝

識別重點

雌雄相同，具繁殖及非繁殖羽
異色。嘴粉紅色、眼紅色，眼
先黑色，頭頂從上看有黑色心
形冠羽，後頸、背部黑褐色，
前頸、胸、腹部白色，飛行時
肩羽、次級及三級飛羽白色。

嘴粉紅色

喉頸頰白色

非繁殖羽

眼紅色
眼先黑色

上頸及頭後側棕色飾羽

繁殖羽

出現月份 10-4月　食物

鸛科（全世界19種，台灣2種，金門2種）

黑ㄏㄟ鸛ㄍㄨㄢ
hei quan

Black Stork
Ciconia nigra
稀有冬候鳥

· 近年來幾乎每到冬季總有二隻黑鸛會到浦邊海岸度冬。

體長 100cm

主要分布於歐、亞、非洲，亞洲的繁殖地在西伯利亞、韓國、蒙古及中國東北，冬天會遷移南下至中國華南一帶度冬。屬世界上珍貴稀有的保育類野生動物，金門地區近年來持續每年冬天有2隻在浦邊海岸的潮間帶活動，且每隔數年會有一隻幼鳥跟隨而來。牠們有時也會到金沙溪、太湖等地活動。行動緩慢優雅，性機警，一發現危險即刻飛離。喜歡在水邊捕食魚類、兩棲類、小型哺乳類和昆蟲等為生。

識別重點

雌雄相同。除腹部白色全身大致為有金屬光澤的黑色，嘴紅色尖長、粗厚，腳紅色。亞成鳥嘴腳灰綠色，除腹部白色外大致為黑褐色。

全身為有金屬光澤的黑色

嘴尖長粗厚紅色

腳紅色

周民雄 / 攝

出現月份 10-4月　**食物** 🦐 🪱

(保) 鸛科

Oriental White Stork
Ciconia boyciana
稀有冬候鳥

東方白鸛
dong fang bai quan

體長 112cm

眼周圍紅色

嘴尖長
粗厚黑色

周民雄 / 攝

初級飛羽黑色

腳紅色

俗稱【送子鳥】

繁殖地在黑龍江流域及烏蘇里盆地，冬季南遷至東北亞及東亞一帶度冬。金門發現的次數很少，不是每年都出現，慈湖曾發現2隻。喜歡在水邊活動，行動緩慢優雅。以獵捕魚、蝦、蟹類及兩棲類等為生。度冬季節不曾聽過牠的叫聲。

(識) 別 (重) 點

雌雄相同。全身大致為白色，嘴黑色尖長、粗厚，眼周圍紅色，腳紅色。飛行時可見初級飛羽為黑色。

出現月份 10-4月　食物

(保) 鷺科 （全世界32種，台灣4種，金門2種）

Eurasian Spoonbill
Platalea leucorodia
稀有冬候鳥

額、眼先白色

嘴黑褐色
先端扁平呈匙狀

全身白色

琵鷺
pi lu

體長 86cm

俗稱【白琵鷺】

繁殖地在歐、亞洲北部及非洲，亞洲族群冬季遷移至中國的長江下游一帶的水域環境度冬。金門極稀有，發現次數很少，喜歡在海岸或內陸的淺灘活動，浦邊海岸、金沙溪口及陵水湖較有機會看到。牠們的嘴筆直而長，末端扁平成匙狀似琵琶而得名。覓食時會用匙狀的嘴在水中左右來回掃動，食物包括魚類、水生昆蟲、軟體動物及兩棲類等。

(識) 別 (重) 點

雌雄相同。全身白色，嘴黑褐色，先端扁平呈匙狀。腳黑色。
繁殖羽後頭及胸前有黃色飾羽。

(相) 似 (種)

黑面琵鷺：額、眼先黑色，見 P.85。

出現月份 10-4月　食物

鹮科

黑ㄏㄟ 面ㄇㄧㄢ 琵ㄆㄧ 鷺ㄌㄨ
hei mian pi lu

Black-faced Spoonbill
Platalea minor
稀有冬候鳥

體長 76cm

俗稱【黑臉琵鷺、撓杯】

繁殖地在南、北韓及中國東北海域的無人島嶼上，冬季會到東南亞一帶度冬，金門地區極稀有，浦邊海岸、慈湖、陵水湖等較容易發現。

牠們為受法律保護瀕臨絕種保育類野生動物，已列入世界瀕危物種紅皮書中，全世界數量大約1,000～1,500隻左右。牠們的最大度冬族群在台南曾文溪口，近年來數量持續的增加，2007年有將近1,000隻的紀錄。喜歡在淺灘覓食，覓食時會用匙狀的嘴在水中左右來回掃動，又稱「撓杯」。

識別重點
雌雄相同，具繁殖及非繁殖羽異色。全身白色，嘴先端扁平呈匙狀，黑色，額、眼先黑色。腳黑色。亞成鳥羽色像成鳥的非繁殖羽，但嘴呈紅褐色，初級飛羽外緣是黑色。

相似種
琵鷺：額、眼先白色，見 P.84。

嘴長黑色先端扁平如匙

繁殖羽

頭後及胸前有橘黃色飾羽

額及眼先黑色

全身白色

非繁殖羽

出現月份 10-5月　食物

鷺科 （全世界62種，台灣19種，金門16種）

大ㄉㄚˋ麻ㄇㄚˊ鷺ㄌㄨˋ
da ma lu

Eurasian Bittern
Botaurus stellaris
稀有冬候鳥

體長 70cm

繁殖地在歐亞洲北部，冬季遷移至中國南部、日本及非洲一帶度冬。慈湖周遭長滿蘆葦的魚池及陵水湖都有機會看到。喜歡單獨在草澤濕地活動，習性隱密，常靜止不動，遇到危險時會仰頭並伸長脖子成直線，形成擬態動作，體色與紋路形成極好的保護色。覓食時動作很緩慢，不易被發現。以魚蝦、小昆蟲、兩棲類等為食。

識別重點
雌雄相同。全身大致為黃褐色，雜有黑縱紋，嘴黃色，頭頂黑褐色，腳黃色。

相似種
夜鷺亞成鳥：體型較小。背部褐色有淡黃色縱紋，腹部淡褐色有褐色縱紋，見 P.88。

· 在蘆葦叢中擬態動作。

頭頂黑褐色

嘴黃色

全身黃褐色雜有黑縱紋

陳永福 / 攝

出現月份 10-4月　食物

鷺科

栗ㄌ一ˋ葦ㄨㄟ鷺ㄌㄨˊ
li wei lu

Cinnamon Bittern
Ixobrychus cinnamomeus
普遍夏候鳥

體長 40cm

俗稱【栗小鷺】

分布於亞洲南部及東部。金門為春季過境鳥，可能也有夏候鳥的族群。喜單獨在草叢、蘆葦叢中活動，活動性不高，常固定一個姿態不動，所以不易被發現。當受到干擾時會仰頭並伸長脖子，形成擬態動作。以魚蝦及小昆蟲為食。

眼黑色成橫線

喉、頸至胸中央有褐色縱線

雌鳥
周民雄 / 攝

辨別重點

雌雄異色。嘴、腳黃色。
雄鳥背部栗紅色，喉至胸中間有褐色縱線，腹部淡紅褐色。
雌鳥大致和雄鳥相同，但背部有白色斑點，腹部有褐色縱紋。

相似種

黃斑葦鷺：飛行時初、次級飛羽黑色。頭頂栗褐色，胸前縱紋，見下圖。

出現月份 4-9月　食物

鷺科

黃ㄏㄨㄤˊ斑ㄅㄢ葦ㄨㄟ鷺ㄌㄨˊ
huang ban wei lu

Yellow Bittern
Ixobrychus sinensis
普遍過境鳥

雄鳥

體長 36cm

俗稱【黃小鷺】

普遍分布於亞洲東、南部、韓國及日本。金門浯江溪口、慈湖、後水頭、榮湖及陵水湖等常出現。喜單獨在草叢、蘆葦叢中，活動性不高，常固定一個姿態不動，受到干擾時會仰頭並伸長脖子，形成擬態動作。以魚蝦及小昆蟲為食。

頭頂黑色

頸後黃褐色

初次級飛羽黑色

頭頂栗褐色

雌鳥

辨別重點

雌雄異色。嘴、腳黃色，飛行時初級、次級飛羽黑色。
雄鳥頭頂黑色，頸部黃褐色，背部土黃色。
雌鳥大致和雄鳥相似，惟頭頂栗褐色。
亞成鳥較像雌鳥但全身有褐色縱紋。

相似種

栗葦鷺：背部栗紅色，喉至胸中間有褐色縱線，眼成橫線，見上圖。

出現月份 4-9月　食物

鷺科

夜鷺
<ruby>一<rp>(</rp><rt>一</rt><rp>)</rp></ruby><ruby>ㄝ<rp>(</rp><rt></rt><rp>)</rp></ruby> <ruby>ㄌ<rp>(</rp><rt></rt><rp>)</rp></ruby><ruby>ㄨ<rp>(</rp><rt></rt><rp>)</rp></ruby>
ye　lu

Black-crowned Night Heron
Nycticorax nycticorax
普遍留鳥

體長 58cm

俗稱【暗光鳥】

分布於歐、亞、非洲。全島水域都有機會發現。主要在夜間活動，夜晚常可聽到牠們飛行時傳來單音的「瓜、瓜」聲，又被稱為「暗光鳥」。少數個體白天也會活動覓食，但大多數都成群在樹灌叢、草叢中休息，慈湖及陵水湖周遭樹林是牠們主要的棲息地。白天受到驚擾時會成群在空中盤飛，待危機解除又回到原處休息。以魚蝦、兩棲類為食，喜歡靜悄悄佇立在湖邊、池塘邊或溪流邊等候獵物出現。

繁殖季常和小白鷺、牛背鷺混雜棲息。慈湖北岸的木麻黃林及夏墅海岸的樹林是牠們繁殖的場所。

識別重點

雌雄相同。嘴黑色，眼紅色，頭上、背部藍黑色，後頭有2~3根白色的長飾羽，體下白色，翅膀、尾羽灰色，腳黃色。

亞成鳥背部褐色有淡黃色縱紋，腹部淡褐色有褐色縱紋。

相似種

綠簑鷺：體型較小，全身黑綠色，眼黃色，見 P.91。

眼紅色

成鳥

體上藍黑色

眼紅色

背部褐色有淡黃色縱紋

亞成鳥

出現月份 全年　食物 🐟

鷺科

池 イ 鷺 カメ
chi **lu**

Chinese Pond Heron
Ardeola bacchus
普遍冬候鳥

體長 45cm

俗稱【沼鷺】

分布於中國大陸及東南亞，個體會局部遷移。金門的夏天也可發現，但數量稀少。常出現在草澤、池塘或水庫等濕地環境，像浯江溪口、慈湖、雙鯉湖、太湖、榮湖、陵水湖等地，喜停在浮水植物上，固定一個姿態不動的等待，以捕捉靠近的魚蝦、兩棲類為食。繁殖羽栗褐色的身體和白色的雙翼是很明顯的對比，當牠靜立時有很好的保護色，常在飛起時才發現牠的存在。

識別重點

雌雄相同，具繁殖及非繁殖羽異色。全身大致為土黃色，胸前有白色縱紋。翅膀、尾羽白色。嘴黃色、尖端黑色，腳黃色。
繁殖羽頭頸到胸部暗紅褐色，背部鼠黑色有蓑狀飾羽。

眼黃色

胸白色縱紋

非繁殖羽

繁殖羽

周民雄 / 攝

嘴黃色
尖端黑色

背部蓑狀飾羽

頭頸胸暗紅褐色

雙翅、尾羽白色

出現月份 9-5月　食物

鷺科
牛背鷺
ㄋㄧㄡ　ㄅㄟ　ㄌㄨ
niu　bei　lu

Cattle Egret
Bubulcus ibis
普遍冬候鳥、過境鳥

體長 50cm

非繁殖羽

全身白色

俗稱【黃頭鷺】

遍佈於全球，個體會做局部遷移，在金門的棲留狀態有過境鳥也有冬候鳥。他們常成群在內陸沼澤、農耕地或短草地上活動。喜歡停在牛背上跟隨著牛隻活動，捕食被牛隻走動時驚嚇飛起的昆蟲。食性很廣，除了昆蟲外，魚、蜥蜴、蛇、蛙、小老鼠等都是他們的食物；也曾經見過他們進食死掉的小型鳥類。

辨別重點
雌雄相同，具繁殖及非繁殖羽異色。全身白色，嘴橙黃色，腳黑褐色。
繁殖羽頭、頸及背部轉為橙黃色，背中央有長飾羽。

相似種
大白鷺、中白鷺、小白鷺、唐白鷺、岩鷺白色型，見 P.96。

嘴橙黃色
眼先轉紅

繁殖羽

頭、頸及背部轉為橙黃色

背中央有長飾羽

出現月份 全年　食物

鷺科

綠_カ簑_{ムて}鷺_カ
lu　suo　lu

周民雄 / 攝

Striated Heron
Butorides striata
稀有過境鳥

翼覆羽有淡褐色
三角紋

全身黑綠色

眼黃色
喉白色

體長 52cm

俗稱【綠鷺】

分布在歐亞非洲及澳洲。在金門地區是春秋兩季的過境鳥，喜好單獨在海岸、溪流、湖泊及水庫等水域活動，慈湖、太湖等地都曾發現。以魚蝦、小昆蟲、兩棲類等為食，覓食的時候通常佇立在岸邊等待。

辨別重點

雌雄相同。全身大致為黑綠色，翼覆羽顏色較深，有淡褐色三角形紋，嘴黑色，眼黃色，頭頂黑色有冠飾羽，喉部白色，腳黃色。

相似種

夜鷺成鳥：體型較大，頭背部藍黑色，眼紅色，見 P.88。

出現月份 3-5,9-10月　食物

鷺科

草_ち鷺_カ
cao　lu

Purple Heron
Ardea purpurea
稀有冬候鳥

頸長栗褐色

頸兩側有
黑色縱紋

亞成鳥
周民雄 / 攝

背部栗褐色

體長 79cm

俗稱【紫鷺】

分布於歐、亞、非洲。金門地區較常發現草鷺的地點是小金門的陵水湖。牠習性隱密，喜在蘆葦草澤活動，因身體的顏色和冬季枯黃的蘆葦景色相似，形成極好的保護色，不易被發現。

辨別重點

雌雄相同。嘴、腳黃褐色，頭後有藍黑色飾羽，頸栗褐色二側有黑色縱紋，背部灰藍色，肩部栗褐色。飛行時可見初級飛羽為黑色。亞成鳥體黃褐色。

出現月份 10-5月　食物

鷺科
蒼鷺 ㄘㄤ ㄌㄨ
cang lu

Grey Heron
Ardea cinerea
普遍冬候鳥

· 蒼鷺涉水獵食水中生物。周民雄 / 攝

體長 93cm

分布於歐、亞、非洲。金門極普遍，太湖、浦邊海岸、慈湖、陵水湖等地在冬季常可發現牠們的身影。

體型和大白鷺差不多，也會與牠們一起覓食或停棲，常靜靜地佇立或緩慢地漫步水中捕魚。飛行時偶而會發出單音粗啞的「呱」聲。 遷移時會成大群聚集，但度冬季節單獨活動，會驅趕在相同水域中覓食的同類或保持距離。

辨別重點

雌雄相同。全身大致為灰色，背部顏色較深。嘴、腳黃色，眼後有黑色飾羽，前頸、胸有數條黑色縱紋。飛行時可見初級飛羽為黑色。亞成鳥體色較灰淡。

頭後有長黑色飾羽

前頸、胸前有
數條黑色縱紋

全身灰色，背部較暗

成鳥

亞成鳥

出現月份 9-5月　**食物** 🐟

鷺科

大^{ㄉㄚˋ}白^{ㄅㄞˊ}鷺^{ㄌㄨˋ}

da　bai　lu

Great Egret
Ardea alba
普遍冬候鳥、過境鳥

體長 90cm

遍佈於全球。金門極普通，喜在潮間帶、湖泊、水庫、溪流、池塘等水域活動覓食。常靜靜地佇立或緩緩地漫步於水中捕魚，當發現獵物時會伸長頸部靜待時機然後突然將頭部快速穿入水中捕捉獵物。飛行速度很緩慢，飛行的時候收著脖子，有時會發出單音粗啞的「啊」聲。不覓食的時候，常會飛到水邊的樹上休息，整理羽毛。

· 換羽中的大、小白鷺群。

↙ 符號是繁殖羽色大白鷺

識別重點

雌雄相同，具繁殖及非繁殖羽異色。大白鷺是體型最大的白鷺，頸部細長，嘴裂到眼後是辨識上的特徵。嘴、眼先黃色。
繁殖羽嘴黑色，眼先藍綠色，下腿帶粉紅色，胸前及背有飾羽。

相似種

中白鷺、小白鷺、牛背鷺非繁殖羽、唐白鷺、岩鷺白色型，見 P.96。

嘴黃色
嘴裂長至眼後
眼先黃色

頸細長呈S型

非繁殖羽

周民雄 / 攝

全身白色無飾羽

腳黑色

出現月份 9-5月　食物 🦶

鷺科

中_{ㄓㄨㄥ} 白_{ㄅㄞˊ} 鷺_{ㄌㄨˋ}
zhong bai lu

Intermediate Egret
Egretta intermedia
普遍冬候鳥、過境鳥

繁殖羽

嘴黑色
眼先黃色
非繁殖羽嘴黃色
尖端黑色

全身白色
胸前及背部有飾羽

體長 69cm

分布於亞、非及澳洲。金門極普通，常和大白鷺、小白鷺混群活動。喜歡在潮間帶、湖泊、水庫、溪流、池塘、沼澤等水域出現。常靜立水涯或漫步於水中捕魚，覓食方式和大白鷺一樣，也會出現在草地上捕食昆蟲。很少鳴叫，幾乎沒聽過牠的叫聲。

辨別重點

雌雄相同，具繁殖及非繁殖羽異色。體型介於大白鷺與小白鷺之間，頸部明顯比大白鷺短粗。全身白色，嘴黃色尖端黑色，眼先黃色，腳黑色。
繁殖羽嘴黑色，胸前及背部有飾羽。

相似種

大白鷺、小白鷺、牛背鷺非繁殖羽、唐白鷺、岩鷺白色型，見 P.96。

出現月份 9-5月　食物

（保育）**鷺科**

繁殖羽
許晉榮 / 攝

唐_{ㄊㄤˊ} 白_{ㄅㄞˊ} 鷺_{ㄌㄨˋ}
tang bai lu

Swinhoe's Egret
Egretta eulophotes
稀有過境鳥

嘴黃色
眼先水藍色
非繁殖羽上嘴黑色
眼先黃綠色

後頭、胸前、背有飾羽

體長 65cm

俗稱【黃嘴白鷺】

僅分布於亞洲地區，繁殖地在中國東北及韓國沿海的島嶼上，冬季會遷移到東南亞度冬。喜歡在海邊泥灘地或淺水的池塘覓食，以魚、蝦、蟹類等水生生物為食。慈堤海岸、浯江溪口的潮間帶都曾有個位數字的發現。

唐白鷺是受法律保護的瀕臨絕種珍貴保育類野生動物，也是全球受脅鳥種，估計全世界數量約3,000隻左右。

辨別重點

雌雄相同，具繁殖及非繁殖羽異色。全身白色，上嘴黑色，眼先黃綠色，腳黃綠色。
繁殖羽嘴黃色，眼先水藍色、腳黑色、腳趾黃色，後頭、胸前及背部有飾羽。

相似種

大白鷺、中白鷺、小白鷺、黃頭鷺非繁殖羽、岩鷺白色型，見 P.96。

出現月份 3-5,9-10月　食物

鷺科

小 ㄒㄧㄠˇ 白 ㄅㄞˊ 鷺 ㄌㄨˋ
xiao bai lu

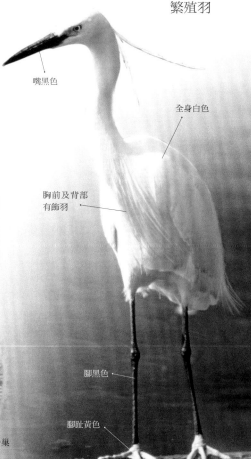

Little Egret
Egretta garzetta
普遍留鳥、過境鳥

體長 61cm

分布於歐、亞、非及澳洲。金門地區普遍的留鳥及過境鳥。喜歡在潮間帶、湖泊、水庫、溪流、池塘、沼澤等水域或農田草地出現。覓食的時候常以腳在水中抖動以捕食被驚嚇的魚。叫聲為粗啞的單音「阿」。

夏墅海岸及慈湖邊的樹林有繁殖紀錄，會集體營巢，以小樹枝在樹上簡單搭成盤狀巢，親鳥以反芻方式餵育雛鳥。

識別重點
雌雄相同，具繁殖及非繁殖羽異色。
全身白色，嘴、腳黑色，腳趾黃色。
繁殖羽後頭、胸前及背有飾羽。

相似種
大白鷺、中白鷺、牛背鷺
非繁殖羽、唐白鷺、岩鷺
白色型，見 P.96。

繁殖羽

嘴黑色

全身白色

胸前及背部
有飾羽

腳黑色

腳趾黃色

· 小白鷺於樹木頂端集體營巢。

· 小白鷺以樹枝在樹上築成淺盤狀的巢，一巢
　生2〜3枚蛋，蛋為水青色。

出現月份 全年 食物

六種白鷺辨識

大白鷺(非繁殖羽) P.93

特徵　體型最大。頸部細長呈S形。腳黑色

繁殖羽　嘴黑色，眼先藍綠色，上腿帶粉紅色，胸前及背有長飾羽

非繁殖羽　沒有長飾羽、嘴黃色、眼先黃色

中白鷺(繁殖羽) P.94

特徵　眼先黃色，腳黑色

繁殖羽　嘴黑色，胸前及背有飾羽

非繁殖羽　嘴為黃色尖端黑色

行為　喜活動於農田草地上

小白鷺(繁殖羽) P.95

特徵　嘴、腳黑色，趾黃色

繁殖羽　後頭、胸前及背有飾羽

非繁殖羽　沒有飾羽。

行為　會出現在任何水域環境，也會出現在乾旱的農田草地活動

唐白鷺(繁殖羽) P.94

繁殖羽　嘴黃色，眼先藍紫色，腳黑色，趾黃色，後頭、胸前及背有飾羽

非繁殖羽　上嘴黑褐色、下嘴黃色，腳為黃綠色

岩鷺(白色型亞成鳥) P.97

特徵　嘴黃褐色。腳為黃綠色

行為　喜歡在岩礁、岩石海岸活動

許晉榮／攝

牛背鷺(非繁殖羽) P.90

特徵　是這幾種白鷺體型最小的，嘴橙黃色，腳黑褐色

行為　喜歡在內陸濕地或乾旱的農田草地活動

鷺科

岩⟨ㄧㄢˊ⟩鷺⟨ㄌㄨˋ⟩
yan lu

Pacific Reef Egret
Egretta sacra
不明

體長 62cm

分布於西太平洋的岩石及珊瑚礁海岸。金門發現次數及數量很少，停棲狀況不明；曾於滿潮時在慈堤內的岩石上發現牠的蹤跡。喜歡單獨在岩石海岸活動，在水邊覓食，食物為魚、蝦、蟹類。

識別重點

雌雄相同。腳黃綠色，成鳥的嘴是黑褐色，亞成鳥的嘴則為黃褐色。
體色有白色型及黑色型二種。黑色型是全身石板黑色；白色型則為全身白色。

相似種

大白鷺、中白鷺、小白鷺、牛背鷺非繁殖羽、唐白鷺，見 P.96。

出現月份 全年 食物 🦐

黑色型
周民雄／攝

嘴黑褐色

嘴黃褐色

白色型
亞成鳥
許晉榮／攝

腳黃綠色

軍艦鳥科 （全世界5種，台灣2種，金門1種）

黑⟨ㄏㄟ⟩腹⟨ㄈㄨˋ⟩軍⟨ㄐㄩㄣ⟩艦⟨ㄐㄧㄢˋ⟩鳥⟨ㄋㄧㄠˇ⟩
hei fu jun jian niao

Great Frigate Bird
Fregate minor
迷鳥

體長 80～100cm

俗稱【軍艦鳥】

分布於太平洋、印度洋。屬於海洋性鳥類，可長時間在海上遨翔，利用海上氣流飛行，甚少鼓動翅膀。繁殖季時會回到熱帶地區的島嶼上進行繁殖。在海上捕魚為食，也會攻擊捕捉在沙灘上剛孵出的小海龜，或岸上繁殖的其他鳥類巢中的幼鳥或蛋。颱風季節較有機會發現牠們的蹤跡。

識別重點

雌雄異色。全身大致為黑色帶金屬光澤，嘴略呈淡粉紅色。尾呈燕尾狀。
雄鳥喉囊紅色，雌鳥喉部灰色，胸腹部白色。
亞成鳥似雌鳥，頭、頸灰白色或為栗色。

出現月份 全年 食物 🦐

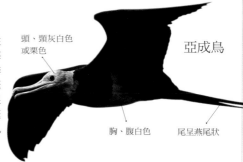

頭、頸灰白色或栗色

亞成鳥

胸、腹白色

尾呈燕尾狀

鸕鷀科 （全世界39種，台灣4種，金門3種）

鸕 鷀
カメ ち
lu　　　ci

Great Cormorant
Phalacrocorax carbo
普遍冬候鳥

非繁殖羽

周民雄 / 攝

體長 82cm

俗稱【普通鸕鷀】

繁殖地分布於歐、亞洲北部及北美洲，亞洲族群
冬季會遷移至中國南部、中南半島一帶度冬。牠
們是群聚性的鳥類，金門地區近年來度冬數量約
有8,000～10,000隻左右。其中大部份棲息於慈
湖，少部份300～500百隻停棲太湖及小金門的陵
水湖及西湖等水域邊的樹林。慈湖夜棲的族群白
天會成群到海上覓食，以集體驅趕捕魚的覓食策
略獵食，覓食場面非常壯觀，返回夜棲地時排列
成人字形或一條龍的隊形飛行。而棲息於太湖或
小金門的族群則為個體或小群的在附近水域活
動，白天仍見牠們停棲在樹上休息。

10月底，慈湖邊的夜棲地木麻黃林仍一片翠綠，
但過些時日即因鸕鷀所排出的白色糞便將它染為
白色，尤如下雪的景色。

識別重點

雌雄相同，具繁殖及非繁
殖羽異色。全身大致為黑
色，背部為帶金屬光澤的
銅褐色，嘴基黃色，嘴角
皮膚白色。亞成鳥全身暗
褐色，腹部較白。
繁殖羽時頭頸部有白色飾
羽，腿上側有一大白斑
塊。

相似種

丹氏鸕鷀：嘴基黃色呈尖角狀，
背、覆羽暗綠色，見 P.100。

繁殖羽

全身黑色

嘴基圓形黃色

頭頸部有白色飾羽
腿上側有大白斑塊

出現月份 10-5月　食物 🐟

· 木麻黃林經過鸕鷀一段時間的停棲後，白色的糞便將
木麻黃林染成白色。

· 成群活動覓食。

背部銅褐色有金屬光澤

非繁殖羽

周民雄 / 攝

· 鸕鷀常會有在岸上曬翅膀的行為。

鸕鷀科

丹ㄉㄢ 氏ㄕˋ 鸕ㄌㄨˊ 鷀ㄘ
dan shi lu ci

Japanese Cormorant
Phalacrocorax capillatus
迷鳥

非繁殖羽

體長 84cm

俗稱【暗綠背】

繁殖地在中國東北渤海、西伯利亞、韓國及日本等海岸的陡峭岩壁上，部份族群冬季會遷移至中國東南沿海海域度冬，在台灣出現紀錄極少。本種和常見的普通鸕鷀極相似，難以分辨。但以棲息在岩石海岸為主，以魚類為主食。

識別重點
雌雄相同。全身大致為黑色，背部綠褐色有金屬光澤，嘴基黃色，嘴角皮膚白色。亞成鳥全身暗褐色，腹部較白。
繁殖羽頭頸部有白色飾羽，腿上側有一大白斑塊。

相似種
鸕鷀：嘴基黃色呈圓形狀，背部覆羽暗褐色，見 P.98。

出現月份 全年　食物 🐾

全身黑色

嘴基尖角
狀黃色

背部金屬光澤
的綠褐色

鵜鶘科 （全世界8種，台灣1種，金門1種）

斑ㄅㄢ 嘴ㄗㄨㄟˇ 鵜ㄊㄧˊ 鶘ㄏㄨˊ
ban zui ti hu

Spot-billed Pelican
Pelecanus philippensis
迷鳥

林勝惠 / 攝

體長 160cm

俗稱【灰鵜鶘】

主要分布於東南亞及南洋群島。生活在各種廣大面積的水域，慈湖及陵水湖都曾發現，不過都是佇立於淺水灘休息的狀態，沒見牠們覓食，覓食行為可能在海上進行。飛行時速度緩慢，脖子不伸直，如鷺科一般往後收。

斑嘴鵜鶘體型相當大，站立時如同一個將近100cm高的小孩，而雙翅展開有將近250cm的長度。

識別重點
雌雄相同。全身大致為白色或帶有淡黃褐色，嘴粗長、灰褐色、下嘴有黃褐色囊袋。
繁殖羽時腰部略為橙黃褐色。

相似種
卷羽鵜鶘，嘴顏色較黃。

出現月份 10-4月　食物 🐾

嘴粗長
灰褐色

下嘴有黃
褐色囊袋

全身白色

隼科 （全世界63種，台灣4種，金門3種）

紅ㄏㄨㄥˊ 隼ㄓㄨㄣˇ
hong sun

Common Kestrel
Falco tinnunculus
稀有冬候鳥

體長 ♂30cm；♀33cm

繁殖地廣泛分布於歐洲、中國以北及非洲，在冬季時部份族群會南遷至中南半島至台灣一帶度冬，金門各地農耕地都有機會發現。度冬時會建立度冬領域，有時會發出尖銳的「卡、卡」聲。覓食行為和黑翅鳶一樣，是少數會在空中定點鼓翼尋找獵物的猛禽，當牠們定點鼓翼的時候，頭部會固定於一個點不轉動，以身體及尾羽來控制平衡，也常停棲在視野良好的高處如反空降樁上等待獵物出現。食物有昆蟲、鳥類、老鼠、兩棲爬蟲等。

識別重點

雌雄異色。

雄鳥頭灰色，頰有一黑鬍斑，喉白色，胸、腹部淡栗色有黑色縱紋，背部紅棕色、有黑斑，尾羽灰色、末端黑色及白色。

雌鳥頭及尾羽棕褐色、有黑斑，其他與雄鳥相似。

· 空中定點鼓翼。

尾羽棕褐色有黑色橫斑

頭棕褐色有黑斑

雌鳥

頭灰色

體背紅棕色黑色斑紋

雄鳥

出現月份 10-5月　食物

隼科

遊ㄧㄡ隼ㄓㄨㄣ
you   sun

Peregrine Falcon
Falco peregrinus
稀有冬候鳥

許晉榮 / 攝

顎有粗黑鬚斑

體背藍黑色

體長 ♂38cm；♀51cm

俗稱【隼】

遍佈全球，主要繁殖地在歐亞洲北部、中國東北、韓國、日本及北美洲，金門地區是冬鳥，沙崗農場及慈湖中間的小島樹上黃昏時候常有機會可見。

遊隼是世界上飛行速度最快的鳥類，以捕抓空中飛行的鳥類為食而聞名。目前許多機場為了防止鳥類對飛機飛行的危安，都訓練遊隼來驅趕在機場內活動的其他鳥類。

識別重點

雌雄同色。頸有黑鬚斑。體背大致為藍黑色，背部羽緣乳白色，腹面白色，胸部密佈黑色細斑紋，腹部佈滿黑色橫紋。

相似種

燕隼：尾下覆羽紅栗色，見下圖。

出現月份 10-5月 食物

隼科

燕ㄧㄢ隼ㄓㄨㄣ
yan   sun

European Hobby
Falco subbuteo
稀有過境鳥

顎後白斑大

體背黑色

體長 30cm

繁殖地在歐亞洲北部、中國東北、韓國、日本，亞洲族群冬季會南遷至華南度冬。燕隼是因飛行時的外型似燕子而得名，牠們和遊隼一樣善於在空中捕捉飛蟲、飛鳥為食。

識別重點

雌雄同色。背面大致為黑色，背部羽緣乳黃色，頸有一黑斑。上腹面白色，胸、腹部密佈黑色粗縱紋，下腹、腿羽、尾下覆羽紅栗色。

相似種

遊隼：尾下覆羽灰色，見上圖。

下腹及尾下覆羽栗紅色

出現月份 10-5月 食物

鷲鷹科（全世界240種，台灣23種，金門18種）

魚ㄩˊ鷹ㄧㄥ
yu **ying**

Osprey
Pandion haliaetus
不普遍冬候鳥（部份個體夏天仍留滯金門）

體長 ♂54cm；♀62cm

俗稱【鶚】

繁殖地在歐、亞洲北部及北美洲、菲律賓及澳洲北部，亞洲北部族群冬季會遷移到中國沿海及中南半島一帶度冬。詩經有曰「關關雎鳩，在河之洲。」，其中雎鳩所指的便是魚鷹。主要食物為魚類，常在魚池、水庫、海邊水面上盤旋尋找獵物，發現可疑獵物後，在上空定點鼓翼，確定後即俯衝而下捕魚，抓到魚後牠們會將魚用趾爪扣住帶到固定停棲的地方再進食。不在空中盤旋時，牠們常停在海岸邊的反登陸樁上或突出物上休息。田墩、浦邊、慈堤海岸常可發現其蹤跡。

識別重點

雌雄同色。

大型猛禽。頭頂白色，暗褐色過眼線延伸至後頸，背面暗褐色，腹面除胸褐色外，其餘都為白色。飛行時雙翼有一黑褐色V字型。

頭頂白色

圓短尾

行時雙翼有黑褐色V字型

· 潮間帶裡的反登陸樁常吸引魚鷹停棲休息。

出現月份 全年　食物 🐟

保 鷲鷹科

黑ㄟ 翅ˋ 鳶ㄢ
hei　chi　yuan

Black-shouldered Kite
Elanus caeruleus
稀有留鳥

周民雄 /

體長 31～ 34cm

分布於東南亞、南亞及非洲，金門地區為留鳥，依據金門縣野鳥學會的調查數量不到50隻。牠們喜歡在開闊的農耕地、荒草地活動，晨昏較容易發現。

食物主要為老鼠，偶而也會覓食蜥蜴或小型鳥類等。

覓食的時候常會在空中定點鼓翼，然後專注於地面尋找獵物，有時不鼓翼時會將雙翼上舉成「V」字型，另外也會停在視野良好的棲息位置如電桿、電線或反空降樁上等待，一發現獵物便俯衝而下。

· 黑翅鳶以老鼠為主食。

繁殖行為於春秋兩季進行，一年可繁殖二次。築巢於高大的樹上，以樹枝構成淺盤狀巢。孵蛋育雛雌雄鳥分工合作，雌鳥負責孵蛋，雄鳥則負責提供雌鳥食物。

背部有明顯的白色及紅褐色鱗狀紋

識別重點

雌雄同色。眼紅色。背面灰色，肩羽、初級飛羽黑色。腹面白色。

亞成鳥

周民雄 / 攝

出現月份 全年　食物

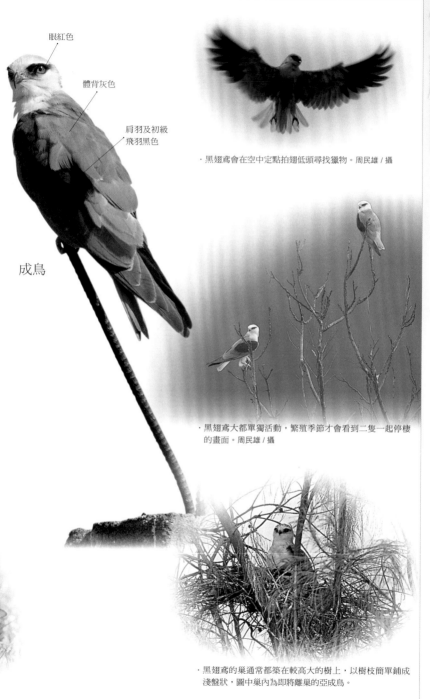

眼紅色

體背灰色

肩羽及初級
飛羽黑色

成鳥

· 黑翅鳶會在空中定點拍翅低頭尋找獵物。周民雄／攝

· 黑翅鳶大都單獨活動，繁殖季節才會看到二隻一起停棲
的畫面。周民雄／攝

· 黑翅鳶的巢通常都築在較高大的樹上，以樹枝簡單鋪成
淺盤狀，圖中巢內為即將離巢的亞成鳥。

隼形目

鷲鷹科

黑（ㄏㄟ）鳶（ㄩㄢ）
hei　yuan

Black Kite
Milvus migrans
稀有過境鳥、冬候鳥

體長 55cm

俗稱【老鷹】

廣泛分布於歐、亞、非及澳洲。腐食性猛禽，常在水域或農田盤飛，撿食動物屍體，所以有「大自然的清道夫」之稱。也會獵捕昆蟲、鳥類、老鼠、兩棲爬蟲及魚類等。叫聲為響亮的「飛-飛」。

識別重點

雌雄同色。

全身大致為黑褐色，尾呈魚尾狀。翼下初級飛羽基部有白斑。亞成鳥顏色較淡，羽緣乳白色。

飛行時翼下初級飛羽基部有白斑

尾呈魚尾狀

亞成鳥

全身黑褐色
顏色較淡
羽緣乳白色

出現月份 9-5月 食物

鷹鷹科

東 方 蜂 鷹
ㄉㄨㄥ ㄈㄤ ㄈㄥ ㄧㄥ
dong fang feng ying

Oriental Honey Buzzard
Pernis ptilorhynchus
稀有過境鳥

體長 ♂57cm；♀60cm

俗稱【蜂鷹、鵰頭鷹】

繁殖地在東北亞，冬季會南遷到東南亞一帶度冬，金門地區遷移季節偶而會在空中發現過境的個體，但數量非常稀有。本種在台灣以往被認為是過境鳥，但根據最新的調查發現也有留鳥的族群。顧名思義，本鳥種和蜂類有密切的關係，牠們的主要食物為蜂蛹，另外也會獵食兩棲爬蟲、鳥類及小型哺乳類。

辨別重點

個體間體色色型變化大。以褐色系為主，呈現不同濃度。頭形較小，嘴型較細長。方形尾羽有不等距橫帶。

暗色型
陳王時 / 攝

頭小嘴細長

淡色型
陳王時 / 攝

方形尾羽有不等距橫帶

出現月份 3-5,9-11月 食物

鷹 鷹鷹科

鵲 鷂
que　yao
(ㄑㄩㄝˋ)(ㄧㄠˋ)

Pied Harrier
Circus melanoleucos
稀有過境鳥

體長 45cm

俗稱【花澤鵟】

繁殖地在歐亞洲北部及北美洲，亞洲族群冬季會遷移到日本、韓國、中國東南及南部一帶度冬。金門春秋兩季的過境鳥，喜歡在空曠的草原、沼澤地帶活動，沙崗農場、慈湖及陵水湖曾發現蹤跡。獵食的時候常會貼近地面飛行，搜索獵物的蹤跡，發現獵物隨即轉身而下，牠們以鼠類及在地面活動的鳥類為食。過境季節幾乎不鳴叫。

識別重點
雌雄異色。
雄鳥背面灰色，初級飛羽黑褐色，腰白色，腹面白色。
雌鳥全身大致為褐色。淡黃色眉線，背有乳黃色斑紋，腹面顏色較淡，有黑褐色縱紋，尾羽有數條乳黃色橫紋。

出現月份 3-5,9-11月　食物

初級飛羽黑褐色

雄鳥

體灰黑色
白腰

相似種
東方澤鷂雌鳥體紅褐色，見下圖。

鷹鷹科

東 方 澤 鷂
dong　fang　ze　yao
(ㄉㄨㄥ)(ㄈㄤ)(ㄗㄜˊ)(ㄧㄠˋ)

Eastern Marsh Harrier
Circus spilonotus
稀有過境鳥

體長 ♂48cm；♀58cm

俗稱【澤鵟、白腹鷂】

繁殖地在西伯利亞東部、日本、韓國及中國東北，冬季會遷移到華南、中南半島及菲律賓群島一帶度冬。金門春秋兩季的過境鳥，較灰鷂易見，慈湖、浦邊海岸及陵水湖曾發現其蹤跡。喜歡在空曠的草原、沼澤地帶活動，獵食時以貼近地面的方式飛行搜索獵物，發現獵物即轉身撲下，以沼澤濕地活動鼠類及鳥類為食。過境季節幾乎不鳴叫。

雌鳥

體紅褐色

識別重點
雌雄異色。
雄鳥頭、初級飛羽黑色，背灰色、密佈黑色斑紋，腹白色。
雌鳥大致為紅褐色，頭部顏色隨年齡有差異，越大越白。

相似種
灰鷂雌鳥體褐色。

出現月份 3-5,9-11月　食物

鷲鷹科

赤（ㄔˋ）腹（ㄈㄨˋ）鷹（一ㄥ）
hi　　fu　　ying

Chinese Goshawk
Accipiter soloensis
稀有過境鳥

體長 30cm

繁殖地在韓國、中國東北、華南一帶，冬季往南遷移至中南半島、印尼及菲律賓群島度冬。金門地區為春秋過境鳥，春過境的數量多於秋季，大部份都是當天過境，少部份會過夜隔天再飛離，太武山及西南半島較有機會看到牠們。牠們的食物以蛙類、爬蟲及昆蟲為主。過境季節不鳴叫。

辨別重點

小型猛禽。雄鳥眼紅色、雌鳥黃色，其他體色大致一樣。

背面暗藍灰色，胸、脅部紅棕色有深淺不一的鱗紋，下腹部白色，外側尾羽有數條橫紋，尾羽略圓，飛行時翼尖黑色為其辨識重點。

亞成鳥背部較淡，羽緣黃褐色，腹面白色，胸有褐色縱紋，腹部有褐色橫紋。

相似種

松雀鷹雌鳥體背褐色，見 P.110。

亞成鳥

胸褐色縱紋

腹褐色橫紋

眼黃色
雄鳥眼紅色

體背暗藍灰色

雌鳥

胸脅紅棕色有
深淺鱗紋

出現月份 3-5,9-11月　**食物**

鷹鷹科

松 雀 鷹
ㄙㄨㄥˊ ㄑㄩㄝˋ ㄧㄥ
song que ying

Besra
Accipiter virgatus
不明

眼黃色
雄鳥眼紅色

雌鳥

胸褐色縱紋
腹褐色橫紋

尾扇形

體長 ♂31cm；♀39cm

俗稱【鷹仔虎】

分布於東亞及東南亞，本鳥種在金門棲息狀況不明，太武山周圍的樹林比較有機會發現。喜歡單獨在樹林活動，沒見過在空中盤旋。身體有很好的保護色，站立在樹幹時不易被發現，捕捉小型鳥類、兩棲爬蟲等為食。叫聲為連續的「啾-啾啾啾」。

識別重點

小型猛禽，雌雄異色，雄鳥體型小於雌鳥。雄鳥眼紅色、雌鳥黃色。尾扇形。
雄鳥喉中央有一條細褐色縱線。背面暗藍灰色，胸、脅部紅棕色有深淺不一的鱗紋，下腹部白色，尾羽有四條橫紋。
雌鳥背面較褐色，胸有褐色縱紋，腹部有褐色橫紋。
飛行雙翼較寬，次級飛羽後緣突出較為明顯。

相似種

赤腹鷹雌鳥體背灰藍色，見 P.109。

出現月份 全年 食物

鷹鷹科

灰 面 鵟 鷹
ㄏㄨㄟ ㄇㄧㄢˋ ㄎㄨㄤˊ ㄧㄥ
hui mian kuang ying

Grey-faced Buzzard
Butastur indicus
不普遍過境鳥

成鳥
周民雄 / 攝

白眉線

臉頰灰色

黑色髭紋
及喉央線

體背深褐色

尾羽呈方形

體長 49cm

俗稱【灰面鵟、南路鷹、國慶鳥】

繁殖地在西伯利亞、日本、韓國及中國東北，冬季會南遷到東南亞一帶度冬。琉球及台灣也有少數度冬族群，金門地區為過境鳥，春季發現的機率較高，通常都是當天過境，大都在午後到黃昏這段期間成小群過境，最多曾在浦邊海岸發現將近200隻的數量，不停留金門過夜。叫聲為「嘰咕-」。

識別重點

雌雄同色，頭上灰褐色，白眉線，臉頰灰色，頰線及中央喉線黑色，背面深褐色，翼帶紅褐色，腹面白色密佈褐色斑紋。亞成鳥背部雜有細白色斑點。

出現月份 3-5,9-11月 食物

鷲鷹科

鵟 ㄎㄨㄤ
kuang

Eurasian Buzzard
Buteo buteo
不普遍冬候鳥

體長 54cm

初級飛羽基部有明顯的黑褐色斑

尾羽呈扇形

俗稱【普通鵟】

繁殖地在歐洲北部、亞洲北部及東北部，亞洲族群冬季會南遷到南部及東南部一帶度冬。金門地區較常出現在農耕地及樹林交會的環境。天氣晴朗時偶而可見牠們單獨或兩、三隻在空中盤旋。牠們盤旋的目的不像是尋找獵物，較像是一種領域宣示的行為。

獵食的時候常停在明顯的地方，像電桿的頂端或反空降樁上，靜靜地等候地上的獵物出現，也會以頂著風定點鼓翼的方式索尋。牠們主要獵食老鼠。

叫聲為嘹亮連續的單音「密一」。

辨別重點

體色有個體差異，大致背面褐色，羽緣乳白色，腹面淡黃褐色，喉及胸褐色。

飛行時腹面看起來大致為白色，初級飛羽基部有明顯的黑褐色斑為其辨識重點，尾羽呈扇形。

體背褐色
羽緣乳白色

腹部淡黃褐色

出現月份 3-5,9-11月　食物

猛禽飛行辨識

相似的猛禽該如何分辨呢？

許晉榮／攝

▲ 紅隼 P.101

冬候鳥

特徵　腹部淺色，密佈細黑斑紋，尾端有明顯黑色環帶

行為　在空中定點拍翅搜尋食物

▶ 遊隼 P.102

冬候鳥

特徵　感覺身體較粗壯，遠看頭及背部是黑色，腹部是白色

行為　飛行速度快，在空中追捕鳥類

周民雄／排

▲ 黑翅鳶 P.104

留鳥

特徵　全身主要為黑白二色，極明顯

行為　會在空中定點拍翅搜尋獵物，在鼓翼時常會將雙翼上舉成「V」字型

◀ 魚鷹 P.103

冬候鳥，夏天也可以看到，但數量稀少

特徵　在開闊水域的水面上空定點拍翅搜尋水中的魚類為食

行為　腹面倒三角形的白色色塊非常明顯

▲ 黑鳶 P.106

冬候鳥

特徵　全身黑褐色，翼下初級飛羽呈白色斑塊。尾羽呈魚尾狀

▼ 鵟 P.111

冬候鳥

特徵　整體而言，腹部顏色較淡。翼下初級飛羽基部呈黑色斑塊狀。盤旋時尾羽常張開成扇形

行為　天氣晴朗時較有機會看到牠們在空中盤旋，較少拍翅

▶ 灰面鵟鷹 P.110

春秋過境鳥

特徵　翼形較細長。腹部羽色淡密佈細紋，有倒三角形色塊但不明顯。尾羽有數條橫紋

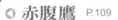

◀ 赤腹鷹 P.109

春秋過境鳥

特徵　不論成、幼鳥翼尖黑色

▶ 東方澤鵟 P.108

春秋過境鳥

特徵　雌鳥腹紅褐色；雄鳥腹白色，初級飛羽黑色

行為　姿態不像一般的猛禽，常低頭往下看，感覺頭前端是圓的

秧雞科 （全世界133種，台灣10種，金門7種）

白胸苦惡鳥
ㄅㄞ ㄒㄩㄥ ㄎㄨ ㄜ ㄋㄧㄠ
bai xiong ku e niao

White-breasted Waterhen
Amaurornis phoenicurus
普遍留鳥

體長 29cm

俗稱【白腹秧雞】

分布於東南亞、東亞及南亞。對環境的適應能力與紅冠水雞一樣好，全島水澤濕地、農耕地、畜牧場都可發現牠們。雜食性，以穀類、昆蟲、魚蝦、貝類等為食。常在公路邊活動，但反應較慢，是金門被車撞死數量最多的鳥種之一。

繁殖求偶期，不論白天或晚上，常躲在草叢內持續發出「苦啊-苦啊」的叫聲，有時可以持續叫數小時。築巢於樹灌叢內，以枯樹草枝簡單搭成淺盤狀，雛鳥和小雞一樣為早熟性，孵出時全身即佈滿黑色絨毛，能和親鳥四處活動。

辨別重點

雌雄同色。嘴黃色，上嘴接近額頭是紅色，上背黑褐色，體前由臉到腹部白色，下腹及尾下覆羽栗紅色，腳黃綠色。

幼鳥

成鳥

體背黑褐色，臉至體下白色

眼暗紅色

嘴黃色近額頭頭處紅色

出現月份 全年 食物

秧雞科
紅ㄏㄨㄥˊ 胸ㄒㄩㄥ 田ㄊㄧㄢˊ 雞ㄐㄧ
hong　xiong　tian　ji

Ruddy-breasted Crake
Porzana fusca
迷鳥

體長 19cm

俗稱【緋秧雞】

分布於東南亞、東亞及南亞。金門地區極少發現，棲息於水澤濕地，性機警羞怯，隱密不易看見，多於晨昏活動。以水生昆蟲、蛙類、貝類為食。

體背紅褐色

眼紅色

腳鮮紅色

嘴黑色

◉識別重點

雌雄同色。嘴黑色，眼紅色，後頭至背及尾羽紅褐色，臉至前腹部栗紅色，下腹部、尾下覆羽黑色雜有白色橫細紋，腳鮮紅色。

出現月份 全年　食物 🐌 〰️

秧雞科
董ㄉㄨㄥˇ 雞ㄐㄧ
dong　ji

Watercock
Gallicrex cinerea
稀有過境鳥

繁殖羽
雄鳥
許晉榮 / 攝

體長 35cm

分布於東南亞、東亞及南亞。喜歡在較隱密的水田、草澤地活動，習性隱密不容易發現。在清晨黃昏時較活躍，活動時常會翹動尾巴。以穀類、昆蟲、魚蝦、貝類等為食。

全身石板黑色

額板紅色呈雞冠狀突

◉識別重點

雌雄異色，雄鳥具繁殖及非繁殖羽色。眼暗紅色，嘴黃色，腳黃綠色。
雄鳥繁殖羽額板紅色、後方有紅色呈雞冠狀的突起。全身大致為石板黑色，翼羽羽緣呈淺褐色紋，腹部有灰色橫紋，尾下覆羽白色。非繁殖羽似雌鳥。
雌鳥無紅色額板，全身大致為黃褐色有褐色細斑紋。

◉相似種
紅冠水雞額板扁平，見 P.116。

出現月份 3-9月　食物 🐌 〰️

秧雞科

紅ㄏㄨㄥˊ 冠ㄍㄨㄢ 水ㄕㄨㄟˇ 雞ㄐㄧ
hong guan shui ji

Common Moorhen
Gallinula chloropus
普遍留鳥

亞成鳥

體長 33cm

遍佈全球，對環境的適應能力很好，喜歡
在水澤活動，幾乎是有水的地方都有可能
發現牠們，也常會到農耕地或畜牧場覓
食。食性很廣，魚蝦、兩棲類、螺類、昆
蟲、植物嫩芽嫩葉、穀物、酒糟等都可以
是牠們的食物。浮游水面或行走時常會翹
動尾巴。常在公路邊活動，但反應較慢，
是金門被車撞死數量最多的鳥種之一。

繁殖季為3～10月，一年可繁殖數次。築
巢在水面上，以枯枝、枯葉或水草堆積而
成，雌雄鳥輪流孵蛋。雛鳥和小雞一樣為
早熟性，孵出就長滿了絨毛，可以和親鳥
四處活動。

識別重點
雌雄同色。嘴紅色尖端黃色，額板紅色，全身石板
黑色、背部顏色比較褐色，脅部有白色紋路，尾下
覆羽二側白色斑塊，腳黃綠色。

相似種
董雞雄鳥繁殖羽
額板呈冠狀突，
見 P.115。

全身石板黑色

眼暗紅色

額板紅色

成鳥

嘴紅色尖端黃色

腳趾極長

出現月份 全年 食物

秧雞科

白骨頂
bai gu ding

Common Coot
Fulica atra
普遍冬候鳥

· 白骨頂在水域生活，極少上岸。

體長 40cm

俗稱【白冠雞】

分布於歐、亞、非洲及澳洲。喜歡棲息於水庫、湖泊及池塘等環境，慈湖及東邊的魚塭區、陵水湖很容易可以看到。牠們腳趾有如瓣般的瓣蹼，與其他秧雞不同喜歡在水面上浮游，頭會栽入水中覓食水草，有時也會整隻潛入水中覓食。

雌雄同色。嘴、額頭白色，眼紅色，全身石板黑色，腳暗綠色。

嘴、額頭白色   眼紅色   全身石板黑色

出現月份 9-4月 食物

蠣鷸科（全世界11種，台灣1種，金門1種）

蠣鷸
ㄌㄧ ㄩˋ
li yu

Eurasian Oystercatcher
Haematopus ostralegus
稀有留鳥及冬候鳥

體長 45cm

俗稱【蠣鴴】

主要繁殖地在歐洲、亞洲的西伯利亞東部、中國東北及朝鮮半島沿海地區，中國東部沿海也有零星的繁殖族群，近年來金門地區發現有少數的繁殖紀錄。亞洲族群冬季會遷移至中國東南沿海一帶度冬，台灣本島很少看到，是非常稀有的冬候鳥，金門地區則為留鳥及冬候鳥，冬天最多族群數量不超過百隻，官澳、洋山、浦邊海岸是最容易發現牠們的地方，但在潮水漲滿潮前二小時抵達較容易觀察到。

蠣鷸主要棲息於海岸潮間帶，體色明顯亮麗，相當吸引目光，是到金門賞鳥必看的鳥種之一。牠們的食物為石蚵、貝類及無脊椎動物等生物。

繁殖季為4～7月，在岩石上以小石頭堆積成凹槽，將蛋產於凹處，雌雄鳥輪流孵蛋。

辨別重點

雌雄同色。嘴紅色，眼紅色，腳淡粉紅色，頭、胸、背黑色，肩羽、腹部白色，飛行時可見白色翼帶及腰尾羽白色，尾羽尾端黑色。

腰白色

白色翼帶

全身黑色

嘴、眼紅色

肩腹白色

腳紅色

出現月份 全年 食物

．一隻親鳥正帶著幼鳥在尋找食物。

．漲潮時成群休息的蠣鴴。

．蠣鴴雌雄鳥輪流孵蛋。

長腳鷸科 （全世界10種，台灣2種，金門2種）

反ㄈㄢˇ 嘴ㄗㄨㄟˇ 長ㄔㄤˊ 腳ㄐㄧㄠˇ 鷸ㄩˋ
fan zui chang jiao yu

Pied Avocet
Recurvirostra avosetta
稀有冬候鳥

體長 42cm

許晉榮／攝

全身白色

頭頂、肩羽、初級
飛羽及覆羽黑色

嘴黑色、
長尖上翹

俗稱【反嘴鴴】

分布於歐洲、非洲及亞洲中國東北到蒙古一帶，冬季會遷移到中國東南沿海一帶度冬。慈湖曾有發現紀錄。喜歡在淺水灘活動，覓食的動作相當的特殊，以嘴左右反覆的劃過水中，濾食水中的有機物、昆蟲及甲殼類為生。

識別重點

雌雄同色。嘴黑色長而尖細，往上翹。全身除頭頂、肩羽、初級飛羽及覆羽為黑色外餘均為白色，腳長鉛灰色。

出現月份 10-5月　食物 🦐 〜

長腳鷸科

長ㄔㄤˊ 腳ㄐㄧㄠˇ 鷸ㄩˋ
chang jiao yu

Black-winged Stilt
Himantopus himantopus
稀有冬候鳥

體長 32cm

亞成鳥

頭頂至背部黑褐色

眼紅色

繁殖羽
雄鳥

俗稱【高蹺鴴、黑翅長腳鷸】

長腳鷸有一雙特長的腳，尤如加長的高蹺。高䠷的身形讓他能夠在較深的水域覓食，慈湖東岸及其周遭的魚塭、浦邊海岸常見他們漫步水中覓食。叫聲為尖細連續的「喀-喀」。

識別重點

雌雄同色，雄鳥具繁殖及非繁殖羽色。嘴黑色，眼紅色，腳長粉紅色，全身除背、翅膀為黑褐色外，餘為白色。雄鳥繁殖羽黑褐色部位由頭頂延長至背部。亞成鳥背部顏色較淺褐色，有淺黃褐色花紋。

出現月份 9-5月　食物 🦐 〜

鴴科 （全世界67種，台灣11種，金門10種）

金 ㄐㄧㄣ 斑 ㄅㄢ 鴴 ㄏㄥˊ
jin　ban　heng

Golden Plover
Pacific Pluvialis fulva
普遍冬候鳥及過境鳥

體長 24cm

俗稱【太平洋金斑鴴】

繁殖地在北極圈的凍原地帶，冬季遷移到中國東南、中南半島、南洋群島及澳洲沿海海岸度冬。金門地區常見於貴山海岸、浯江溪口到官澳一帶海岸，在潮間帶漫步活動覓食，覓食動作和灰斑鴴等類似，漲潮時喜歡停在反登陸椿上或到岸邊、內陸濕地、旱田及草地休息。常成小群活動，尤其是休息的時候。行動緩慢，動作優雅，覓食時常走幾步停下來張望一下再又繼續覓食。主要覓食無脊椎動物、螃蟹等。

雌雄同色，具繁殖及非繁殖羽色。

繁殖羽頭頂到背部灰黑色，羽緣黃色，自臉而下到腹部黑色，一白線自額過眉而下呈乙字形，尾下覆羽白色，飛行時可見白色翼帶及翼下被羽黑色塊，腳黑色。

非繁殖羽背部似繁殖羽，無乙字形白線，胸腹部黃褐色有褐縱紋。

灰斑鴴：體背灰黑色，羽緣白色。見 P.122。

繁殖羽

臉黑色額與眉間
呈乙字形白線

腹黑色

非繁殖羽

體背灰黑色
羽緣黃色

胸腹部黃褐色有褐縱紋

出現月份 9-5月　食物

鴴科

灰ㄏㄨㄟ 斑ㄅㄢ 鴴ㄏㄥˊ
hui　　ban　　heng

Grey Plover / Black-bellied Plover
Pluvialis squatarola
不普遍冬候鳥

體長 30cm

繁殖地在北極圈的凍原地帶，度冬地廣泛分布於各大洲的海岸。金門地區常見於貴山海岸、浯江溪口到官澳一帶海岸，在潮間帶漫步活動覓食，覓食動作和鐵嘴鴴等類似，漲潮時喜歡停在反登陸樁上或到岸邊及內陸濕地休息。以沙蠶、蝦蟹、螺貝及昆蟲為食。

識別重點

雌雄同色，具繁殖及非繁殖羽色。

繁殖羽頭頂到背部灰黑色，羽緣白色，自臉而下到腹部黑色，一白線自額過眉而下呈乙字形，尾下覆羽白色，飛行時可見白色翼帶及翼下腋羽黑色塊，腳黑色。

非繁殖羽背部似繁殖羽，無乙字形白線，胸腹部白色有褐色縱紋。

相似種

金斑鴴：體背灰黑色，羽緣黃色，見 P.121。

· 飛行時可見翼上的白色翼帶及翼下腋羽的黑色塊特徵。

非繁殖羽

體背灰黑色
羽緣白色

胸腹部白色有褐色縱紋

出現月份 9-5月　食物 🐀 〜〜

鴴科

鳳<small>ㄈㄥ</small> 頭<small>ㄊㄡ</small> 麥<small>ㄇㄞ</small> 雞<small>ㄐㄧ</small>
feng　tou　mai　ji

體長 34cm

Northern Lapwing
Vanellus vanellus
不普遍過境鳥

頭頂黑色上翹長冠羽

體背雙翼覆羽金屬
光澤的暗綠色

胸部黑色

腳暗紅色

繁殖羽

俗稱【小辮鴴】

繁殖地在歐亞大陸的北部，冬季遷移至日本、韓國及中國南方一帶度冬。金門是過境鳥，喜歡成群在海岸內陸的水田或旱田裡活動，曾於農試所畜牧場的酒糟堆及沙崗農場的農田內發現牠們。覓食時，會用腳觸地抖動，藉以驚嚇躲藏在縫隙的獵物，方便捕食。飛行速度緩慢而優雅。

識別重點

雌雄同色。嘴黑色，腳暗紅色。
繁殖羽頭頂黑色有長冠羽上翹，白色眉線由嘴基延伸到後頭，眼前有黑色與眼下方黑色色帶連接，喉、頸中央及胸部黑色，背、翼覆羽是有金屬光澤的暗綠色，腹白色。飛行時初級飛羽、覆羽黑色、尖端白色，腰、腳下覆羽橙色，尾基端白色末端黑色。
非繁殖羽，無黑色喉頸央線。
亞成鳥似非繁殖羽，頭頂冠羽短，體背有淡色羽緣。

出現月份 9-5月　食物　

鴴科

灰<small>ㄏㄨㄟ</small> 頭<small>ㄊㄡ</small> 麥<small>ㄇㄞ</small> 雞<small>ㄐㄧ</small>
hui　tou　mai　ji

體長 34cm

Grey-headed Lapwing
Vanellus cinereus
稀有過境鳥

尾端黑色

嘴黃色
尖端黑色

初級飛羽黑色

體背黃褐色

黑色胸帶

腳黃色

成鳥
許晉榮 / 攝

俗稱【跳鴴】

繁殖地在烏蘇里、日本北部及中國東北，冬季南遷至中南半島、印度及尼泊爾一帶度冬。金門為春秋兩季過境，發現的次數不多，曾於2004年春季在金沙水庫附近農田發現一隻。喜歡在草地或農耕地活動，以小昆蟲、兩棲類、蚯蚓等為食。

識別重點

雌雄同色。嘴黃色尖端黑色，頭到胸部鼠灰色，背部黃褐色，腹部白色與胸相接有一黑色帶，腳黃色，飛行時可見初級飛羽黑色、次級飛羽白色，尾羽白色、尾端黑色。
幼鳥大致似成鳥，但頭到胸部黃褐色，無黑色胸帶。

出現月份 9-5月　食物

鴴科
東方環頸鴴

クメム ㄈㅊ ㄏㄨㄢ ㄐㄧㄥ ㄏㄥ

dong fang huan jing heng

Kentish Plover
Charadrius alexandrinus
不普遍留鳥、普遍冬候鳥

體長 18cm

俗稱【環頸鴴】

分布於歐、亞、非及美洲，金門地區有留鳥及冬候鳥，喜歡棲息於屬於泥質的潮間帶及內陸沼澤地，沙質海岸也可發現，但數量較少。喜歡在泥灘上覓食，以螃蟹、蠕蟲等為食，覓食的時候常走走停停，發現螃蟹等獵物便快跑前去捕捉。潮水淹沒前常有洗浴的行為。滿潮後會和同類型的鷸鴴集結成群休息。

本種在金門的海岸有繁殖紀錄，會在沙灘上扒出一凹洞下蛋，然後揀選一些細小的貝殼放在周遭，蛋的顏色與沙上卵石相似並密佈深色小斑點，形成很好的保護色。由雌雄鳥輪流孵蛋，剛孵出的雛鳥身上佈滿了具保護色的絨毛，孵出一兩天就可四處走動。不過繁殖成功率很低，主因是人類及流浪狗等在沙灘上過度活動帶來的干擾或破壞所致。

識別重點

雌雄異色。具繁殖及非繁殖羽色。
繁殖羽嘴黑色，腳灰黑色。背部大致
為褐色，白色眉線到額，腹面白色，
雄鳥有黑色頸環、黑色過眼線、頭頂
有黑斑。
非繁殖羽羽色較淡。

相似種

長嘴鴴、小環頸鴴、蒙古鴴、鐵嘴鴴。
見 P.126-129

額及眉線白色

體背褐色

嘴黑色

非繁殖羽

腳灰黑色

雌鳥

出現月份 9-5月 食物

漲潮後小型鷸鴴科通常會混群找地方休息，這群正飛到岸邊休息的
鷸鴴科以東方環頸鴴的數量居多。

· 擬傷行為
  許多鷸鴴科鳥類在孵蛋或育雛期間，為了引
  開獵食者等對鳥蛋或雛鳥的傷害，親鳥會以
  假裝受傷的動作來吸引獵食者的注意，慢慢
  的將獵食者引開，等確定安全了在一溜煙的
  飛離。

· 蛋具有很好的保護色。

黑斑

繁殖羽
雄鳥

黑色頸環

· 東方環頸鴴的巢通常都在海岸邊海水淹不到的沙
  地上簡單築成。許晉榮 / 攝

鴴科
長<small>ㄔㄤ</small>嘴<small>ㄗㄨㄟ</small>鴴<small>ㄏㄥ</small>
chang zui heng

Long-billed Plover
Charadrius placidus
迷鳥

非繁殖羽

眉線淡黃色
額白色
體背灰褐色
嘴稍長黑色
黑褐色頸環
淡黃色腳

體長 19cm

俗稱【劍鴴、長嘴劍鴴】

繁殖地在西伯利亞、蒙古、中國東北一帶及日本，冬季會遷移到韓國、中國南方、中南半島及印度度冬。金門紀錄不詳。喜歡在內陸沼澤地活動，以水生昆蟲、甲殼類、蠕蟲等為食。

識別重點

雌雄同色，具繁殖及非繁殖羽色。嘴、腳比相似的幾種來得長。

繁殖羽嘴黑色，額白色，前頭有黑帶，白色眉線，頭、背及尾為灰褐色，頸有白色環，喉到腹部白色，上胸有一黑及褐色帶環繞頸部，腳淡黃色。

非繁殖羽似繁殖羽，但前頭黑帶不明顯，眉線為淡黃色。

相似種
小環頸鴴、東方環頸鴴、蒙古鴴、鐵嘴鴴。
見 P.124、127-129

出現月份 9-5月 食物 🦐 〰

鴴科
東<small>ㄉㄨㄥ</small>方<small>ㄈㄤ</small>紅<small>ㄏㄨㄥ</small>胸<small>ㄒㄩㄥ</small>鴴<small>ㄏㄥ</small>
dong fang hong xiong heng

Eastern Sand Plover
Charadrius asiaticus
迷鳥

繁殖羽
周民雄／攝

體背黃褐色
胸栗紅色
下方黑帶
腹白色

體長 23cm

俗稱【東方鴴】

繁殖地在蒙古及中國東北的乾旱環境，冬季遷移至印尼群島、菲律賓群島及澳洲度冬。喜歡在海岸邊乾旱的草地或農耕地活動，以昆蟲、蠕蟲等為食。

識別重點

雌雄同色，具繁殖及非繁殖羽色。

繁殖羽嘴黑色，額、臉、喉部白色，後頭到背部黃褐色，胸栗紅色下有一黑帶，腹部白色，腳橘黃色。

非繁殖羽大致似繁殖羽，胸無栗紅色及黑帶，有褐色過眼線。

相似種
蒙古鴴、鐵嘴鴴，見 P.127、128。

出現月份 9-5月 食物 🦐 〰

鴴科

蒙_{ㄇㄥˊ}古_{ㄍㄨˇ}鴴_{ㄏㄥˊ}
meng   gu   heng

Little Ringed Plover
Charadrius dubius
不普遍冬候鳥及過境鳥

非繁殖羽

體長 20cm

俗稱【蒙古沙鴴】

繁殖地在西伯利亞東部及中亞一帶，冬季遷移至東南亞至非洲沿海度冬。金門有冬候鳥及過境鳥族群。在泥質的潮間帶及內陸沼澤泥地易發現其蹤影，覓食行為和東方環頸鴴很類似但動作較為優雅，以螃蟹、蠕蟲等為食。

 識別重點

雌雄同色，具繁殖及非繁殖羽色。

繁殖羽嘴黑色，額頭白色，黑色過眼線，白色眉線，頭頂紅褐色、背及尾為灰褐色，頸有白色環，喉及腹部白色，胸有一紅褐色帶到頸部，腳深黃綠色，飛行時可見白色翼帶。

非繁殖羽似繁殖羽，頭頂灰褐色到背部，白色眉線到額頭，胸有細灰褐色帶。

相似種

鐵嘴鴴、東方環頸鴴、長嘴鴴、小環頸鴴。
見 P.125-129

頭頂到背部灰褐色

胸有細
灰褐色帶

繁殖羽

額白色

黑過眼線

白喉

體背灰褐色

胸前紅褐色寬帶

出現月份 9-5月 食物

鴴科

鐵ㄊㄧㄝˇ 嘴ㄗㄨㄟˇ 鴴ㄏㄥˊ
tie　zui　heng

Greater Sand Plover
Charadrius leschenaultii
不普遍冬候鳥、普遍過境鳥

體長 22cm

俗稱【鐵嘴沙鴴】

繁殖地在蒙古、中亞及中東一帶，冬季會遷移到非洲、中南半島、南洋群島及澳洲度冬。金門地區8月在慈堤至浦邊海岸可見大量的過境族群，數量將近千隻。度冬的數量比蒙古鴴多，各方面行為均與蒙古鴴類似。喜歡在潮間帶泥灘上覓食，以螃蟹、蠕蟲等為食。

辨別重點

雌雄同色，具繁殖及非繁殖羽色。
繁殖羽嘴黑色，額頭白色，黑色過眼線，白色眉線，頭頂紅褐色、背及尾為灰褐色，頸有白色環，喉及腹部白色，胸有一紅褐色帶到頸部，腳黃褐色，飛行時可見白色翼帶。
非繁殖羽似繁殖羽，頭頂灰褐色到背部。白色眉線到額頭，胸有細灰褐色帶。

相似種

蒙古鴴、東方環頸鴴、長嘴鴴、小環頸鴴。
見 P.125-129

非繁殖羽

胸有細
灰褐色帶

白眉線

頭頂紅褐色

黑過眼線

體背灰褐色

胸紅褐色帶

繁殖羽

出現月份 9-5月　食物

鴴科

小環頸鴴
xiao huan jing heng

小（ㄒㄧㄠˇ）環（ㄏㄨㄢˊ）頸（ㄐㄧㄥˇ）鴴（ㄏㄥˊ）

Little Ringed Plover
Charadrius dubius
普遍冬候鳥

體長 16cm

俗稱【金眶鴴】

廣泛分布於歐、亞、非洲。喜歡在內陸較乾涸的沼澤泥灘地活動，較少出現在潮間帶。慈湖東邊及周遭的廢棄魚池、浦邊劉氏家廟前的廢棄魚池較容易發現牠們。覓食時，常常走走停停，有時也會以抖腳的方式，驚擾出躲藏在泥地裡的獵物，以水生小昆蟲、無脊椎動物、蠕蟲等為主要食物。

識別重點

雌雄同色，具繁殖及非繁殖羽色。眼周圍是金黃色。繁殖羽嘴黑色，額白色，前頭有黑帶過眼到後頭，白色眉線到頭頂，後頭、背及尾為褐色，頸有白色環帶，喉到腹部白色，胸有一寬黑色帶，腳淡黃色。
非繁殖羽似繁殖羽，但前頭及胸沒有黑帶，眉線為淡黃色。

相似種

長嘴鴴、東方環頸鴴、蒙古鴴、鐵嘴鴴。
見 P.125-129

眉線淡黃色

非繁殖羽

額頭白色
眼有黑帶延到頭後

眼眶金黃色

體背褐色

寬黑帶

繁殖羽

腳黃色

出現月份 9-5月 食物 ～

鷸 彩鷸科 （全世界2種，台灣1種，金門1種）

彩ㄘㄞˇ鷸ㄩˋ
cai **yu**

Painted-snipe
Rostratula benghalensis Greater
迷鳥

雄鳥

體長 25cm

繁殖地在西伯利亞，冬季會南遷至東北亞度冬。金門為不規律出現的稀有鳥類，浦邊海岸潮間帶曾發現牠們的蹤跡。喜成小群在潮間帶活動，漲潮時會在水面上漂浮覓食，退潮時則在泥灘地覓食，以水生植物的根、莖、嫩芽嫩葉、藻類為食。

識別重點

雌雄異色。嘴長下彎、粉紅色，眼周圍及眼後有白線，頭頂中央有黃色縱線，背部兩側有黃紋，腹部至尾下覆羽白色，腳黃綠色。
雄鳥頭、背、尾上覆羽黃褐色雜有橄欖綠及淡黃色圓斑，喉、腹部白色。
雌鳥頭、胸部栗紅色，背橄欖綠色有很細的褐色橫紋。

體背黃褐色雜有黃色圓斑

頭胸栗紅色

雌鳥

背橄欖綠色褐色細橫紋

嘴長下彎粉紅色

出現月份 9-5月　食物 〜

水雉科 （全世界8種，台灣1種，金門1種）

水雉
shui **zhi**

Pheasant-tailed Jacana
Hydrophasianus chirurgus
迷鳥

體長 52cm

俗稱【菱角鳥】

主要分布於東南亞，集中於熱帶地區如泰國、馬來西亞等地。台灣是他分布較北也是邊緣的地方，因棲息環境遭開發數量稀少，全台不超過100隻，主要棲息於台南官田一帶的菱角田中，因生活在菱角田及外形很像成熟的菱角，所以被稱為「菱角鳥」。金門地區觀察紀錄不詳。水雉的腳趾特別的長，使他適宜在長滿浮水植物的沼澤區活動，繁殖行為和彩鷸相似，有一妻多夫的繁殖行為。

換羽中

識別重點

雌雄同色，具繁殖及非繁殖羽色。

繁殖羽嘴黑色，頭至前胸白色，後頸有一金黃色斑、外緣黑色，雙翅白色，背、腹、尾羽黑色、甚長，腳黃綠色，腳趾甚長。

非繁殖羽頭至背部灰褐色，後頸金黃色斑不明顯，胸有一黑帶，腹白色。

頸後鑲黑邊的
金黃色斑塊

雙翅白色
體羽黑褐色

頭胸白色

黑褐色長尾

繁殖羽

出現月份 9-5月　食物 〰

鷸科（全世界87種，台灣43種，金門35種）

山 鷸

shan **yu**

Eurasian Woodcock
Scolopax rusticola
稀有過境鳥

體長 34cm

俗稱【丘鷸】

繁殖地在歐洲中部、西伯利亞南部、蒙古及中國東北黑龍江一帶，冬季遷移到地中海沿岸、日本南部、中國東部、中南半島及菲律賓群島度冬。金門曾於南山林道發現，習性隱密，白天喜歡停棲於陸地灌草叢下，於晨昏及夜間單獨在草叢下或草地上覓食。食物種類有蚯蚓、昆蟲等。

後頭至頸有四道黑色粗橫紋

嘴筆直黑色基部粗

體背佈滿細紋的紅褐色

張壽華 / 攝

識別重點
雌雄同色。嘴長筆直黃褐色、尖端黑色，腳黃褐色。頭灰色，眼先及耳頰各有一道黑線，後頭及頸有四道黑色粗橫紋。背部紅褐色，腹面灰褐色全身密佈黑色細橫紋。

出現月份 9-5月 食物 🪱

鷸科

半 蹼 鷸

ban **pu** **yu**

Asian Dowitcher
Limnodromus semipalmatus
迷鳥

非繁殖羽

許晉榮 / 攝

體長 33cm

繁殖地在西伯利亞中部、蒙古及黑龍江一帶，冬季遷移到東南亞及澳洲局部地區度冬。喜歡單獨在河口潮間帶或內陸的魚池灘地覓食，以嘴伸入泥地探索覓食，食物種類有螃蟹、貝類、蠕蟲等水中生物。叫聲為「去去」。

嘴筆直黑色基部粗

體背有斑紋的灰褐色

尾羽白色有黑色橫紋

腹紅褐色

識別重點
雌雄同色，具繁殖及非繁殖羽色。本種和斑尾鷸相當類似，但嘴黑色且筆直、嘴基較粗。

相似種
黑尾鷸、斑尾鷸，見 P.134-135。
赤足鷸、鶴鷸，見 P.140-141。

出現月份 9-5月 食物 🦀 〰️

鷸科

田_{ㄊㄧㄢ} 鷸_ㄩ
tian **yu**

Common Snipe
Gallinago gallinago
不普遍冬候鳥

體長 27cm

俗稱【扇尾沙錐】

廣泛分布於北半球，繁殖地在歐亞大陸中部以北及北美洲，冬季遷移到日本、韓國、中國中部以南到南洋群島、歐洲南部到非洲中部及北美洲南部度冬。喜歡在沼澤地或水灘的草叢邊覓食，覓食方式是將嘴探入泥土中尋找蠕蟲等為食。田鷸身體有很好的保護色，加上習性較為隱密，不易被發現，當不知不覺靠近時，牠會將身體蹲下不動，若再迫近時牠會突然驚叫起飛。

· 田鷸身上的羽色是很好的保護色，在冬季枯黃的沼澤地裡活動不易被發現。

雌雄同色。嘴長而直，黃褐色尖端黑色，頭上及眼先黑褐色，頭央線、眉線及眼下黃褐色線，背部羽軸黑褐色、羽緣乳黃色或黃褐色、有四道明顯的黃褐色縱紋，喉至胸褐色、有黑色縱紋，腹白色，脅部有黑褐色橫紋，尾羽栗色、末端有黑色及黃褐色紋。

腹白色
脅部黑褐色橫紋

頭央線、眉線及眼下黃褐色線

體背暗褐色
羽軸黑褐色羽緣黃色
具四道黃褐色縱紋

嘴長直黃褐色
尖端黑

鷸科
黑尾鷸
hei wei yu

Black-tailed Godwit
Limosa limosa
稀有過境鳥

體長 39cm

繁殖地在歐洲中部到哈薩克一帶及中國東北至西伯利亞東部，冬季遷移到歐洲南部、非洲、印度、南亞到澳洲一帶度冬。金門地區見於貴山海岸、陵水湖、浯江溪口到官澳一帶的潮間帶、慈湖東岸泥灘地，成小群或單獨在海岸或內陸沼澤淺水的灘地活動，以嘴伸入泥地探索覓食。食物有螃蟹、貝類、蠕蟲等水中生物。

· 黑尾鷸飛行時白色的腰部及黑色的尾羽相當的明顯。

識別重點
雌雄同色，具繁殖及非繁殖羽色。嘴直長前半端黑色、後半端橙黃色，腳黑色。
繁殖羽頭到上胸紅褐色，頭上有黑色細縱紋，白色眉線，黑色過眼線，背部灰褐色有紅褐色、黑色及白色斑紋，腹部白色有黑色橫紋，飛行時翼帶、尾上覆羽白色，尾黑色。
非繁殖羽全身大致為灰褐色，背羽軸線黑色，淡色羽緣，腹面較白。

相似種
半蹼鷸，見 P.132。
斑尾鷸，見 P.135。

嘴長直尖端黑色
基端黃色

繁殖羽

體背有黑白色
花紋的灰褐色

尾黑色

腹白色有黑色橫紋

腳黑色

出現月份 9-5月　**食物**

鷸科

斑尾鷸
ㄅㄢ　ㄨㄟˇ　ㄩˋ
ban　wei　yu

Bar-tailed Godwit
Limosa lapponica
稀有過境鳥

體長 41cm

繁殖地在北極圈凍原地帶，冬季遷移到歐洲南部、非洲、印度、南亞到澳洲沿海海岸一帶度冬。金門地區見於貴山海岸、陵水湖、浯江溪口到官澳一帶的潮間帶、慈湖東岸泥灘地，成小群或單獨在海岸或內陸沼澤淺水的灘地活動，以嘴伸入泥地探索覓食。食物種類有螃蟹、貝類、蠕蟲等水中生物。

· 過境中飛越金門的斑尾鷸，飛行時無白色翼帶。

辨別重點
雌雄同色，具繁殖及非繁殖羽色。本種和黑尾鷸相當類似，但嘴後半是粉紅色並向上翹。腹部紅褐色，尾下覆羽白色，尾羽白色有黑色橫紋。飛行時沒有白色翼帶，腰白色。

相似種
半蹼鷸，見 P.132。
黑尾鷸，見 P.134。

非繁殖羽
許晉榮 / 攝

嘴上翹，前端黑色後粉紅色

體背有斑紋的灰褐色

尾羽白色有黑色橫紋

腹紅褐色

腳黑色

出現月份 9-5月　食物 🦀 〜

鷸科

中_{ㄓㄨㄥ} 杓_{ㄕㄠ} 鷸_{ㄩˋ}
zhong shao yu

Whimbrel
Numenius phaeopus
普遍冬候鳥

體長 42cm

繁殖地廣佈於北極圈，冬季遷移到各大洲的海岸度冬。金門地區常見於貴山海岸、浯江溪口到官澳一帶的潮間帶，金沙溪口也可見到。牠們喜歡在潮間帶泥灘地覓食，以嘴探入泥地尋找蠕蟲等獵物或追逐灘地螃蟹。當牠們捕獲螃蟹時，會與螃蟹展開一場奮戰，牠們先設法用嘴咬住大螯然後用力將它甩斷，一次咬一隻蟹腳，依序甩斷後，先進食螃蟹的身體；進食方式是將整個身體吞下，隨後撿食之前被弄斷的蟹腳。除了在泥灘地覓食外，少數個體也會到岸邊的草地尋找蜥蜴、蝗蟲等。

當潮間帶漲滿潮水時，牠們喜歡停在潮水線的高地或反登陸樁休息。在浯江溪口覓食的個體，漲潮時常停在紅樹林上或電線上休息。叫聲為連續嘹亮似哨音的「西-西西-」聲。

識別重點
雌雄同色。嘴黑色、長約是頭長的二倍且下彎、下嘴基粉紅色。全身大致為褐色，比白腰杓鷸顏色暗，過眼線黑褐色，褐色眉線及頭央線，頭到腹部有黑色縱紋，背部羽軸黑色，羽緣有白色斑點。腰白色，尾羽白色有黑色橫紋。

相似種
白腰杓鷸：嘴長度與頭比例約三倍，見 P.138。

褐色頭央線

嘴黑，長而下彎，約頭的二倍

體背暗褐色
羽軸黑色羽緣白點

頭腹佈黑縱紋

腳灰黑色

出現月份 9-5月　食物

· 在浯江溪口的中杓鷸正停在跨越水面的電線上休息。

· 漲潮時在沙洲上休息，常以
  單腳站立。

· 成群飛行的中杓鷸，可見白腰及尾部黑色橫紋。

鷸科

白腰杓鷸
bai yao shao yu
ㄅㄞ ㄧㄠ ㄕㄠ ㄩˋ

Eurasian Curlew
Numenius arquata
普遍冬候鳥

體長 60cm

俗稱【大杓鷸】

繁殖地歐洲及西伯利亞，冬季遷移到日本、東南亞、南亞、南洋群島及非洲沿海度冬。金門地區見於貴山海岸、浯江溪口到官澳一帶的潮間帶、慈湖東岸泥灘地，主要在潮間帶泥灘地覓食，以嘴探入泥地尋找獵物，以螃蟹、蠕蟲等水生昆蟲及無脊椎動物為食。

辨別重點

雌雄同色。嘴黑色甚長約是頭長的三倍且下彎、下嘴基粉紅色。上半身及翼大致為褐色，白色眉線不明顯，頭到腹部有黑色縱紋，背部羽軸黑色，羽緣有白色斑點。下半身白色，尾羽有黑色橫紋。

相似種

中杓鷸：嘴喙長度比例約二倍，見 P.136。

· 白腰杓鷸以嘴探入軟泥中尋找食物。

體背褐色
羽軸黑色羽緣白色斑點

嘴黑，長而下彎
約頭長三倍

頭腹佈黑縱紋

下腹白色

腳灰黑色

出現月份 9-5月　食物

鷸科

小_{ㄒ一ㄠ}杓_{ㄕㄠˊ}鷸_{ㄩˋ}

xiao　shao　yu

Little Curlew
Numenius minutus
稀有過境鳥

體長 31cm

繁殖地在西伯利亞東部的凍原地帶，冬季遷移到新幾內亞及澳洲海岸度冬。偏好在內陸沼澤地及旱田覓食，食物有兩棲類及地表或土壤裡的各種昆蟲如螻蛄、雞母蟲等。叫聲為連續嘹亮似哨音的「啾啾啾」聲。

嘴黑，長而下彎比頭長一點

體背暗褐色羽軸黑色羽緣白點

腳黃褐色

辨別重點
雌雄同色。嘴比頭長一點、略為下彎，腳黃褐色。全身體色似中杓鷸，但腰及尾褐色，腹及尾下覆羽白色。

相似種
中杓鷸：嘴喙長度比例約二倍，見 P.136。

出現月份 3-5,9-11月　食物

鷸科

翹_{ㄑㄠ}嘴_{ㄗㄨㄟˇ}鷸_{ㄩˋ}

qiao　zui　yu

非繁殖羽
成鳥

Terek Sandpiper
Xenus cinereus
不普遍過境鳥、稀有冬候鳥

體長 23cm

俗稱【反嘴鷸】

繁殖地在歐亞大陸北部，冬季遷移到南亞到澳洲及非洲一帶的海岸度冬。金門地區常見於貴山海岸、陵水湖、浯江溪口到官澳一帶的潮間帶、慈湖東岸泥灘地、金沙溪口、西園鹽田等淺水灘地覓食，覓食時常快步追逐螃蟹，將捕捉到的螃蟹在水邊清洗一下再進食。其他食物有小魚蝦、蠕蟲等水生生物。

體背灰色
肩羽羽軸黑色

腹白色

腳橙黃色

嘴黑長上翹基部黃色

辨別重點
雌雄同色，具繁殖及非繁殖羽色。嘴長向上翹、黑色、基部黃色，腳橙黃色。
繁殖羽背面灰褐色，白眉不明顯，細黑色過眼線，肩羽軸黑色，次級飛羽末端白色。喉、胸部有灰褐色斑紋，腹面白色。
非繁殖羽似繁殖羽較灰色，亞成鳥較為褐色。

出現月份 9-5月　食物

鷸科

赤足鷸
chi zu yu

Common Redshank
Tringa totanus
普遍冬候鳥

體長 28cm

繁殖地在歐洲及亞洲的西伯利亞、蒙古、中國東北及中部局部地區，冬天遷移到中國東南沿海以南的海岸及非洲海岸度冬。金門地區常見於貴山海岸、陵水湖、浯江溪口到官澳海岸的潮間帶、慈湖、金沙溪、西園鹽田及內陸的魚池。成小群或單獨在泥灘地覓食小魚蝦蟹類、蠕蟲等水生生物。在潮間帶活動的個體，漲潮沒多久便發現他們率先的飛到內陸或岸邊休息。叫聲為嘹亮連續的單音「丟 丟 丟」。

· 飛行時翅膀有白色翼帶，白腰。周民雄 / 攝

辨別重點

雌雄同色，具繁殖及非繁殖羽色。嘴前段黑色後段嘴基紅色，腳紅色。
繁殖羽體背茶褐色有黑色斑，眼先較黑，白色眉線不明顯，腹面白色有黑色縱紋，飛行時翅膀有白色翼帶、下背、腰及尾羽白色。
非繁殖羽似繁殖羽顏色較灰不鮮明，但白色眉線較明顯。

相似種

半蹼鷸，見 P.132。
鶴鷸，見 P.141。

繁殖羽

體背茶褐色有黑色斑

嘴前段黑色
後段嘴基紅色

上腹白色
有黑縱紋

腳紅色

出現月份 9-5月 食物 🦐 〰

鷸科

鶴鷸
he **yu**

Spotted Redshank
Tringa erythropus

稀有過境鳥

體長 33cm

廣佈於歐洲、亞洲及非洲。繁殖地在西伯利亞凍原，冬季遷移至中國南方及中南半島的海岸或內陸沼澤地。金門在陵水湖每年都有數隻的發現紀錄。在淺水處覓食蝦蟹、沙蠶、昆蟲等。

識別重點

雌雄同色，具繁殖及非繁殖羽色。嘴黑色，下嘴後段嘴基紅色，腳暗紅色。
全身大致為黑色，背部有白斑紋。
非繁殖羽似赤足鷸非繁殖羽，腹部較白，飛行時沒有白色翼帶。

相似種

半蹼鷸，見 P.132。
赤足鷸，見 P.140。

繁殖羽

陳王時 / 攝

全身黑色
背有白斑

非繁殖羽

陳王時 / 攝

腹部較白

嘴黑色
下嘴基紅色

腳暗紅色

出現月份 9-5月 食物

鷸科

青(ㄑㄧㄥ) 足(ㄗㄨˊ) 鷸(ㄩˋ)
qing zu yu

Common Greenshank
Tringa nebularia
普遍冬候鳥

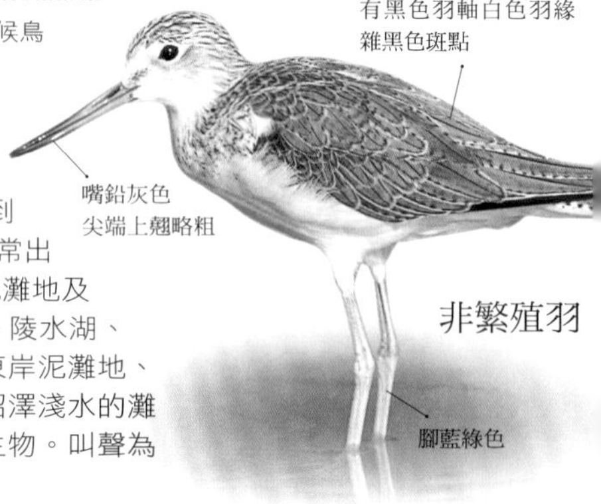

體背褐色
有黑色羽軸白色羽緣
雜黑色斑點

嘴鉛灰色
尖端上翹略粗

非繁殖羽

腳藍綠色

體長 35cm

繁殖地在歐亞大陸北部，冬季會遷移到
中國中部以南到澳洲及非洲海岸度冬。常出
現在河口潮間帶、內陸沼澤地或魚池泥灘地及
水田活動，金門地區常見於貴山海岸、陵水湖、
浯江溪口到官澳一帶的潮間帶、慈湖東岸泥灘地、
金沙溪口、西園鹽田。在海岸或內陸沼澤淺水的灘
地覓食，食物為小魚蝦、蠕蟲等水生生物。叫聲為
清脆繚繞的「丟-丟-丟-」。

識別重點

雌雄同色，具繁殖及非繁殖羽色。嘴形較粗、鉛灰色、尖端黑色上翹，腳藍綠色。
繁殖羽頭、頸部為斑駁灰黑色，白色眉線不明顯，背部黃褐色有少許黑色羽軸，羽
緣白色夾雜黑色斑點，下背、腰、尾羽及腹面白色，頸部、胸及脅部有灰色斑紋。
非繁殖羽似繁殖羽，額白色，背部顏色較褐色，腹面白色胸側褐色。

相似種
澤鷸：嘴細長，
見下圖。

出現月份 9-5月 食物 🦐 〰️

鷸科

非繁殖羽

澤(ㄗㄜˊ) 鷸(ㄩˋ)
ze yu

Marsh Sandpiper
Tringa stagnatilis
不普遍過境鳥

嘴黑細長

體背灰褐色
有黑羽軸白色及
黃褐色羽緣

喉胸腹
白色

腳綠褐色

體長 25cm

俗稱【小青足鷸】

繁殖地在歐亞大陸北部及中國東北局部地區，冬季
會遷移到中南半島、南洋群島、非洲及澳洲海岸度
冬。常出現在河口潮間帶、內陸沼澤地或魚池泥灘
地及水田活動，金門地區曾見於浯江溪口、慈湖東
岸泥灘地。喜歡在淺水的灘地覓食小魚蝦、蠕蟲等
水生生物。叫聲為高音的「匹---」。

識別重點

雌雄同色，具繁殖及非繁殖羽色。嘴黑色細長，腳綠褐色細長。
繁殖羽頭、頸部為斑駁灰色，白色眉線不明顯，背部有少許黑色羽軸及
白色或黃褐色羽緣，下背、腰、尾羽及腹面白色，頸部有灰色斑紋。
非繁殖羽似繁殖羽，僅背部顏色較灰。

相似種
青足鷸：嘴略粗尖端
上翹，見上圖。

出現月份 3-5,9-11月 食物 〰️

鷸科

鷹<small>ㄧㄥ</small> 斑<small>ㄅㄢ</small> 鷸<small>ㄩˋ</small>
ying ban yu

Wood Sandpiper
Tringa glareola
普遍過境鳥

體長 22cm

俗稱【林鷸】

繁殖地在歐、亞大陸北部，冬季會遷移到南亞以南到澳洲及非洲海岸度冬，春秋數量多於秋季。金門地區常見於陵水湖、慈湖東岸魚塭區、沙崗農場、金沙溪及西園鹽田一帶，常成小群在內陸沼澤地活動。覓食時會一直上下搖擺尾羽，食物種類有昆蟲、小魚蝦、蠕蟲、蝌蚪及蚊蠅等。叫聲為連續響亮的「去-去-去-」。

出現月份 3-5,9-11月 食物

識別重點
雌雄同色，具繁殖及非繁殖羽色。嘴黑色，腳黃綠色。
繁殖羽頭、頸灰褐色有黑色細縱紋，白色眉線，眼先黑色，背部黑褐色夾雜白色斑點，腹部白色、腰及尾羽白色，尾羽有細黑色橫紋。
非繁殖羽似繁殖羽顏色較褐色。

相似種
白腰草鷸：背斑點較細，見下圖。

體背黑褐色雜白斑點
眼先黑色
腳黃綠色
繁殖羽

鷸科

白<small>ㄅㄞˊ</small> 腰<small>ㄧㄠ</small> 草<small>ㄘㄠˇ</small> 鷸<small>ㄩˋ</small>
bai yao cao yu

Green Sandpiper
Tringa ochropus
不普遍冬候鳥

體長 24cm

俗稱【草鷸】

繁殖地在歐亞大陸北部，冬季遷移到日本南方、中國中部以南到印度、南洋群島及非洲一帶度冬。喜歡單獨在內陸較隱密的河流、水庫、魚池或小水灘活動，尾部不時的上下擺動，生性機警，常發現有異狀即飛離。在水邊覓食，食物有昆蟲、小魚蝦、蠕蟲、蝌蚪及蚊蠅等。叫聲為連續響亮的「唧-唧-唧-」。

識別重點
雌雄同色。嘴黑色，腳黃綠色。眼先有白及黑線，臉部有白色細紋，背部深黑褐色，有細小白色斑點，尾羽白色有黑色橫紋，喉、胸部有黑褐色縱紋，腹、腰白色。

相似種
鷹斑鷸：背斑點較大，見上圖。

體背深黑褐色雜細小白斑點
眼先白色黑橫紋
腳黃綠色

出現月份 9-5月 食物

鷸科

磯鷸 ⟨ㄐㄧ⟩⟨ㄩˋ⟩
ji　yu

Common Sandpiper
Actitis hypoleucos
普遍冬候鳥

體長 18cm

繁殖地在歐、亞洲北部至日本一帶，冬季遷移到亞洲中部以南到非洲及澳洲一帶度冬。金門地區單獨出現於各種水域，喜歡貼近水面飛行，有領域性會驅趕同類。常會上下搖擺尾部，喜歡在水邊覓食各種水邊的小生物。

識別重點

雌雄同色。嘴黑褐色，腳黃褐色，背面為黑褐色，背部有黑色及白色細橫紋，飛行時可見白色翼帶，胸黑褐色，腹面白色。

出現月份 9-5月　食物 🦗 〜

體背黑褐色
有黑白兩色細橫紋

翼角前有
白色區塊

腳黃褐色

鷸科

黃足鷸 ⟨ㄏㄨㄤˊ⟩⟨ㄗㄨˊ⟩⟨ㄩˋ⟩
huang　zu　yu

Grey-tailed Tattler
Heteroscelus brevipes
普遍過境鳥、稀有冬候鳥

體長 25cm

俗稱【灰尾鷸】

繁殖地在西伯利亞東北凍原地帶，冬季遷移到南洋群島至澳洲一帶海岸度冬。金門地區常見於貴山海岸、陵水湖、浯江溪口到官澳一帶的潮間帶、慈湖東岸泥灘地、金沙溪口、西園鹽田等地，在海岸或內陸沼澤淺水的灘地覓食，食物為小魚蝦、蠕蟲等水生生物。過境族群常在漲潮時成群停在潮水線附近的岩石或堤岸上做短暫的休息。

識別重點

雌雄同色，具繁殖及非繁殖羽色。嘴黑色、下嘴基部黃色，腳黃色，腳短屬矮胖型。
繁殖羽背面灰褐色，白色眉線，黑色過眼線，胸及脅部有灰褐色橫紋，腹面白色。
非繁殖羽似繁殖羽但羽色較淡，胸及脅部灰褐色橫紋不明顯。

繁殖羽

嘴黑色
下嘴基黃色

胸脅灰褐色橫紋

體背灰褐色

腳短黃色

出現月份 3-5,9-11月　食物 🦐 〜

鷸科

翻(ㄈㄢ) 石(ㄕˊ) 鷸(ㄩˋ)
fan **shi** **yu**

Ruddy Turnstone
Arenaria interpres
普遍過境鳥、冬候鳥

亞成鳥

體長 22cm

繁殖地在北極圈苔原地帶，冬季遷移
到各大洲的海岸地帶度冬。金門地區常
見於貴山海岸、陵水湖泥灘地、浯江溪口
到官澳一帶的潮間帶、慈湖東岸泥灘地、金
沙溪口、西園鹽田等地沼澤淺水的灘地，喜歡在
石礫灘或泥灘地覓食。本種嘴形與其他鷸類的嘴形
不同，較粗短而尖硬，常見牠們以嘴挑開石礫或青
苔等物尋找隱藏其中的生物為食。食物有螃蟹、小
魚蝦、蠕蟲、貝類、螺等水生生物。叫聲為「曲-
塔克-塔克-塔克-」。

辨別重點

雌雄異色，具繁殖及非繁殖羽色。嘴粗短黑色，腳短橙黃色。
雄鳥繁殖羽頭部及腹面白色，臉及胸部有黑色花紋，頭上紅褐
色有黑色縱紋，背部紅栗色有黑色花紋，飛行時翼帶、肩羽及
背中央各有一道白線，尾羽白色、末端黑色環。
雄鳥非繁殖羽似雌鳥，背部較為褐色。
雌鳥似雄鳥但背部顏色較不紅。
亞成鳥體色較淡。

體背黑色佈滿不規則
花紋的紅栗色

**繁殖羽
雄鳥**

嘴粗短黑色

腳短橙黃色

出現月份 9-5月　食物 ～

鷸科

大ㄉㄚ 濱ㄅㄧㄣ 鷸ㄩˋ
da bin yu

Great Knot
Calidris tenuirostris
不普遍過境鳥

繁殖羽
許晉榮 / 攝

體長 29cm

俗稱【姥鷸、細嘴濱鷸】

繁殖地在西伯利亞東北部，冬季遷移到中南半島到澳洲一帶海岸度冬。曾見到成群於漲潮時飛到慈湖東邊的泥地休息。以貝類、蝦蟹為食。

體背黑褐色
肩羽紅棕色
羽緣白色

胸部黑色
脅有黑斑

腳暗綠色

識別重點

雌雄同色，具繁殖及非繁殖羽色。嘴黑色，腳暗綠色。
繁殖羽背面黑褐色，羽緣白色，肩羽有一些紅棕色羽毛。
胸部黑色，脅有黑斑，腹白色。
非繁殖羽似繁殖羽顏色較灰，沒有紅棕色肩羽。

相似種

紅腹濱鷸非繁殖羽。

出現月份 3-5,9-11月 食物 ～

鷸科

紅ㄏㄨㄥˊ 腹ㄈㄨˋ 濱ㄅㄧㄣ 鷸ㄩˋ
hong fu bin yu

Red Knot
Calidris canutus
稀有過境鳥

繁殖羽
林勝惠 / 攝

體長 25cm

俗稱【漂鷸】

繁殖地在北極圈凍原，冬季遷移到南洋群島、澳洲、紐西蘭、非洲及美洲局部海岸度冬。金門地區曾於浯江溪口、慈湖及浦邊海岸發現。成小群在潮間帶泥灘地覓食。啄食螺貝、昆蟲等。

頭細縱紋

體背胸腹紅褐色
翼羽緣白色

腳黃綠色

識別重點

雌雄同色，具繁殖及非繁殖羽色。嘴黑色，腳黃綠色。
繁殖羽背面黑褐色及紅褐色，羽緣白色，頭上有細黑褐色縱紋，翼有白色細翼帶，腹面栗紅色，尾下覆羽白色。
非繁殖羽背面灰黑或灰褐色，羽緣白色，喉胸部淡褐色斑紋，腹部白色。

相似種

大濱鷸非繁殖羽。

出現月份 3-5,9-11月 食物 ～

鷸科

三趾濱鷸
san zhi bin yu

Sanderling Calidris
Calidris alba
不普遍冬候鳥

非繁殖羽
許晉榮 / 攝

肩羽有黑斑
體背灰色
羽軸細黑色
羽緣白色
腳三趾

體長 19cm

俗稱【三趾鷸】

繁殖地位於北極圈，冬季會遷移到各大洲的海岸度冬。金門地區常出現在貴山海岸、慈湖及湖下海岸。成小群在沿岸泥灘或沙灘覓食，常在潮水邊緣快跑追逐啄食，以水生昆蟲、沙蠶等軟體動物為食。

識別重點

雌雄同色，具繁殖及非繁殖羽色。嘴、腳黑色，前三趾無後趾。
繁殖羽背面及胸部紅褐色有黑色斑，翼黑褐色有白色翼帶，腹部白色。
非繁殖羽背面灰色，羽軸細黑色，羽緣白色，白眉線，肩羽有黑斑。金門地區所見大都為非繁殖羽型態。

相似種
紅頸濱鷸：腳四趾。
見 P.148。

出現月份 9-5月 食物 ～

鷸科

長趾濱鷸
chang zhi bin yu

Long-toed Stint
Calidris subminuta
稀有過境鳥

繁殖羽
許晉榮 / 攝

二道頭央線
白色眉線
體背茶褐色
頭胸背及脅部有黑色細縱紋

腳趾較長

體長 15cm

俗稱【雲雀鷸】

繁殖地在西伯利亞，冬季遷移到南亞以南到澳洲一帶海岸度冬。金門為過境鳥，比較喜歡在海岸邊內陸的泥灘濕地活動，常成小群或單獨在泥灘地覓食。以魚蝦螺貝、昆蟲為食。

識別重點

雌雄同色，具繁殖及非繁殖羽色。嘴黃褐色，腳黃綠色、腳及趾較長。
繁殖羽體背面茶褐色，白色眉線，有二道頭央線，頭上至背部、胸及脅部有黑色細縱紋，翼羽軸黑褐色，飛行時背有似V字型及白色細翼帶，腹面白色。
非繁殖羽似繁殖羽，但背面較呈灰褐色。

出現月份 3-5,9-11月 食物 ～

鷸科

紅ㄏㄨㄥ 頸ㄐㄧㄥ 濱ㄅㄧㄣ 鷸ㄩˋ

hong　jing　bin　yu

Red-necked Stint
Calidris ruficollis
普遍冬候鳥、過境鳥

體長 15cm

俗稱【穋鷸、紅胸濱鷸】

繁殖地在臨近西伯利亞的北極圈地帶，冬天會遷移到中國南部到澳洲沿海海岸度冬。金門地區常見於貴山海岸、浯江溪口到官澳一帶海岸。成小群在泥灘地覓食，覓食時總是低頭不停的在泥灘裡尋找食物，食物為水生昆蟲、沙蠶、蠕蟲等軟體動物。

識別重點

雌雄同色，具繁殖及非繁殖羽色。嘴、腳黑色。
繁殖羽頭、胸及背部紅棕色，頭上至背部及胸有黑色細縱紋，雙翼羽軸黑褐色，羽緣紅棕色或乳白色，腹部白色。
非繁殖羽背面灰褐色，白色眉線，飛行時有白色細翼帶。

相似種

三趾濱鷸：腳三趾，見 P.147。

白眉線

非繁殖羽

繁殖羽

體背紅棕色
翼羽軸黑褐色
羽緣淡色

喉、頸、胸紅棕色，
有黑色細縱紋

出現月份 9-5月　食物 ～

鷸科

彎嘴濱鷸
wan ztui bin yu
ㄨㄢ ㄗㄨㄟˋ ㄅㄧㄣ ㄩˋ

Curlew Sandpiper
Calidris ferruginea
不普遍過境鳥

體長 19cm

俗稱【滸鷸】

繁殖地在西伯利亞和北極圈的苔原地帶，冬天遷移至歐、亞、非及澳洲的海岸度冬。金門地區見於貴山海岸、浯江溪口到官澳一帶海岸，及其附近的魚池泥地。常成小群活動，比較喜歡在內陸的泥灘上覓食，覓食的動作不像黑腹濱鷸，顯得較為優雅。食物為水生生物、沙蠶、蠕蟲等軟體動物。

識別重點

雌雄同色，具繁殖及非繁殖羽色。體型與黑腹濱鷸類似，嘴、腳黑色，但嘴較細長下彎。
繁殖羽全身大致為紅褐色，背面羽軸黑色羽緣乳白色，頭有黑色細縱紋，腹面羽緣較白。
非繁殖羽背面暗褐色、羽緣乳白色，飛行時白色翼帶明顯，腰白色，腹面白色。

相似種

黑腹濱鷸，見 P.150。
闊嘴鷸，見 P.152。

換羽中

嘴細長下彎

體背紅褐色
翼羽軸黑褐色
羽緣淡色

繁殖羽

喉、頸、胸紅棕色，
有黑色細縱紋

出現月份 3-5,9-11月　食物 〜〜

鷸科

黑ㄏㄟ 腹ㄈㄨˋ 濱ㄅㄧㄣ 鷸ㄩˋ
hei　fu　bin　yu

Dunlin
Calidris alpina
普遍冬候鳥與過境鳥

體長 18cm

俗稱【濱鷸】

繁殖地在西伯利亞和北極圈的苔原地帶，冬天遷移至各大洲的海岸度冬。金門地區常見於貴山海岸、浯江溪口到官澳一帶海岸，成小群或混雜於其他鷸鴴科鳥群中。比較喜歡在潮間帶泥灘上覓食，覓食時總是低著頭很急促的樣子，不停地在泥灘裡尋找食物，食物為水生昆蟲、沙蠶、蠕蟲等軟體動物。

識別重點

雌雄同色，具繁殖及非繁殖羽色。嘴黑色長而下彎、腳黑色。
繁殖羽頭、胸部淡褐色有黑色細縱紋，白色眉線，背部紅棕色、羽軸黑色羽緣乳白色，腹白色中央有一大塊黑斑。
非繁殖羽背面灰褐色有些細小黑紋，飛行時白色翼帶明顯，腹面白色。

相似種

彎嘴濱鷸，見 P.149。
闊嘴鷸，見 P.152。

非繁殖羽

體背灰褐色黑細紋

白眉線

體背紅棕色
羽軸黑色羽緣乳白色

繁殖羽

嘴長下彎

腹白色
中央有大塊黑斑

出現月份 9-5月　食物 〜

鷸科

尖 尾 濱 鷸
jian wei bin yu

ㄐㄧㄢ ㄨㄟˇ ㄅㄧㄣ ㄩˋ

體長 19cm

俗稱【尖尾鷸】

繁殖地在西伯利亞北極圈苔原地帶，冬季遷移到澳洲及紐西蘭一帶海岸度冬。金門地區是過境鳥，春季數量較多，在浯江溪口、慈湖海岸、浦邊海岸及慈湖東岸較常發現，喜歡在潮間帶、沼澤、魚池等泥灘地覓食。

識別重點

雌雄同色，具繁殖及非繁殖羽色。嘴黑色下嘴基部黃色、腳黃綠色。
繁殖羽背面黑褐色或灰黑色，羽緣紅棕色或白色，白色眉線，喉到胸部有黑褐色細縱紋，腹面白色。
非繁殖羽似繁殖羽，但背面紅褐色不明顯。

出現月份 3-5,9-11月 食物 〜

Sharp-tailed Sandpiper
Calidris acuminata
普遍過境鳥

繁殖羽

白色眉線

體背黑褐色
羽緣白色

腳黃綠色

鷸科

琵 嘴 鷸
pi zui yu

ㄆㄧˊ ㄗㄨㄟˇ ㄩˋ

體長 87cm

本種是世界上瀕臨絕種極危險的鳥種之一，全世界數量估計在1,000～2,500隻之間。繁殖地在西伯利亞東北的海岸地帶，冬季會到南亞少數地方度冬。金門地區為過境鳥，曾於漲潮時在慈堤外的沙洲發現，混雜在其他鷸科鳥類中，因嘴型特殊容易辨認，雖數量稀少不易發現，但金門海岸仍值得持續觀察。

出現月份 3-5,9-11月 食物 〜

Spoon-billed Sandpiper
Eurynorhynchus pygmeus
稀有過境鳥

識別重點

雌雄同色，具繁殖及非繁殖羽色。嘴、腳黑色，嘴呈匙狀。
繁殖羽頭、胸及背部紅棕色，頭上至背部及腹有黑色細縱紋，翼羽軸黑褐色，羽緣紅棕色或乳白色，腹部白色。
非繁殖羽背面灰褐色，黑過眼帶白色眉線，飛行時有白色細翼帶。

相似種

紅頸濱鷸：嘴短直，見 P.148。

體背灰褐色
翼羽軸黑褐色
羽緣淡色

嘴匙狀

非繁殖羽

廖東坤／攝

鷸科

闊 嘴 鷸
kuo **zui** **yu**

Broad-billed Sandpiper
Limicola falcinellus
稀有過境鳥

非繁殖羽

白眉線及頭央線呈V字型

體背灰黑色
羽緣淡色

嘴略粗寬

體長 17cm

俗稱【寬嘴鷸】

繁殖地在西伯利亞和北極圈的苔
原地帶，冬天遷移至歐、亞、
非及澳洲的海岸度冬。金門地
區西南海岸的泥灘地、慈湖東岸的泥灘
較有機會發現，常單獨或和其他體型相
當的鷸群混棲，不易被發現。以水生昆
蟲、沙蠶等軟體動物為食。

識別重點

雌雄同色，具繁殖及非繁殖羽色。嘴、腳黑色，但嘴略粗寬。
繁殖羽背面黑褐色或灰黑色，羽緣紅棕色或白色，白色眉線及頭央線
呈V字型，有黑褐色過眼線，腹面白色，喉及胸部有黑褐色縱紋。
非繁殖羽背面灰黑色，羽緣乳白色，飛行時有白色翼帶。

相似種

彎嘴濱鷸，見 P.149。
黑腹濱鷸，見 P.150。

出現月份 3-5,9-11月　食物 〜

鷸科

流 蘇 鷸
liu **su** **yu**

Ruff
Philomachus pugnax
迷鳥

頭胸黃褐色

體背黑褐色縱紋
羽緣淡色

體長 ♂30cm；♀25cm

繁殖地在歐亞大陸的凍原地帶，冬季遷移到非洲及亞洲中南
半島度冬，也有少數個體在東亞度冬。喜歡在內陸的沼澤濕
地、魚池活動，覓食水生昆蟲、小魚蝦、蠕蟲等為生。

識別重點

雌雄異色，具繁殖及非繁殖羽色。嘴黑色，腳暗橙色。
雄鳥繁殖羽顏色多變化，大致為頭上黑褐色，背部黑褐色，羽緣白色
或金黃色，耳羽、頸及胸部有流蘇狀飾羽，有白、黃、橙、暗紫色
等，腹白色有心狀黑紋。
雄鳥非繁殖羽頭、頸及胸部黃褐色，頭上到背部有黑褐色縱紋，背灰
黑色羽緣乳黃色，腹部白色。
雌鳥似雄鳥非繁殖羽。

腹白色

非繁殖羽
許晉榮 / 攝

相似種

赤足鷸，見P.140。鶴鷸，見P.141。半蹼鷸，見P.132。

出現月份 3-5,9-11月　食物 〜

鷸科
紅[ㄏㄨㄥ]領[ㄌㄧㄥ]瓣[ㄅㄢ]足[ㄗㄨ]鷸[ㄩ]
hong ling ban zu yu

Red-necked Phalarope
Phalaropus lobatus
不普遍過境鳥

體長 19cm

繁殖地在歐、亞州及美洲的北極圈凍原地帶，冬季遷移到菲律賓群島、新幾內亞、加拉巴哥群島及沙烏地阿拉伯東南區域度冬。金門地區曾見於陵水湖、慈湖東邊的魚池及沙崗農場的水灘。喜成小群或單獨在內陸池塘、沼澤水面上浮游，覓食時於水面原地打轉，藉以擾動水體以捕捉被驚起的獵物，食物有小魚蝦、漂流的水生生物或水面上的蚊蠅等。叫聲為短而尖細的「唧」聲。

辨別重點
雌雄異色，具繁殖及非繁殖羽色。嘴細尖黑色，腳黑色、短、趾間有瓣蹼。

雄鳥繁殖羽背面石板黑色，眼上有一明顯的白點，背部有少許橙黃色羽毛，自眼後而下到胸栗紅色，喉及胸以下白色，脅部較石板灰。

非繁殖羽背面灰黑色，背部羽緣白色、額、臉及腹面白色，眼後到耳羽有一道黑紋。

雌鳥大致似雄鳥但羽色較淡不鮮艷。

非繁殖羽

眼後到耳羽有一道黑紋

繁殖羽
雌鳥

許晉榮 / 攝

眼上白點

頸眼後方及胸栗紅色

嘴黑直尖細

體背黑色雜有橙黃羽

出現月份 3-5,9-11月 食物 〜

左上角豎排：鴴形目

（類）**燕鴴科**（全世界17種，台灣1種，金門1種）

繁殖羽
周民雄 / 攝

燕 鴴
yan heng
Oriental Pratincole
Glareola maldivarum
不普遍過境鳥

喉胸乳黃色外圍黑線
嘴黑色基部紅色
體背茶褐色

體長 24cm

俗稱【普通燕鴴】

繁殖地在西伯利亞南部至中國東南沿海及日本南部，台灣西部及澎湖群島都有繁殖的族群，金門地區在夏末偶而在青嶼、沙崗等重劃區的農田裡可看見當年生的幼鳥，但沒有發現繁殖築巢的行為，未能證實是在金門繁殖。度冬地區分布在中國南方、中南半島至澳洲北部。常成群棲息在空曠的農耕地，善於在地上行走，常有點頭的動作。在空中捕食飛行的昆蟲。飛行時外型及嘴部的構造都和燕子十分類似。

（辨）別（重）點

雌雄同色，具繁殖及非繁殖羽色。嘴黑色，基部紅色，眼黑色，腳黑色。

繁殖羽喉、胸乳黃色，外圍黑線，頭背茶褐色，下腹部淡黃褐色。飛行時可見翼下覆羽為栗紅色，腰白色，尾呈燕尾狀。

非繁殖羽顏色不似繁殖羽鮮艷，喉外圍沒有黑色線。

出現月份 3-10月　食物 🐾

鷗科（全世界97種，台灣18種，金門19種）

（辨）別（重）點

雌雄同色，具多齡層的亞成鳥羽色。嘴黃色、尖端紅及黑色斑，腳黃綠色，全身白色，背、翼暗鼠灰色、初級飛羽黑褐色、次級飛羽末端白色，尾白色接近末端有一黑色帶。

第一年亞成鳥嘴、腳粉紅色、嘴尖端黑色，全身大至為黑褐色，背部羽緣黃褐色，頭部顏色較淡，尾黑色末端白色。

（相）似（種）海鷗：嘴小黃色無斑，見 P.155。

黑 尾 鷗
hei wei ou
Black-tailed Gull
Larus crassirostris
稀有冬候鳥

體長 46cm

繁殖地在蘇俄東部、日本、韓國到中國東北海岸的岩壁上，馬祖列島最北的東引島上有繁殖族群，應是黑尾鷗繁殖最南的地方，冬季遷移到日本以南到中國南方的海岸度冬。棲息於海岸、河口或港口，在金門的棲息狀態及行為和灰背鷗類似。漲潮時慈堤外沙洲及料羅港較有機會發現。覓食時會俯衝抓魚或浮游水面上撿食，食性很廣，主要是魚、蝦、蟹等海產。常隨著捕魚船隻旁伺機搶食魚獲，也會撿食海上漂浮的動物屍體、腐肉等。叫聲為響亮的單音「歐一」。

全身白色
翼背暗鼠灰色
尾羽白色末有一黑色帶
嘴厚實黃色尖端紅色及黑色斑點
腳黃綠色
成鳥

出現月份 10-5月　食物 🐾

左側豎排：鴴形目

鷗科

海ㄏㄞ 鷗ㄡ
hai ou

Mew Gull
Larus canus
稀有冬候鳥

體長 45cm

繁殖地在歐亞大陸及北美洲的寒帶地區，亞洲族群冬天會遷移到日本、韓國中國東部沿海度冬。棲息於海岸、河口或港口，在金門的棲息狀態及行為和灰背鷗類似。漲潮時慈堤外沙洲及料羅港較有機會發現。覓食時以俯衝抓魚或浮游水面上撿食食物，食性廣，主要為魚、蝦、蟹等海產。常隨捕魚船隻旁覓食，也會撿食海上漂浮的動物屍體、腐肉等。

辨別重點
雌雄同色，具繁殖及非繁殖羽色。嘴、腳黃色。
繁殖羽全身白色，背、翼灰色，翼外緣白色、初級飛羽尖端黑色、末端有白斑點。
非繁殖羽似繁殖羽，頭、頸部夾雜斑駁的淡褐色斑點。
亞成鳥嘴、腳粉紅色、嘴尖端黑色，全身大至為黑褐色，頭部顏色較淡，翼羽緣黃褐色，背部灰色，尾白色末端黑色。

相似種
黑尾鷗：嘴厚黃色，尖端有紅黑斑點，見 P.134。

非繁殖羽
林勝惠／攝

頭、頸部夾雜斑斑的淡褐色斑點

初級飛羽末端黑色白斑點

嘴小黃色無斑點

出現月份 10-4月　食物 🐟

鷗科

銀ㄧㄣ 鷗ㄡ
yin ou

Herring Gull
Larus argentatus
稀有冬候鳥

體長 60cm

俗稱【織女銀鷗、黑脊鷗】

繁殖地在歐亞大陸及北美洲的北極圈地帶，亞洲族群冬季會遷移到日本、韓國及中國到中國東南沿海度冬。在金門的棲息狀態及行為和灰背鷗類似。漲潮時慈堤外沙洲及料羅港較有機會發現。覓食時會俯衝抓魚或浮游水面上，食性廣為魚、蝦、蟹等。常跟隨在捕魚的船隻旁覓食，也會撿食海上漂浮的動物屍體、腐肉等。

辨別重點
雌雄同色，具繁殖及非繁殖羽色，以及多齡層的亞成鳥羽色。嘴黃色，下嘴近尖端有一紅點，腳粉紅色。
繁殖羽全身白色，背、翼灰色，數根外側初級飛羽末端黑色，飛羽末端白色。
非繁殖羽頭、頸部夾雜斑駁的淡褐色。
第　年亞成鳥嘴黑色、腳淡粉紅色。全身人至為黑褐色，頭、尾顏色較淡，背部羽緣黃褐色，尾羽末端黑色，最末端白色。

相似種
灰背鷗，見 P.156。
海鷗，見上圖。

全身白色翼背灰色

嘴厚實黃色尖端紅點

繁殖羽成鳥
林勝惠／攝

腳粉紅色

外側初級飛羽末端黑色飛羽末端白色

出現月份 10-4月　食物 🐟

鷗科
灰 背 鷗
da　hei　ou

Slaty-backed Gull
Larus schistisagus
稀有冬候鳥

體長 61cm

俗稱【大黑脊鷗】

繁殖地在鄂霍次克海周圍的堪察加半島、庫頁島、千島群島及日本北海道一帶海岸，冬季會遷移到日本、韓國及中國東北沿海度冬。主要在海面上活動，漲潮時慈堤外沙洲及料羅港較有機會發現。覓食時俯衝抓魚或浮游水面上，食性廣為魚、蝦、蟹等海產。常隨捕魚的船隻旁覓食，也會撿食海上漂浮的動物屍體、腐肉等。

出現月份 10-4月　食物 🦐

識別重點

雌雄同色，具繁殖及非繁殖羽色，以及多齡層的亞成鳥羽色。嘴黃色，下嘴近尖端有一紅點，腳粉紅色。
繁殖羽全身白色，背、翼灰黑色，初級飛羽末端白色。
非繁殖羽頭、頸部夾雜斑駁的淡褐色。
第一年亞成鳥嘴黑色、腳淡粉紅色。全身大至為黑褐色，頭、尾羽顏色較淡，背部羽緣黃褐色，尾黑色。

相似種

銀鷗、海鷗，
見 P.155。

嘴厚實黃色
尖端紅點

全身白色
翼背灰黑色

初級飛羽
末端白色

腳粉紅色

繁殖羽
成鳥
葉守仁 / 攝

鷗科
黑 嘴 鷗
hei　zui　ou

Saunders's Gull
Larus saundersi
稀有冬候鳥

體長 33cm

本種是世界上瀕臨絕種的鳥類之一，估計全世界數量不到7,000隻。繁殖地在中國東北及韓國西部的海岸一帶，冬天遷移到日本、台灣及中國東南沿海一帶度冬。金門是冬候鳥，極少發現紀錄，主要在潮間帶活動，漲潮時會到內陸水邊休息，退潮時成群在裸露灘地覓食。

識別重點

雌雄同色，具繁殖及非繁殖羽色。
繁殖羽嘴黑色，腳紅色。頭部黑色，後頭、頸白色，眼有白圈，背部灰色，翼初級飛羽末端黑色，外側數根為白色。腹面及尾羽白色。
非繁殖羽頭部黑色部位換成白色，但頭頂有二道灰黑色紋，耳羽有一黑斑點，其餘似繁殖羽。

相似種

紅嘴鷗：非繁殖羽嘴紅色先端黑。
見 P.157。

非繁殖羽
成鳥

嘴小黑色

頭頂灰黑色紋

耳羽黑斑點

出現月份 10-4月　食物 🦐

鷗科

紅（ㄏㄨㄥ）嘴（ㄗㄨㄟ）鷗（ㄡ）
hong　zui　ou

Common Black-headed Gull
Larus ridibundus
普遍冬候鳥

體長 40cm

繁殖地在歐亞大陸的寒溫帶，冬季往南遷移到溫帶及亞熱帶度冬。金門的冬候鳥，各種水域如潮間帶、湖泊、水庫及溪流的環境都適合牠們生存，浯江溪口、慈堤海岸、浦邊海岸、金沙水庫、陵水湖等地都是牠們出現的地方。喜歡成群漂浮在水面上活動，食性很廣，除了覓食魚類外，一些漂浮在水面上的動物屍體、菜渣等也經常利用，有時也會搶劫同伴或其他鳥種的食物。

識別重點
雌雄同色，具繁殖及非繁殖羽色。
繁殖羽嘴、腳暗紅色，頭黑色，身體除背部灰色外餘為白色。
非繁殖羽頭部黑色換成白色，眼後方有黑褐色斑點，嘴紅色先端黑色。

相似種
黑嘴鷗：非繁殖羽嘴小黑色，見 P.156。

腳暗紅色

非繁殖羽

頭白色眼後黑褐斑點

全身白色

嘴小紅色
先端黑色

出現月份 10-4月　食物 🦐

鷗科

裏ㄌㄧ 海ㄏㄞ 燕ㄧㄢ 鷗ㄡ
li hai yan ou

Caspian Tern
Sterna caspia
普遍冬候鳥

體長 53cm

廣泛分布於全球，亞洲族群的繁殖地在西伯利亞南部及中國東北局部地區，冬季遷移到台灣、印度、中南半島及菲律賓度冬。金門為冬候鳥，每年有超過300隻在金門的海岸度冬，田墩海岸到浦邊海岸及慈堤海岸都有穩定族群。主要在海上活動，在水面上捕魚為生。漲潮時會在沙洲上集結，當潮水淹沒沙洲後會飛到慈湖休息。叫聲為吵雜的「咳-咳」。

觀別重點

雌雄同色，具繁殖及非繁殖羽色。
繁殖羽嘴粗大紅色尖端黑色，腳黑色，頭頂黑色，背部灰色，餘為白色。
非繁殖羽嘴黑色，腳暗褐色，額、前頭白色，後頭黑色。

·海岸捕魚為生。

頭頂黑色雜有白斑
繁殖羽頭黑色

嘴粗大紅色
先端黑色

換羽中
成鳥

腳黑色

出現月份 10-5月　食物 🐟

· 海岸沙洲休息理羽。

· 在海洋呈大群與杓鷸混群活動。

鷗科

鷗ㄡˊ 嘴ㄗㄨㄟˇ 燕ㄧㄢˋ 鷗ㄡˊ
ou　zui　yan　ou

Gull-billed Tern
Sterna nilotica
稀有過境鳥

體長 38cm

俗稱【鷗嘴噪鷗】

繁殖地在歐亞大陸的溫帶地區及南北美洲交會的海岸地帶，冬季遷移到非洲、南亞、澳洲及南美洲度冬。大都單獨出現，較常在河口、潮間帶或海岸邊的魚池棲息覓食。

辨別重點

雌雌雄同色，具繁殖及非繁殖羽色。
繁殖羽嘴黑色較粗厚，腳黑色，頭頂黑色，背部灰色，餘為白色。
非繁殖羽整個頭白色，眼後有黑斑。

頭頂黑色雜有白斑

嘴粗厚黑色

腳黑色

換羽中

出現月份 3-5,9-11月　食物 🐾

鷗科

粉ㄈㄣˇ 紅ㄏㄨㄥˊ 燕ㄧㄢˋ 鷗ㄡˊ
fen　hong　yan　ou

Roseate Tern
Sterna dougallii
稀有夏候鳥及過境鳥

繁殖羽

體長 31cm

俗稱【紅燕鷗】

廣泛分布於全球的亞熱帶及熱帶海域。在馬祖列島的燕鷗保護區及澎湖的貓嶼燕鷗保護區都有上千隻的繁殖族群，金門地區為夏候鳥或過境鳥。小金門沿海的一些小島礁有繁殖記錄，主要在海上活動，覓食魚類為生。

辨別重點

雌雄同色，具繁殖及非繁殖羽色。
繁殖羽嘴、腳紅色，頭頂黑色，背部灰色，餘為白色。
非繁殖羽嘴黑色、腳暗褐色，額、前頭白色，後頭黑色，餘與繁殖羽相同。

相似種

燕鷗：嘴黑色，見 P163。

頭頂至枕部黑色

全身白色
背灰色

嘴、腳紅色

出現月份 4-10月　食物 🐾

鷗科

鳳ㄈㄥ 頭ㄊㄡ 燕ㄧㄢ 鷗ㄡ
feng　tou　yan　ou

體長 45cm

俗稱【大鳳頭燕鷗】

繁殖地在歐亞非洲的亞熱帶及熱帶島嶼上，馬祖列島的燕鷗保護區是牠們繁殖的北限，金門地區為短暫停棲的過境鳥。近年來春季在新港碼頭外圍海域，水試所定置網飼養區的漂浮物上可見數百隻停棲。牠們在海面上覓食，以魚類為主。不覓食的時候就在漂浮物上休息理毛。叫聲為粗啞的「嘎-嘎」，當成群時，叫聲變得相當的吵雜。

出現月份 3-9月 食物 🐟

Greater Crested Tern
Sterna bergii
普遍過境鳥

頭頂黑色有冠
白額
嘴黃色
全身白色
背暗灰色
腳黑色

辨別重點
雌雄同色，具繁殖及非繁殖羽色。
繁殖羽嘴黃色，腳黑色，額白色，頭頂黑色有冠羽，背部暗灰色，餘為白色。
非繁殖羽前頭白色，後頭黑色。

繁殖羽

鷗科

白ㄅㄞ 眉ㄇㄟ 燕ㄧㄢ 鷗ㄡ
bai　mei　yan　ou

體長 36cm

俗稱【褐翅燕鷗】

廣泛分布於全球的亞熱帶及熱帶海域。在馬祖列島的燕鷗保護區及澎湖的貓嶼燕鷗保護區都有數千隻的繁殖族群，金門地區於2007年發現一隻。主要在海上活動，覓食魚類為主。

辨別重點
雌雄同色。嘴、腳黑色，額及眉線白色呈V字形，頭及過眼線黑色，背黑褐色，腹面白色。

出現月份 3-10月 食物 🐟

Bridled Tern
Sterna anaethetus
迷鳥

V字形的白額與眉線
頭與過眼線黑色
體背黑褐色
嘴、腳黑色

保育 鷗科

黑(ㄏㄟ) 枕(ㄓㄣˇ) 燕(ㄧㄢˋ) 鷗(ㄡ)

hei　zhen　yan　ou

Black-naped Tern
Sterna sumatrana
稀有夏候鳥

體長 38cm

俗稱【蒼燕鷗】

分布於西太平洋及印度洋海岸水域。金門為夏候鳥，夏季常在岩石海岸或岩礁棲息，富國墩海岸的岩礁常有機會看見牠們的蹤跡，以小魚為食。繁殖時有領域行為，通常不築巢直接將蛋產於岩石上淺凹處。

識別重點

雌雄同色。嘴、腳黑色，全身大致為白色，
背部較灰色，後頭有一倒三角形黑斑。

頭後有倒三角形黑斑

全身白色
背灰色

嘴、腳黑色

出現月份 3-10月　食物 🐟

鷗科

燕鷗

yan　ou

Common Tern
Sterna hirundo
不普遍過境鳥

體長 36cm

俗稱【普通燕鷗】

分布遍佈全球，繁殖地在北半球的寒溫帶，冬季遷移到南半球度冬。金門為過境鳥，浯江溪口及慈湖東岸夏季過境季節偶可發現，常成群活動，在海上覓食魚類為生。

識別重點

雌雄同色，具繁殖及非繁殖羽色。嘴、腳黑色。
繁殖羽頭上黑色，頸上喉部到後頭白色，全身鼠灰色，翼顏色較黑。
非繁殖羽額、前頭白色，後頭黑色，背部鼠灰色，腹面白色。

出現月份 3-5,9-11月　食物 🐟

繁殖羽
陳王時 / 攝

初級飛羽尖端暗灰色
頭上黑色
全身鼠灰色
嘴黑色
腳黑色

相似種
粉紅燕鷗：嘴紅色，見 P.160。

鷗科

小燕鷗

xiao　yan　ou

Little Tern
Sterna albifrons
普遍過境鳥

體長 28cm

俗稱【白額燕鷗】

廣泛分布於歐、亞、非及澳洲，在北方繁殖的族群冬季會往南遷移。金門地區為過境鳥，浯江溪口、慈湖海岸、浦邊海岸及慈湖東岸夏季過境季節偶可發現，常成群活動，在海上覓食魚類為生。

識別重點

雌雄同色，具繁殖及非繁殖羽色。
繁殖羽嘴黃色尖端黑色，額白色頭頂黑色，背部淡灰色其餘為白色，腳黃色。
非繁殖羽似繁殖羽，顏色較不鮮明，頭頂顏色換成白色。

出現月份 3-10月　食物 🐟

繁殖羽

嘴黃色先端黑
額白色頭頂黑色
全身白色背淡灰色

鷗科

黑ㄏㄟˉ 腹ㄈㄨˋ 浮ㄈㄨˊ 鷗ㄡ
hei　　fu　　fu　　ou

Whiskered Tern
Chlidonias hybrida
不普遍過境鳥

體長 25cm

俗稱【黑腹燕鷗】

繁殖地在歐亞洲的溫帶濕原，冬季遷移到非洲、亞洲的印度、南洋群島及澳洲度冬。金門為過境鳥，春過境季節較易發現，常和白翅黑浮鷗混群。比較喜歡在內陸水域、沼澤地活動，除了在水域覓食外，也在農耕地覓食蝗蟲及蜻蜓等昆蟲。

識別重點

雌雄同色，具繁殖及非繁殖羽色。
繁殖羽嘴、腳紅色，嘴前端黑色。頭部眼以上黑色，以下白色。背部灰色，胸、腹部黑色，尾下覆羽白色。
非繁殖羽嘴、腳黑色，前頭白色，頭上夾雜白色羽毛，背部灰色，腹面白色，腹部夾雜黑色羽毛。

相似種

白翅黑浮鷗：繁殖羽胸腹黑色，見 P.165。

繁殖羽

頭上及胸腹黑色 —— 腳紅色

非繁殖羽

全身白色
背灰色

頭白色雜有黑羽

嘴黑色 —— 腹白色 —— 腳黑色

出現月份 3-5,9-11月　食物

鷗科

白（ㄅㄞ）翅（ㄔ）黑（ㄏㄟ）浮（ㄈㄨ）鷗（ㄡ）
bai chi hei fu ou

White-winged Black Tern
Chlidonias leucopterus
不普遍過境鳥

體長 24cm

俗稱【白翅黑燕鷗】

繁殖地在歐亞洲的寒溫帶濕原，冬季
遷移到非洲、亞洲南洋群島及澳洲度
冬。金門為過境鳥，比較喜歡在內陸
水域、沼澤地活動，除了在水域覓食
外，也在農耕地覓食昆蟲。

識別重點

雌雄同色，具繁殖及非繁殖羽色。
繁殖羽嘴暗紅色，身體除翅膀覆羽灰色及尾
白色外餘為黑色。
非繁殖羽嘴黑色，後頭黑色，眼後有黑斑，
背部灰色，其餘為白色，腳暗紅色。

繁殖羽

覆羽灰色

尾白色

腳暗紅色

全身黑色

相似種

黑腹浮鷗：繁殖羽胸腹黑色，見 P.164。

出現月份 3-5,9-11月　食物

白（ㄅㄞ）頂（ㄉㄧㄥ）玄（ㄒㄩㄢ）燕（ㄧㄢ）鷗（ㄡ）
bai ding xuan yan ou

Brown Noddy
Anous stolidus
稀有過境鳥

體長 39cm

俗稱【玄燕鷗】

分布於熱帶海域，澎湖
的貓嶼燕鷗保護區及
基隆北方三島中的棉花
嶼燕鷗保護區有繁殖的
族群，金門地區發現的
紀錄很少。牠們主要在
海上活動，覓食魚類為
生。

額及前頭灰白色

眼下方白色斑

全身暗褐色

嘴略粗黑色

腳黑色

識別重點

雌雄同色。嘴、腳黑色，額及前頭
灰白色，全身暗褐色。

出現月份 3-10月　食物

鳩鴿科 （全世界309種，台灣12種，金門6種）

金ㄐㄧㄣ 背ㄅㄟˋ 鳩ㄐㄧㄡ
jin　bei　jiu

Oriental Turtle Dove
Streptopelia orientalis
普遍冬候鳥

體長 30cm

分布於亞洲地區。金門地區是冬候鳥，牠們於10月抵達時，正是高粱成熟的季節，會成群在高粱田裡覓食，此時警覺性高，非常怕人。而後會擴散到其他農耕地或農場覓食，以穀類及草籽或植物的嫩芽嫩葉為食，畜牧場的酒糟也是牠們喜愛的食物。

識別重點

雌雄同色。嘴暗褐色，眼橙黃色，腳紅紫色。前頭鼠灰色，後頭紅褐色，頸輪黑色有白色橫紋，背部黑褐色羽緣栗褐色，腹面葡萄酒紅色，尾羽褐色、末端染白色。

相似種

珠頸斑鳩：體型較小，翼背褐色羽緣淡，見 P.167。

出現月份 10-5月　食物 🐾 🌱

黑頸輪上白橫紋

體背褐色
羽緣栗褐色

腳紫紅色

鳩鴿科

紅ㄏㄨㄥˊ 鳩ㄐㄧㄡ
hong　jiu

Red Turtle Dove
Streptopelia tranquebarica
稀有留鳥

雄鳥

體長 23cm

分布於中國東部、南部、中南半島、菲律賓、爪哇及印度。金門地區往年數量稀少不易見，但近年來在沙崗農場整年可見，且數量有越來越多的趨勢。常見牠們在地面上覓食，以穀類及草籽為食，養牛場的酒糟是牠們主要的食物來源。

識別重點

雌雄異色。

雄鳥嘴、腳暗褐色，眼黑色，頭鼠灰色，後頸有黑細紋，背部、胸及上腹部葡萄酒紅色，初級飛羽黑褐色，尾下覆羽粉白色，尾羽黑褐色、外側末端白色。

雌鳥大致似雄鳥，背部紅褐色，頭、腹面淡褐色。

相似種

珠頸斑鳩：體型較大，頸部黑環佈白色斑點，見 P.167。

出現月份 全年　食物 🐾 🌱

後頸黑紋

體背酒紅色

尾羽外側
末端白色

腳暗褐色

鳩鴿科

珠_{ㄓㄨ}頸_{ㄐㄧㄥ}斑_{ㄅㄢ}鳩_{ㄐㄧㄡ}
zhu　jing　ban　jiu

Spotted-necked Dove
Streptopelia chinensis
普遍留鳥

體長 30cm

俗稱【斑頸鳩、斑鳩】

分部於中國東部、南部、中南半島、南洋群島及印度。金門地區為留鳥，全島各種環境都可見到牠們，以穀類、草籽為主食。

繁殖季主要在3～10月份，求偶時雄鳥會向雌鳥靠近，然後持續提身點頭的動作並一邊發出急促的「咕咕-」聲，另外也會使用展示飛行的方式求偶，只見雄鳥突然地用力拍翅，向上方空中衝去，隨著發出很大的拍翅聲響，到一個高度後轉身盤飛而下。築巢於隱密的樹上或灌叢內，以細枯樹枝簡單做成盤狀的巢。

識別重點

雌雄同色。嘴暗褐色，眼紅色，腳紅紫色。頭頂鼠灰色，後頸黑色有白色斑點，背部褐色羽緣紅褐色，腹面葡萄酒紅色，尾羽褐色、末端白色。

相似種

金背鳩：體型較大，背部顏色較黑有紅褐色的鱗狀斑紋。見 P.166。

· 二隻即將離巢的珠頸斑鳩幼鳥擠在巢中。

黑頸環上佈白點

體背褐色

腹酒紅色

腳紫紅色

尾末端白色

出現月份 全年　食物

杜鵑科 （全世界136種、台灣7種、金門9種）

鷹ー 鵑ㄐㄩㄢ
ying　juan

Large Hawk-Cuckoo
Cuculus sparverioides
稀有夏候鳥

體長 39cm

分布於亞洲南半部，在金門的生活習
性不明，雖然有時可聽到牠們的叫
聲，但常常聽聲不見影，因為牠們喜
歡停在高大又濃密的樹上鳴叫，加上
體外觀極具保護色，所以很難發現牠
們的蹤跡。

識別重點

雌雄同色。嘴暗褐色，眼黑色、黃眼眶。
頭部灰黑色，背部暗褐色、有褐色橫紋，
胸部有褐色縱紋，腹部白色有褐色橫紋，
尾羽有數條黑色節紋。

相似種

中杜鵑：體型較小，見 P.169。

出現月份 3-5月 食物 🦗 🍅

何志剛 / 攝

胸褐色縱紋
腹褐色橫紋
腳黃色

體背暗褐色
佈褐色橫紋

尾羽數條黑節紋

杜鵑科

四ㄙˋ 聲ㄕㄥ 杜ㄉㄨˋ 鵑ㄐㄩㄢ
si　sheng　du　juan

Indian Cuckoo
Cuculus micropterus
不普遍夏候鳥

體長 30cm

繁殖地在西伯利亞東南
部、韓國、中國東、南
部、中南半島、南洋群島
及印度，冬季時中國東部
以北族群會往南遷移度
冬。金門地區4月後常可聽
到牠們叫聲響亮，似「咕-
咕-咕-咕-」四個不同聲調
為一節的叫聲，但常聽聲
不見鳥影。生態習性不
明，繁殖時不築巢以托卵
寄生，但在金門未發現過
牠們托卵寄生行為。

出現月份 4-10月 食物 🦗 🍅

陳王時 / 攝

體背及上胸
灰褐色

尾羽白色末端
寬黑帶

腹白色、黑色粗橫紋

識別重點

雌雄同色。外觀似中杜鵑灰色型，但背部顏色較為褐色，尾羽
末端有一較寬的黑帶。

相似種

中杜鵑、小杜鵑，見 P.169。

杜鵑科

中ㄓㄨㄥ 杜ㄉㄨˋ 鵑ㄐㄩㄢ
zhong du juan

Himalayan Cuckoo
Cuculus saturatus
稀有過境鳥

體長 33cm

俗稱【筒鳥】

繁殖地在中國東南、南部局部地區及南洋群島，冬季在南洋群島及澳洲度冬。金門地區棲息狀況不明，4、5月出現後似乎就再難發現牠們的蹤跡。金門地區很少聽到牠們「布布-布布-」的二音節連續的響亮叫聲。棲息於樹上，以昆蟲為食。繁殖時不築巢以托卵寄生，金門尚無發現牠們托卵寄生的繁殖行為。

灰色型

體背及上胸鼠灰色

腹白色、黑色細橫紋

腳黃色

飛羽及尾羽黑色

識別重點

雌雄同色，有灰色型及赤色型。嘴黃褐色，眼暗紅褐色，眼眶黃色，腳黃色。灰色型背面、上胸部鼠灰色，尾羽及飛羽黑，腹部白色有黑色細橫紋。赤色型背面、喉、胸部紅褐色，腹面白色，全身密佈細黑色橫紋。

相似種

小杜鵑，見下圖。
四聲杜鵑，見 P.168。

出現月份 3-5月 食物 🦗 🍅

杜鵑科

小ㄒㄧㄠˇ 杜ㄉㄨˋ 鵑ㄐㄩㄢ
xiao du juan

Lesser Cuckoo
Cuculus poliocephalus
不明

體長 28cm

繁殖地在日本、韓國、中國東北、華中及西藏一帶，冬季遷移到印度及東非局部地區度冬。金門的狀況不明，在樹林活動，以昆蟲為食。繁殖時不築巢以托卵寄生，但在金門沒有發現過牠們托卵寄生的繁殖行為。鳴叫聲與中杜鵑不同，為「呼呼嘩-呼呼嘩-」的六音節聲。

灰色型

周民雄 / 攝

體背及上胸鼠灰色

飛羽及尾羽黑色

腹白色、黑色細橫紋

腳黃色

識別重點

雌雄同色，有灰色型及赤色型。灰色型體似中杜鵑灰色型，但體型較小。赤色型體背面黑色細橫紋更細。

相似種

中杜鵑，見上圖。
四聲杜鵑，見 P.168。

出現月份 3-5月 食物 🦗 🍅

杜鵑科

噪〔ㄗㄠˋ〕鵑〔ㄐㄩㄢ〕
zao juan

Common Koel
Eudynamys scolopaceus
不普遍夏候鳥

雄鳥
周民雄／攝

全身深藍黑色

體長 39cm

俗稱【鬼郭公】

分布在中國南部、印度、中南半島、南洋群島及澳洲。金門地區4、5月以後常可聽到嘹亮獨特越叫越大聲似「咕嗚-咕嗚-咕嗚-咕嗚-」的叫聲，通常會循環連續的叫著，越叫越大聲後突然中斷，然後又開始。雖然牠們的叫聲很響亮，但常常聽聲不見鳥，因為牠們喜歡停在高大又濃密的樹上鳴叫，不易發現。雜食性，昆蟲、漿果類果實，木瓜等水果都是牠們喜愛的食物。牠們來金門的目的是繁殖，但牠們不築巢而以托卵寄生的方式繁衍下一代，曾見托卵寄生於黑領椋鳥巢中。

識別重點

雌雄異色。嘴黃綠色，眼紅色，腳黑色。
雄鳥全身深藍黑色。
雌鳥背面暗褐色，頭頂至背部有白色紋，翼及尾上有淡褐色橫紋，腹面黑褐色，喉、胸有白色斑紋，腹部有白色橫紋。

相似種

烏鵑，見 P.171。

眼紅色

嘴黃綠色

頭、背白色紋

雌鳥
許晉榮／攝

翼、尾上有淡褐色橫紋

出現月份 4-10月　食物

杜鵑科

烏ㄨˋ 鵑ㄐㄩㄢ
wu juan

Drongo Cuckoo
Surniculus lugubris
不明

體長 25cm

分布於中國南部、印度、中南半島及菲律賓。金門地區生態狀況不明,曾在後水頭附近的木瓜園紀錄到一隻在木瓜園裡吃木瓜。

全身烏黑有
金屬光澤

識別重點
雌雄同色。全身烏黑有金屬光澤,尾下覆羽及尾羽外側有白色橫紋。幼鳥腹部及背部有白色小斑點。

相似種
噪鵑,見 P.170。

出現月份 迷 食物

杜鵑科

小ㄒㄧㄠˇ 鴉ㄧㄚ 鵑ㄐㄩㄢ
xiao ya juan

Lesser Coucal
Centropus bengalensis
稀有留鳥

體長 39cm

俗稱【番鵑】
分布於亞洲東部及南部。金門地區數量非常稀少,也沒聽過牠們的叫聲,只有在馬路上撿到過被車子撞死的個體。一般來說牠們的習性和褐翅鴉鵑類似。

雜食性鳥類,喜歡在矮樹叢或灌叢內活動。

嘴黑色
眼黑色
全身黑色
翅膀為栗褐色
羽軸白色

識別重點
雌雄同色,具繁殖及非繁殖羽色。眼黑色,腳黑色、爪後趾甲特長。
繁殖羽嘴黑色,全身大致為帶有金屬光澤的黑色,翅膀為栗褐色、羽軸白色。
非繁殖羽嘴黃褐色,頭部紅褐色、羽軸白色,腹部淡褐色、下腹有褐色細橫紋,中央尾羽褐色有黑色橫紋、外側尾羽黑色。

相似種
褐翅鴉鵑:眼紅色,見 P.172。

繁殖羽
周民雄 / 攝

出現月份 全年 食物

杜鵑科

褐ㄏㄜ翅ㄔㄧ鴉ㄧㄚ鵑ㄐㄩㄢ
he chi ya juan

Greater Coucal
Centropus sinensis
普遍留鳥

體長 52cm

分布於南亞、東南亞一帶。金門是留鳥,全島都有分布,根據一些60歲以上居民的描述,以往似乎很少或沒有聽過牠們的叫聲,但近年來常聽到牠們那特別的鳴叫聲。牠們是雜食性的鳥類,習性隱密,常在矮樹叢或灌叢內活動,不易觀察,不過有時牠們也會到空曠的地方走動;較少飛行,多為短距離的跳躍或走路,因行動緩慢,常在飛越馬路時被車子撞斃。

天氣晴朗豔陽高照的日子,牠們會在樹枝上曬太陽做日光浴。

春夏繁殖季時,偶可聽到低沉悠遠而結實的「呼、呼、呼-」一連串的鳴聲。牠雖是杜鵑科鳥類,但並沒有托卵寄生的行為,曾發現牠們在草叢中築巢繁殖,其繁殖狀況目前尚不明。

觀別重點
雌雄同色。嘴、腳黑色,眼紅色。身大致為帶有金屬光澤的黑色,雙翼為栗褐色。
亞成鳥羽色不似成鳥鮮明,背部有黑褐色橫紋,腹部有乳白色花紋。

相似種
小鴉鵑:體形較小,眼黑色,翼羽軟色。見 P.171

成鳥

· 褐翅鴉鵑常在水邊活動。

出現月份 全年 食物 🐟

·褐翅鴉鵑不擅飛行,通常只做短距離的移動。

全身黑色

眼紅色

翅栗褐色

嘴黑色

·褐翅鴉鵑為雜食性,覓食食物包括腐爛物質
 及人類丟棄的垃圾,牠扮演著大自然清道夫
 的角色。

體背及腹部均有細紋

亞成鳥

草鴞科 （全世界16種，台灣1種，金門1種）

保

草 鴞
ㄘㄠˇ ㄒㄧㄠ
cao xiao

Grass Owl
Tyto capensis
迷鳥

無耳羽　　灰白色心型臉盤　　體背黑褐色雜黃褐色及白色斑點

嘴乳白色

體長 40cm

俗稱【猴面鷹】

分布在東南亞、菲律賓群島、印度及澳洲。台灣數量稀少，是受法律保護的珍貴稀有保育類野生動物，最近幾年有了繁殖行為觀察，金門地區目前沒有野外的觀察紀錄，只有受傷被民眾發現的資料，另外金門國家公園管理處有一隻標本。牠們是屬於夜間活動的貓頭鷹，主要棲息於高草莖草生旱地，食物為老鼠。

識別重點

雌雄同色。灰白色心型臉盤，無耳羽，眼褐色，眼先黑色，嘴乳白色。背部為黑褐色夾雜有黃褐色及白色細斑點，小覆羽黃褐色有黑褐色斑紋，大覆羽有黃白色斑，飛羽及尾羽有黃白色橫紋，腹面淡黃褐色有黑褐色細斑點。腳長黃褐色無被毛。

出現月份 迷　食物

鴟鴞科 （全世界189種，台灣12種，金門5種）

保

領 角 鴞
ㄌㄧㄥˇ ㄐㄧㄠˇ ㄒㄧㄠ
ling jing xiao

眼暗紅色

黑色細紋耳羽　　臉盤灰褐色

Collared Scops Owl
Otus bakkamoena
迷鳥

體背褐色雜黑白斑塊

體長 25cm

廣泛分布於中國東部、南部及中南半島北部。金門並沒有野外的觀察紀錄，只有金門國家公園管理處有一隻標本。領角鴞是夜行性貓頭鷹的一種，以昆蟲為主食，其他如青蛙、壁虎、鼠類等也是牠們的食物。在台灣分布在約1,000公尺以下的山區，或較大面積樹林的公園綠地、住宅區等，像台大校園內就有牠們的蹤跡。鳴聲為單音低沉的「嗚」聲，天剛暗時較會鳴叫。春天繁殖季較易聽到叫聲。

識別重點

雌雄同色。臉盤灰褐色，眼暗紅色，嘴鉛灰色。背部為褐色有斑駁的黑斑及白斑，腹部灰褐色，羽緣較淡色，羽軸黑色。腳灰色無被毛。

相似種

東方角鴞：體形較小，眼黃色，見 P.175。

出現月份 迷　食物

鴟鴞科

東方角鴞
ㄉㄨㄥ ㄈㄤ ㄐㄧㄠ ㄒㄧㄠ
dong fang jing xiao

Oriental Scops Owl
Otus sunia
稀有過境鳥

體長 20cm

俗稱【日本角鴞、亞洲角鴞】

分布於亞洲東部及南部，華北以北繁殖的族群為夏候鳥，冬季會遷移到亞洲南部度冬。金門是過境鳥，以春過境季節居多，目前在金門並沒有野外的觀察紀錄，所發現的紀錄均是被鳥網捕捉的資料。東方角鴞是夜行性貓頭鷹的一種，主要以昆蟲為食。過境期間沒聽過牠們的叫聲。

識別重點

雌雄同色，具灰色型及赤色型。

臉盤灰褐色，眼黃色，有似V字型白眉，嘴黑色，短耳羽。全身大致為褐色，有斑駁的黑白色紋，肩羽有一道白斑。腳灰色無被毛。

赤色型與灰色型體色很像，但全身是呈紅棕色。

相似種

領角鴞：體形較大，眼紅色，見 P.174。

·赤色型東方角鴞，白天躲在樹叢中休息。

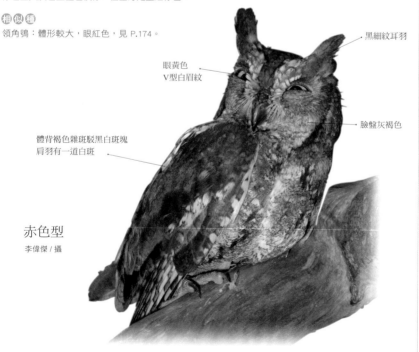

黑細紋耳羽

眼黃色
V型白眉紋

臉盤灰褐色

體背褐色雜斑駁黑白斑塊
肩羽有一道白斑

赤色型
李偉傑 / 攝

出現月份 3-5,9-11月　食物

(保育) 鴟鴞科

褐(ㄏㄜˋ)鷹(ㄧㄥ)鴞(ㄒㄧㄠ)
he　ying　xiao

Brown Hawk-Owl
Ninox scutulata
稀有過境鳥

無耳羽

眼黃色

臉盤不顯

體背暗褐色雜
黑褐色縱紋

體長 29cm

繁殖地分布在日本、韓國、中國東部、南部、南洋群島、中南半島及印度，華北以北的繁殖族群冬季會往南遷移度冬。金門屬過境鳥類，目前並沒有野外觀察的紀錄，只有數筆被鳥網捕捉的資料。

褐鷹鴞是貓頭鷹的一種；大部份的貓頭鷹都是在夜間活動，但褐鷹鴞是少數也會在白天活動的貓頭鷹。牠們主要以小型鳥類及飛行的昆蟲為食。

(識別重點)

雌雄同色。臉盤不明顯，兩眼於前方，眼黃色，嘴褐色，兩眼額間及下嘴基部有白斑。背暗褐色，腹面白色有暗黑褐色粗縱紋。腳短黃褐色具被毛。

出現月份 3-5,9-11月　食物

(保育) 鴟鴞科

長(ㄔㄤˊ)耳(ㄦˇ)鴞(ㄒㄧㄠ)
chang　er　xiao

Long-eared Owl
Asio otus
稀有過境鳥

黑色長耳羽

眼紅色

體背斑駁黃褐色雜黑褐色紋

臉盤淡黃褐色

體長 35～40cm

繁殖地在歐亞大陸及北美洲，較北繁殖的族群冬天會往南遷移度冬。金門應是過境鳥，目前沒有野外觀察紀錄，所發現的紀錄均是在田間被鳥網所捕捉的資料。在台灣是受法律保護的珍貴稀有保育類野生動物。在樹林邊緣活動覓食，靠聽力及眼力尋找獵物的蹤跡，主要以老鼠為食。

(識別重點)

雌雄同色。臉盤淡黃褐色，眼紅色，額有V字型白紋，眼先黑色及白色C字型紋，耳羽長明顯、黑色、外緣白色及黃褐色，嘴黑色。背部為斑駁的黃褐色、白色及黑褐色斑紋，腹面淡黃褐色有黑褐色樹枝狀縱紋，腳短黃褐色具被毛。

(相似種)

短耳鴞：眼黃色，臉盤黃褐色，見 P.177。

出現月份 3-5,9-11月　食物

鴟鴞科

短耳鴞
ㄉㄨㄢˇ ㄦˇ ㄒㄧㄠ
duan er xiao

Short-eared Owl
Asio flammeus
稀有冬候鳥、過境鳥

體長 35～41cm

繁殖地在歐亞大陸及北美洲，亞洲族群冬季會遷移到日本、韓國、中國東部、南部、中南半島及印度一帶度冬。本種是受法律保護的珍貴稀有保育類野生動物，金門地區目前沒有野外的觀察紀錄，所發現的紀錄均是被鳥網捕捉的資料。牠們屬夜間活動的貓頭鷹，喜歡在空曠的草地、農田棲息，白天停在草叢內或樹叢內休息，有極佳的保護色，因此不易發現牠們。獵捕老鼠或鳥類為食。

·飛行中的短耳鴞，可見明顯臉盤。

識別重點
雌雄同色。臉盤斑駁的白、黃褐色，眼黃色，周圍黑褐色，短白眉線，嘴黑色，耳羽短警戒時豎起較明顯，背部黃褐色有黑褐色縱紋，飛羽有數道黃褐色與黑褐色相間的橫紋，胸、腹部淡黃褐色有黑褐色縱紋。腳短黃褐色具被毛。

相似種
長耳鴞，眼紅色。
見 P.176

短耳羽

臉盤斑駁黃褐色

眼黃色

體背黃褐色雜黑褐色縱紋

出現月份 10-4月　食物

夜鷹科 （全世界89種，台灣2種，金門2種）

普 通 夜 鷹
pu　tong　ya　ying

Grey Nightjar
Caprimulgus indicus
稀有過境鳥

林本初 / 攝

體長 29cm

俗稱【蚊母】

繁殖地在西伯利亞東部、中國東部、韓國及日本，冬季會往南遷移至東南亞度冬。習性屬夜行性，白天喜歡棲息於樹幹上或疏林旁開闊地面，因具有良好的保護羽色，所以很難發現牠們。傍晚天色稍暗便開始活動，於空中張開扁闊的嘴捕捉飛蟲為食，尤其是蚊子，所以也被稱為「蚊母」。

肩羽有白斑
背佈黑褐色或黃褐色斑紋
喉兩側白斑

識別重點

雌雄同色。嘴短、扁平、嘴基寬。全身大致為灰褐色，背部有黑褐色或黃褐色斑紋，肩羽有白斑，喉兩側白色，初級飛羽有白斑。雄鳥尾羽外側白色。

出現月份 迷　食物

雨燕科 （全世界92種，台灣3種，金門3種）

叉 尾 雨 燕
cha　wei　yu　yan

Pacific Swift
Apus pacificus
稀有過境鳥

體長 20cm

俗稱【燕仔、白腰雨燕】

繁殖地於台灣、中國南方、中南半島、印度及南洋群島，部份地區族群會遷移。如魚尾狀的尾羽是牠的特徵。觀察紀錄都是在空中飛行，常成小群在空中飛繞，邊飛邊叫，叫聲為「嘰一」。以闊嘴撈取捕食空中的小飛蟲。

嘴短寬扁平
全身深黑褐色
喉、腰白色
叉尾

許晉榮 / 攝

識別重點

雌雄同色。全身深黑褐色，翼形細長而尖呈飛鏢狀，嘴短扁平而寬，喉、腰白色，尾呈叉尾狀。

相似種

家雨燕：體形較小，尾呈扇尾狀，見 P.179。

出現月份 3-9月　食物

雨燕科
家ㄐㄧㄚ 雨ㄩˇ 燕ㄧㄢˋ
jia yu yan

House Swift
Apus nipalensis
普遍留鳥、過境鳥

體長 14cm

俗稱【 燕仔、小雨燕 】

分布於台灣、中國南方、中南半島及南洋群島。金門為留鳥，但也有過境鳥的族群。覓食行為、求偶交配行為都在空中進行，單獨或成群分散在空中捕抓飛行的小飛蟲，例如蚊子等。會在人口較為密集的大樓騎樓築巢，金城鎮是最容易發現的地方。叫聲為「嘰-」。

識別重點

雌雄同色。全身深黑褐色，翼形細長而尖呈飛鏢狀。嘴扁平而寬，喉、腰白色，尾呈扇尾狀。腳黑色，爪為前四趾無後趾抓握。

相似種

叉尾雨燕：體形較大，尾呈叉尾狀，見 P.178。

·常可在城鎮大樓騎樓頂端集體營巢。王嘉雄 / 攝

嘴短小扁平而寬

全身深黑褐色

喉、腰白色

尾扇型

許晉榮 / 攝

出現月份 全年 食物

翠鳥科（全世界93種、台灣4種、金門5種）

白 <small>ㄅㄞ</small> 胸 <small>ㄒㄩㄥ</small> 翡 <small>ㄈㄟ</small> 翠 <small>ㄘㄨㄟ</small>
bai   **xiong**   **fei**   **cui**

White-throated Kingfisher
Halcyon smyrnensis
不普遍留鳥

體長 27cm

俗稱【蒼翡翠】

分布於亞洲南部。金門地區是留鳥，在喉胸部大塊明顯的白斑，香港稱牠為「白胸魚郎」。白胸翡翠不像其他翡翠科的鳥類活動範圍侷限在水邊，牠們活動範圍很廣泛，農耕地、樹林邊緣、草地，甚至聚落裡都可發現牠們的蹤跡；除了魚蝦蟹類外，昆蟲、兩棲爬蟲等都是牠喜愛的食物。

4、5月繁殖求偶季節偶可聽到牠們悅耳響亮的鳴叫聲，牠們在垂直的土壁、土堤挖洞為巢；巢洞的深度比其他翡翠科來得短淺，大約只有60cm左右。繁殖時警覺性很高，一年只繁殖一次，其他繁殖行為目前還不清楚。

辨別重點

雌雄同色。嘴長粗大厚實、紅色，眼黑色，腳細短紅色。頭、頸、下腹部暗栗褐色，喉、胸部有一白色斑塊，背、尾與雙翅是帶有金屬光澤的淡天藍色，初級飛羽前端及覆羽是黑褐色。飛行時初級飛羽後端有大白斑塊。

相似種

黑頭翡翠：頭頂黑色，背部是深藍色。見 P.185。

頭及下腹暗栗褐色

嘴紅色
長而粗厚

白色喉

體背及尾帶光澤
淡天藍色

出現月份 全年   食物

· 白胸翡翠正飛回築於土坡上的巢洞，巢洞略呈斜度。

胸前主要特徵大白斑

翠鳥科

斑翡翠
ㄅㄢ ㄈㄟ ㄘㄨㄟ
ban fei cui

Lesser Pied Kingfisher
Ceryle rudis
不普遍留鳥

體長 30cm

俗稱【斑魚狗】

分布於中國東南方、中南半島、印度東北及菲律賓群島。斑翡翠在台灣沒有分布，金門是留鳥。常2～3隻一起活動，在池塘、水庫及海岸線等水域覓食或在水邊的獨立枝條休息。太湖、慈湖、陵水湖、榮湖等地較容易發現。牠又名「斑魚狗」以魚類為食。飛行或覓食的時候，常會發出幾聲清亮尖細的「嘰哩-嘰哩」聲，此時可以循聲找到牠的蹤跡。

覓食行為相當特殊，覓食時在水面上空定點鼓翅低頭尋找水中獵物，發現獵物即收翅衝入水捕獵；如果沒有捕捉到，再重新於空中定點鼓翅。如果捕獲小魚，會咬著魚飛到經常停棲的地點，將魚左右甩昏後，再由魚的頭部開始將整隻吞下；有一些無法消化的魚骨、魚鱗會以食繭的方式吐出。

繁殖時，牠們也會利用垂直的土堤、土壁上挖洞為巢，巢洞深約為1m。

辨別重點

雌雄異色。嘴喙尖細、大而長、黑色，眼黑色，腳黑色。全身顏色黑白交雜，頭頂黑色有羽冠，白色長眉線，粗黑過眼線。
雄鳥胸前有兩條黑色相連胸帶。
雌鳥和幼鳥胸前只有一條不相連的胸帶。

頭頂黑色有冠

嘴尖細黑色

胸前兩條黑色
連結胸帶

雄鳥

出現月份 全年 食物 🦆

雄鳥

·覓食的時候會在水面上空定點低頭鼓翅尋找獵物。

·繁殖的時候會在土壁上挖洞為巢。

白色長眉線

粗黑過眼線

一條不相連胸帶

雌鳥

·翡翠以魚類為主食。

雌鳥

翠鳥科

翠鳥
ㄘㄨㄟˋ　ㄋㄧㄠˇ
cui　niao

Common Kingfisher
Alcedo atthis
普遍留鳥

體長 16cm

俗稱【魚狗、釣魚翁】

廣泛分布於歐亞非洲大陸，在較北地方繁殖的族群，冬天會往南遷移度冬。金門是留鳥，常出現在海岸、湖泊、池塘、溪流，聚落裡的風水池也常可見到牠的身影。翠鳥是翡翠科鳥類中體型最小的一種。飛行呈直線速度極快，覓食則靜靜地停立於水中突出的樹枝或岸邊，凝視水中伺機出手，有時也會像斑翡翠一樣在水面上方原地鼓翼尋找獵物。牠們以小魚蝦蟹類為主食。繁殖時在垂直的土壁或土堤挖洞為巢，洞中的蛋為白色。金門未發現牠們的巢洞。

識別重點

雌雄異色。嘴細長而尖，眼黑色，眼先、耳羽、腹部橙紅色，耳羽後方有白色斑，背是帶有金屬光澤的淡天藍色。腳細短呈紅色。
雄鳥嘴黑色，頭部、翅膀、尾羽暗綠色雜有藍色金屬光澤的斑點。
雌鳥上嘴黑色下嘴紅色，頭部、翅膀、尾羽暗綠色雜有綠色金屬光澤的斑點。

·雌鳥上嘴黑色，下嘴紅色，頭及雙翼帶綠色光澤。

雄鳥

腹橙紅色

頭暗綠色雜藍斑點

嘴黑色細長尖

體背淡天藍色

出現月份 全年　食物 🦐

翠鳥科

黑頭翡翠
hei tou fei cui

Black-capped Kingfisher
Halcyon pileata
稀有冬候鳥

體長 28cm

俗稱【藍翡翠】

繁殖地在韓國、中國東部、南部及中南半島及印度，在北方寒溫帶繁殖的族群冬季會向南遷移到中南半島及南洋群島一帶度冬。金門是每年穩定出現的冬候鳥，主要棲息於海岸，溪流，池塘等水域環境。慈湖、浦邊海岸、金沙溪、太湖、田埔水庫等地都可發現，但個體數量很少，個體間有固定的活動範圍。因牠體背是具金屬光澤的寶藍色，是一種極容易辨認的翡翠科鳥類。他們以螃蟹或魚類為主食，常停棲在水邊明顯的棲枝等待獵物出現；進食時會先將獵物在岩石或樹幹上敲昏，再將螃蟹的大螯及腳甩掉，然後吞食。

識別重點

雌雄同色。嘴長而粗大、紅色，眼黑色，腳細短紅色。頭頂黑色，背部是帶金屬光澤的深藍色，翼覆羽及初級飛羽前端黑色，喉、前後頸及上胸淡黃白色，下腹部橙黃色。飛行時有白色翼斑。

相似種

白胸翡翠：頭上至後頸為暗栗褐色，背部淡藍色，見 P.180。

嘴長粗紅色

頭黑色

白頸圈

背深藍色

下腹橙黃色

出現月份 9-5月　食物

蜂虎科（全世界26種、台灣0種、金門1種）

栗ㄌㄧˋ 喉ㄏㄡˊ 蜂ㄈㄥ 虎ㄏㄨˇ
li　　hou　　feng　　hu

Blue-tailed Bee-eater
Merops superciliosus
普遍夏候鳥

周民雄

體長 30cm

分布於中國東南、海南島、中南半島及南洋群島，中國東南及海南島繁殖族群冬季會向南方遷移度冬。金門是夏候鳥，台灣沒有分布。栗喉蜂虎屬於蜂虎科，這科的鳥以善於捕捉飛行中的蜂類為食而得名，而栗色的喉部則是此種的特徵。因為鮮艷的羽色及特殊的繁殖行為，讓牠成為金門夏天最引人注目的鳥種。清明節前後，便開始可以見到牠們在開闊的田野間追捕蝴蝶、蜻蜓等獵物的身影。常聽到牠們此起彼落地發出「噗哩-噗哩-」的叫聲。

栗喉蜂虎來金門的主要目的，就是繁衍下一代。牠們有群聚繁殖的習性，也有合作生殖的行為。牠們會在海岸、農田、魚塭、沙石場等的沙土堆、沙質土壁挖洞為巢，金門東半島的田埔水庫及青年農莊的周遭，是牠們繁殖的大本營。牠們所挖的巢洞，深度大約1m，最長的可達2m左右。在巢洞的最深處，會有一個橢圓形的空間作為巢室，也就是生蛋育雛的地方；蛋是白色的，經過約21～25天的孵化時間。雛鳥孵出後約25天可離巢，然後跟隨牠們的親鳥在金門的田野間悠遊，學習生存的本能；直到9月底、10月初離開金門到南洋一帶度冬。

栗喉蜂虎集體夜棲，黃昏落日盡時，牠們從各地往過夜的地方聚集，農試所、金龜山、后沙一帶的樹林，是牠們集體過夜的地方。

識別重點

雌雄同色。嘴細長尖而下彎，眼紅色，腳暗紅色。黑色寬過眼線，頭、上背部是橄欖綠色，下背部及尾羽為帶金屬光澤的天空藍色。上喉部鮮黃色，下喉部栗紅色，胸、腹部則是橄欖褐色，中央二根尾羽特長。
亞成鳥體色大致與成鳥相似，但比較不鮮明。

上喉鮮黃
下喉栗紅色

周民雄／攝

出現月份 4-11月　食物 🦗

· 栗喉蜂虎每年回到金門重新掘洞築巢育雛。

嘴細長尖而下彎

寬黑過眼帶

全身上半
橄欖褐色

下背及尾羽
天空藍色

· 乾固的土壁上佈滿巢洞，十分壯觀。

周民雄 / 攝

特長二根中央尾羽

· 牠們以空中飛行的昆蟲
為食。周民雄 / 攝

観鳥金門
金門賞鳥指南 | 187

戴勝科（全世界1種、台灣1種、金門1種）

戴ㄉㄞˋ 勝ㄕㄥ
dai sheng

Common Hoopoe
Upupa epops
普遍留鳥

體長 28cm

戴勝的分類比較特殊，全世界屬於戴勝科
的鳥類，只有一種。牠的分布範圍相當廣泛，
歐、亞、非洲從平地至海拔3,000m～4,000m的高
山都可發現牠的蹤跡。戴勝在台灣是過境鳥，在金門
則是留鳥，全島都有分布。他們喜歡在馬路邊、短草地
或耕地上活動，以長而下彎的嘴在地上啄食地表的昆蟲，
有人稱牠們為「地上的啄木鳥」，這樣的食性有利於農田作物
收成。

戴勝最受人矚目的就是頭上的羽冠；當牠受到驚嚇或飛行停下的一剎
那，頭上羽冠會張開，極快速地一張一合，張開的羽冠彷如印地安酋長頭上
佩帶的頭飾。戴勝的「勝」在古代是指首飾的意思，由此可知其名稱的由來。

戴勝不築巢，常使用天然的岩洞、樹洞、人工建物的縫隙為巢穴，雌鳥負責孵蛋的
工作，雄鳥則負責提供雌鳥及幼鳥食物。蛋的孵化時間約21天，孵化後約28天幼鳥
可以離巢，戴勝一年會繁殖1～2次。

金門人稱戴勝為「墓壙雞」。「墓壙」是「墓穴」的意思，金門人早期墓葬是突出
於地面彷如長條薄水泥管，戴勝都利用破舊的墓穴來繁殖因而得名。不過時過境
遷，這類的墓穴已經越來越少了，取而代之被戴勝
利用來繁殖的是聚落裡破舊廢棄的屋舍洞穴細縫。
現在每到繁殖季節，聚落裡便可聽到牠們此
起彼落「呼、呼、呼」的叫聲；而根據國
外學者的研究發現，雄鳥的鳴叫聲與繁殖
有密切的關係，音節越多的雄鳥叫聲，繁殖
成功率越高。在金門的戴勝的叫聲通常都是
3～4個音節。

辨別重點
雌雄同色。嘴細長下彎而尖，肉色先端黑色，眼
黑色，腳黑色。頭、背、胸部黃褐色，頭上羽冠
黃褐色、羽端黑色，翅膀及尾羽有黑褐色及白色
相間的粗橫紋，下腹部白色。

· 受到驚嚇的一剎那頭上羽冠
　會張開。周民雄／攝

出現月份 全年 食物

頭部羽冠
羽端黑色

· 戴勝經常利用廢棄破舊的房舍洞穴為巢，圖中三隻幼
鳥停在洞口，等待親鳥的餵食。

全身上半部
黃褐色

長而尖
下彎

· 戴勝親鳥咬著一隻雞母蟲停在巢洞口，準備回巢養育
雛鳥。

雙翅及尾羽黑白
相間粗橫紋

周民雄 / 攝

佛法僧科 （全世界12種，台灣1種，金門1種）

三寶鳥
ㄙㄢ ㄅㄠ ㄋㄠ
san bao niao

Dollarbird
Eurystomus orientalis
稀有過境鳥

頭黑褐色，背部暗綠色

嘴暗紅色嘴基寬闊

體長 28cm

俗稱【佛法僧】

繁殖地在西伯利亞東南部、日本、韓國、中國東部及中南半島及南洋群島，在華北以北繁殖的族群冬天會往南遷移度冬。金門是過境鳥，曾在珠山聚落旁的樹林發現。三寶鳥因叫聲彷如日本話的佛法僧，又被稱為「佛法僧」，但非繁殖季節很少鳴叫。牠的嘴基比一般鳥類寬闊，讓牠們方便捕捉空中的飛蟲為食，喜停棲在樹林上層或空曠地明顯的地方，等待飛蟲出現，隨即起飛捕食，然後又回到原來的位置進食或繼續等待。

識別重點

雌雄同色。嘴暗紅色、嘴基寬闊，腳紅色。頭黑褐色，背部暗綠色，腹部暗藍綠色。飛行時飛羽有白斑。
亞成鳥嘴黑色，其他大致與成鳥相似但較黑且不鮮明。

成鳥

出現月份 3-5,9-11月 **食物**

啄木鳥科 （全世界217種，台灣4種，金門1種）

蟻鴷
ㄧˇ ㄌㄧㄝˋ
yi lie

Northern Wryneck
Jynx torquilla
稀有冬候鳥

頭頂到背中央有黑色縱線

黑色細長的過眼線

背面紅褐色有斑駁的黑褐色細紋

體長 16cm

俗稱【地啄木】

繁殖地在歐洲、亞洲的中北部，冬季會遷移到琉球群島、亞洲南部及非洲中部度冬。金門為冬候鳥，小金門烈女廟、南山林道、慈湖等地都曾發現。習性和一般人所認知的啄木鳥不太一樣，除了會在樹幹上覓食外，其實牠最喜歡在地面覓食螞蟻、昆蟲等。身體斑駁的黑褐色羽毛，讓牠停棲在樹幹時具有很好的保護色。

識別重點

雌雄同色。背面紅褐色有斑駁的黑褐色細紋，黑色細長的過眼線，頭頂到背中央有黑色縱線，腹面黃褐色有黑褐色細橫紋。嘴尖細黃褐色，眼黑色，腳黃褐色。

出現月份 10-4月 **食物**

山椒鳥科 （全世界82種，台灣4種，金門1種）

黑ㄏㄟ 翅ㄔˋ 山ㄕㄢ 椒ㄐㄧㄠ
hei chi shan jiao

Black-winged Cuckoo-shrike
Coracina melaschistos
迷鳥

體長 23cm

雄鳥
林勝惠 / 攝

俗稱【暗灰鵑鵙】

繁殖地在中國、中南半島北部到尼泊爾一帶，冬季部份會遷移到中南半島南部及印度北部度冬。偏好在較高大的樹上活動，常單獨出現在樹上尋找昆蟲為食。飛行呈波浪狀，常會一邊飛行一邊發出類似「伊伊伊啾」叫聲。

全身灰色
雙翼及尾羽黑色

嘴、腳黑色

羽端灰白色

雌雄異色。嘴黑色，眼暗紅色，腳黑色。
雄鳥全身大致為灰色，翼及尾羽黑色，尾羽羽端及尾下覆羽灰白色。
雌鳥極似雄鳥但羽色較淡，脅部有橫紋。

出現月份 3-5,9-11月　食物

伯勞科 （全世界31種，台灣5種，金門4種）

紅ㄏㄨㄥˊ 頭ㄊㄡˊ 伯ㄅㄛˊ 勞ㄌㄠˊ
hong tou bo lao

Bull-headed Shrike
Lanius bucephalus
迷鳥

體長 20cm

繁殖地在庫頁島、日本、千島群島西伯利亞東南、韓國及中國東北，部份地區冬季遷移到中國東部度冬。金門觀察紀錄極少，習性和紅尾伯勞極為類似，一般都單獨出現。

雌鳥

頭紅棕色

粗黑褐色過眼帶

嘴黑色先端有勾

喉腹有細鱗紋

雌雄異色。嘴黑色先端有勾，眼黑色，腳黑色。
雄鳥頭上部紅棕色，白色眉線，粗黑色過眼帶，背部至尾上覆羽灰色，飛羽黑色有白斑，尾羽黑褐色，腹面白色，脅部紅棕色。
雌鳥大致似雄鳥，但沒有白眉，過眼帶黑褐色，背部紅褐色，喉腹有細褐色鱗紋。

相似種
紅尾伯勞：體背與尾部灰褐色，見 P.194。

出現月份 迷　食物

伯勞科

棕 背 伯 勞
(ㄗㄨㄥˉ) (ㄅㄟˋ) (ㄅㄛˊ) (ㄌㄠˊ)
zong bei bo lao

Long-tailed Shrike
Lanius schach
普遍留鳥

體長 25cm

廣泛分布於華中、華南、中南半島、印度及南洋群島。金門地區為留鳥，全島可見，除了一般色型外，並有黑色型及中間色型個體。喜停棲於開闊環境中較明顯的地方，靜待地面獵物出現，獵物包括昆蟲、兩棲類、鼠類，也會攻擊其他體型較小的鳥類，曾見攻擊過的鳥種有翠鳥、鶲鶯，以及剛孵出的白腹秧雞雛鳥。另外牠們有儲藏食物的習性，一些較大食物一次吃不完，牠們會找較尖銳的樹枝把食物插在上面，然後再慢慢進食，這樣的行為發生在育雛或冬天較冷的日子。

金門地區有二個鳴叫的高峰季節，一是為了繁殖的春季求偶季節，二是9月繁殖季結束後為了建立領域，但二個高峰的叫聲種類有明顯的不同。

繁殖季是3～9月，以乾草枯枝，像五節芒、木麻黃及人工的棉線等，在樹上構築碗狀的巢。兩親鳥輪流孵蛋及育雛。

識別重點

雌雄同色，除正常色型外另有黑色型及中間色型，體色變異大。嘴黑色先端有勾，眼黑色，腳黑色。

正常色型粗黑過眼線到額頭，後頭及背部灰色，肩羽、腰及尾下覆羽紅棕色，翼及尾羽黑色，翼上有一小白斑，喉、胸、腹面白色。

黑色型額、臉、喉、翼及尾羽黑色，其餘為黑褐色。

粗黑
全身黑褐色額臉喉翼尾羽黑色

中間型

黑色型

出現月份 全年 食物

· 棕背伯勞經常停在
視野良好的地方等
待獵物。

· 一隻被棕背伯勞獵捕的翠鳥，儲存於樹插上。

· 剛離巢的幼鳥，羽色較沉。

黑色先端
勾

翼有一小白斑

肩腰及尾下
紅棕色

正常色型

㊙ 伯勞科

紅ㄏㄨㄥˊ 尾ㄨㄟˇ 伯ㄅㄛˊ 勞ㄌㄠˊ
hong　wei　bo　lao

Brown Shrike
Lanius cristatus
普遍過境鳥、稀有冬候鳥

體長 18cm

繁殖地在西伯利亞，華北及華南，冬季遷移到南亞及南洋群島度冬。金門春過境期間數量較多，過境期間比較沒有領域性，但冬候鳥有強烈的領域性。牠們出現在各種環境，停棲時尾部會左右搖擺，喜歡停在明顯突出的地方等待獵物出現，食物主要為昆蟲，與棕背伯勞一樣有儲存食物行為。平常的叫聲為響亮的「咖、咖」，牠和棕背伯勞一樣也是聲音模仿高手，有時會模仿周遭其他鳥的叫聲。

⬤別⬤點
雌雄異色。嘴黑色先端有勾，眼黑色，腳黑色。
雄鳥額及眉線白色，眼先至眼後是粗黑的過眼帶，背面與尾部大致為灰褐色，喉白色，胸、腹部淡黃色。
雌鳥似雄鳥但顏色較為褐色，脅部有黑色橫紋。

⬤⬤種
紅頭伯勞：體背及翼灰色，飛羽黑色有一小白斑，見 P.191。

雌鳥
— 體為褐色
— 脅部黑色橫紋

白額白眉
嘴黑色先端有勾
粗黑過眼帶
白喉
— 體背灰褐色

雄鳥

出現月份 10-5月　食物 🐀 🐛

鸝科 （全世界29種，台灣2種，金門1種）

黃 ㄏㄨㄤˊ 鸝 ㄌㄧˊ
huang   li

Black-naped Oriole
Oriolus chinensis
稀有過境鳥

體長 26cm

雄鳥
周民雄 / 攝

全身鮮黃色

分布於東亞及東南亞，華北繁殖的族群冬季會遷移。金門為過境鳥，過境季節大都單獨出現，喜歡在樹叢間活動，曾在大地附近農田的樹叢間發現一隻，但只驚鴻一瞥。主要以昆蟲為食，但也吃水果及漿果類的果實。叫聲嘹亮悠揚動聽，非繁殖季節較少鳴叫。

識別重點

雌雄異色。嘴粗寬淡粉紅色，眼暗紅色，腳黑色。
雄鳥全身大致為鮮黃色，過眼線粗黑環繞黑頭，翼羽內瓣黑色、外瓣黃色，尾羽黑色、外側黃色。
雌鳥大致似雄鳥，體偏黃綠色，過眼線較細。

眼暗紅色

嘴粗寬淡粉紅色

黑過眼帶環繞頭枕
雌鳥較雄鳥細

體偏黃綠色

雌鳥

出現月份 3-5,9-11月　食物

金門賞鳥指南 | 195

卷尾科（全世界23種，台灣3種，金門3種）

大ㄉㄚˋ 卷ㄐㄩㄢˇ 尾ㄨㄟˇ
da juan wei

Black Drongo
Dicrurus macrocercus
稀有留鳥、普遍夏候鳥

體長 29cm

俗稱【烏秋、黑卷尾】

廣泛分布於東亞及南亞地區。常單獨活動，喜歡停在視野良好、空曠的地方，像農耕地、公園綠地邊的樹木上，伺機獵捕空中飛行的昆蟲，也時常跟隨牛隻活動，藉以捕捉被驚飛的昆蟲。築巢於高大樹上或電線上，巢呈深碗狀。繁殖季時性情較為兇猛，會攻擊經過巢附近的任何動物，包括人類。叫聲為響亮的「咖、咖」。

辨別重點

雌雄同色。嘴、腳黑色，嘴邊有剛毛，眼暗褐色。全身有金屬光澤的黑色，尾羽長微翹呈魚尾狀。

相似種

髮冠卷尾：全身黑色，額頭有數根絲狀毛髮，尾端向上翻捲。
見 P.197

· 大卷尾的巢通常都築在高大的樹枝分叉處，圖中右邊是親鳥正在巢邊看護雛鳥。

— 眼暗褐色

— 全身黑色有金屬光澤

尾羽長微上翹
魚尾狀

出現月份 3-10月　食物

卷尾科

灰 卷 尾
hui juan wei

Ashy Drongo
Dicrurus leucophaeus

稀有過境鳥

體長 24cm

繁殖地在中國的華北、華南及南亞等地,冬季會有部份遷移到印度度冬。金門地區曾在南山林道發現牠們。較常出現在樹林邊緣上層,和大卷尾一樣會在空中追逐飛蟲。

識別重點

雌雄同色。嘴、腳黑色,嘴邊有剛毛,眼紅色。全身灰色,臉頰白色,飛羽及尾羽暗灰色,尾羽長微上翹。

眼紅色

臉頰白色

全身灰色

尾羽暗灰色、長微上翹

出現月份 3-5,9-11月 **食物**

卷尾科

髮 冠 卷 尾
fa guan juan wei

Hair-crested Drongo
Dicrurus hottentottus

稀有過境鳥

體長 32cm

繁殖地在中國的華北、華南及南亞等地,華南的族群冬季會有遷移的現象。太武山區有數次發現紀錄。

識別重點

雌雄同色。嘴、眼、腳黑色,嘴邊有剛毛。全身金屬光澤的黑色,額頭有數根不明顯的絲狀髮絲,尾羽長、尾端翻捲上翹。

相似種

大卷尾:全身有金屬光澤的黑色,尾羽長呈魚尾狀,見 P.196。

額 有數根絲狀毛髮

全身金屬光澤的黑色

尾羽長、尾端向上翻捲

出現月份 3-5,9-11月 **食物**

王鷂科 （全世界98種，台灣3種，金門3種）

黑ㄏㄟ 枕ㄓㄣ 王ㄨㄤ 鷂ㄨㄥ
hei zhen wang weng

Black-naped Monarch
Hypothymis azurea
迷鳥

雄鳥
許晉榮 / 攝

體長 15cm

俗稱【黑枕藍鷂】

分布於台灣、中國大陸南方、中南半島、菲律賓及非洲。在台灣為特有亞種，金門紀錄不詳。喜歡在稀疏的樹林內活動，性好動，常單獨穿梭在樹葉枝椏間尋找昆蟲為食。叫聲為連續嘹亮的「飛-飛-飛-」聲。

辨別重點

雌雄異色。嘴、眼、腳黑色，嘴緣有剛毛。雄鳥頭、背及上腹部大致為藍色，後頭頂有一塊黑色斑，胸部有黑色橫紋，腹部白色。雌鳥頭胸部淡藍色，背部褐色，翼帶藍色，腹灰白色。

出現月份 迷 食物

後頭頂有黑色斑塊

嘴黑色

頭、背及上腹藍色

胸黑色橫紋

腹部白色

鴉科 （全世界117種，台灣9種，金門7種）

灰ㄏㄨㄟ 樹ㄕㄨ 鵲ㄑㄩㄝ
hui shu que

Grey Treepie
Dendrocitta formosae
迷鳥

體長 34cm

俗稱【樹鵲】

分布於東亞及東南亞。金門紀錄不詳，在台灣牠們分布於1,500公尺以下的山區，有時平地的樹林區也可發現牠們。嘴粗厚有力，雜食性，各類漿果、水果、昆蟲及兩棲爬蟲等都是牠們喜歡的食物。習性吵雜，常成小群在森林上層活動，喜歡邊飛邊叫，叫聲為響亮粗啞的「嘎-阿-嘎-阿-嘎-阿-」。

辨別重點

雌雄同色。嘴、腳黑色，眼暗紅色。額、臉、喉部及翼黑色，飛羽有白斑，後頭灰色，背、胸棕褐色，下腹、腰到尾前端灰白色，尾後端黑色，尾下覆羽紅褐色。

出現月份 迷 食物

嘴粗黑色

體背及胸紅褐色

飛羽黑色有白斑

尾下覆羽紅褐色

鴉科

巨嘴鴉

ㄐㄩˋ ㄗㄨㄟˇ ㄧㄚ
ju   zui   ya

Large-billed Crow / Jungle Crow
Corvus macrorhynchos
迷鳥

體長 53cm

分部於東亞、東南亞地區。金門的紀錄不詳，應是迷鳥，對岸福建廈門目前也沒有發現的紀錄。台灣本島分布在低海拔至高海拔的山區，冬季棲息於海拔高的個體會向海拔較低的地方做垂直降遷。在中國民間的習俗認為烏鴉是不吉祥的鳥類，但在日本，日本人則認為牠們是吉祥的鳥類。屬雜食性，叫聲為粗啞的「啊、啊」。

識別重點

雌雄同色。嘴粗大厚實、上嘴較圓突，鼻覆長剛毛，眼黑色，腳黑色。全身是有金屬光澤的黑色。

相似種

禿鼻鴉：嘴較尖細、嘴基淡褐色，見 P.204。

腳黑色

許晉榮 / 攝

嘴粗大厚實
上嘴圓突

全身黑色有
金屬光澤

出現月份 迷 食物

保育 鴉科

喜 (ㄒㄧˇ) 鵲 (ㄑㄩㄝˋ)
xi   que

Common Magpie
Pica pica
普遍留鳥

體長 45cm

廣泛分布於歐、亞、非洲及北美洲。金門的留鳥，全島可見，對環境的適應能力很好，尤其是人類的生活環境。台灣原本無喜鵲的分布，根據古籍記載清朝時為官員購自中國大陸，因放生而在外孳生。來者是客，所以台灣話以「客鳥」稱之。金門因臨近中國大陸，應為原生種。

雜食性，食物包括水果、穀類、昆蟲、兩棲類、鼠類等，也常在畜牧場活動進食酒糟。常發出粗啞響亮的「咖、咖」聲，性活躍叫聲吵雜，成小群活動，冬季有成大群群聚活動的習性。繁殖季為3～9月，喜以樹枝在高大的樹上架構巢穴，巢的形狀似一團球，會經年使用同一個巢，每年於舊巢上增加新的巢材，所以巢會越築越高大。目前也發現利用鐵塔或基地台等人工建築物做為築巢位置。

識別重點
雌雄同色。嘴、眼、腳、頭、背、胸部黑色，肩羽、腹部白色，翅膀、尾羽金屬光澤的暗藍綠色，尾羽甚長呈楔尾。

· 喜鵲的巢以小樹枝在樹上架構而成，會經年使用同一個巢，每年增加新巢材，巢越築越高。

翅與尾羽暗藍綠色

全身黑白色塊相間

出現月份 全年 食物 🐁 🦎

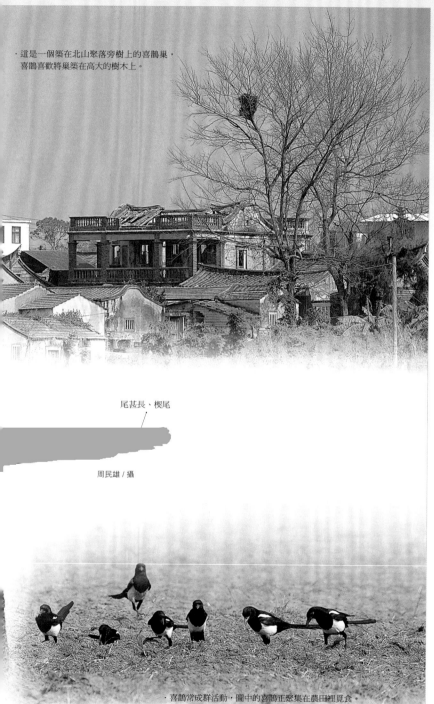

· 這是一個築在北山聚落旁樹上的喜鵲巢，
  喜鵲喜歡將巢築在高大的樹木上。

尾甚長、楔尾

周民雄 / 攝

· 喜鵲常成群活動，圖中的喜鵲正聚集在農田裡覓食。

鴉科

玉ㄩˋ 頸ㄐㄧㄥˇ 鴉ㄧㄚ
yu jing ya

Collared Crow
Corvus pectoralis
不普遍留鳥

體長 48cm

分布於東亞地區。金門地區為留鳥，全島可見。性機警，覓食時常會抬頭觀望四周，不容易接近。喜歡在空曠的農田、草生地或潮間帶活動，浯江溪口、慈堤海岸、沙崗農場，還有小金門的貴山海岸常見牠們的蹤跡。雜食性，食物包括穀類、昆蟲、兩棲類、鼠類、魚類等，也常吃腐爛的動物屍體。喜成小群活動，會搶奪其他鳥類的食物，常看到牠騷擾正在進食的魚鷹等。黃昏時有聚集成群的習性，曾在慈堤看過上百隻的紀錄。

· 玉頸鴉飛行時白色頸圈明顯

辨別重點

雌雄同色。嘴粗厚黑色，眼、腳黑色，鼻覆蓋長剛毛。全身大致為金屬光澤的黑色，胸與後頸白色連成白圈。

出現月份 全年　食物

· 玉頸鴉常會在黃昏時聚集成群。

嘴粗厚黑色

全身金屬光澤
的黑色

胸與後頸白色
連成白圈

鴉科

禿_{ㄊㄨ}鼻_{ㄅㄧ}鴉_{ㄧㄚ}
tu bi ya

Rook
Corvus frugilegus
迷鳥

體長 45cm

繁殖地在歐亞大陸的北部，冬季遷移到日本、韓國及華南一帶度冬。金門地區為迷鳥，紀錄不詳。福建廈門目前無觀察紀錄，台灣本島為迷鳥，金門曾在北部的萬里海岸有一次驚鴻一瞥的觀察紀錄。

辨別重點
雌雄同色。嘴尖直黑色、嘴基淡褐色，眼、腳黑色。全身是金屬光澤的黑色。

相似種
巨嘴鴉，全身黑色，嘴形粗大厚實。見 P.199。

出現月份 迷 食物

林勝惠 / 攝

嘴尖直黑色
嘴基淡褐色

全身黑色

攀雀科 （全世界13種，台灣1種，金門1種）

攀_{ㄆㄢ}雀_{ㄑㄩㄝ}
pan que

Penduline Tit
Remiz pendulinus
稀有冬候鳥

體長 11cm

繁殖地是西伯利亞及中國大陸北部，冬季會遷移至日本、韓國及中國大陸的長江流域一帶度冬。金門是不穩定出現的冬候鳥，雙鯉湖及慈湖東邊的蘆葦濕地是金門地區最有機會看到牠們的地方。喜歡成小群在蘆葦沼澤地活動，在蘆葦枝上或將蘆葦枝剝開尋找昆蟲為食，有時也會吃蘆葦的種子。叫聲為短絀尖細的「吱吱」聲。

辨別重點
雌雄異色。嘴細小而尖、淡褐色，眼黑色，腳黑色。
雄鳥頭頂灰色，白色眉線，黑色過眼線，背紅棕色雜有黑色細紋，腹面為淡黃褐色，翼及尾羽黑褐色。尾端呈淺凹。
雌鳥背面大致為褐色，褐色過眼線。

出現月份 10-4月 食物

嘴淡色
細小而尖

褐色過眼帶

體褐色

雌鳥
陳永福 / 攝

燕科 （全世界90種，台灣7種，金門5種）

棕（ㄗㄨㄥ）沙（ㄕㄚ）燕（ㄧㄢ）
zong sha yan

Plain Martin
Riparia paludicola
不普遍過境鳥

體長 18cm

俗稱【燕仔、褐喉沙燕】

繁殖地在台灣、中國南方、印度及非洲。成小群在池塘、湖泊、沼澤濕地活動，喜歡貼近水面飛行以覓食蚊、蠅及蜉蝣等小飛蟲，常邊飛邊發出輕柔的單音「吱」。在台灣牠們喜好成群在沙質或較鬆軟的河川堤岸、魚池堤岸挖洞築巢。

 識別重點
雌雄同色。全身大致淡灰褐色，喉頸腹部顏色較白，頭及雙翼、尾羽黑褐色，尾呈淺叉尾狀。

相似種
灰沙燕：體型稍大，胸前T字紋，見下圖。

出現月份 3-5,9-11月 食物

全身淡灰褐色

喉腹顏色較白

雙翼尾羽黑褐色

淺叉尾

燕科

灰（ㄏㄨㄟ）沙（ㄕㄚ）燕（ㄧㄢ）
hui sha yan

Martin/Bank Swallow
Collared Sand Riparia riparia
迷鳥

體長 13cm

俗稱【燕仔、沙燕】

繁殖地在歐亞大陸及北美洲，冬季遷移到非洲、中國東南局部地區、南洋群島及南美洲度冬。成小群或混群於棕沙燕群中，在池塘、湖泊、沼澤濕地活動，喜歡貼近水面飛行以覓食蚊、蠅及蜉蝣等小飛蟲。

 識別重點
雌雄同色。背面灰褐色，腹面白色，胸有一似灰褐色T字紋，尾呈淺叉尾狀。

相似種
棕沙燕：體型稍小，體色較淡，見上圖。

出現月份 3-5,9-11月 食物

全身灰褐色

淺叉尾

燕科

家ㄐㄧㄚˋ 燕ㄧㄢˋ
jia yan

Barn Swallow
Hirundo rustica
普遍夏候鳥、過境鳥

體長 17cm

俗稱【 燕仔 】

繁殖地廣泛於北美洲及歐亞大陸，冬季遷移到南美亞洲南部及非洲度冬。在金門是夏候鳥與過境鳥，金門人有句閩南語「來不赴清明、回不過七月半」的俗話來形容家燕的遷移狀態。牠們嘴短小扁而寬，適合在空中飛行時捕抓空中的小飛蟲為食，例如蚊子等。在3、4月飛抵金門時，會聚集在郊野的農田或水池上空的電線上棲息數天，然後才分散到聚落及城鎮裡，尋找繁殖的場所。求偶期歌聲嘹亮婉轉多變化，可能是路燈燈光的影響，有時半夜仍可聽到叫聲。巢呈半碗狀，以濕泥土及細草枝築於房屋騎樓牆壁上，一年可繁殖1～2次。繁殖期間因巢築在住家的騎樓下，並不怕人，但遇到有貓接近巢的位置時會持續發出「唧」的警戒聲，而附近的家燕都會聚集過來在貓附近飛繞，直到貓離開後才會散去。秋天時，繁殖季結束再又聚集飛往南方。

識別重點

雌雄同色。背面藍黑色有金屬光澤，額、喉部栗紅色，胸有黑色橫帶，腹部白色，尾呈深叉尾狀，尾羽張開時有一排白色斑紋。

相似種

洋燕：體型較小，尾叉淺，見 P.208。

·尾羽有排白斑。

額及喉部栗紅色

體背藍黑

胸前有黑色橫帶

白腹

出現月份 4-10月　食物

· 家燕經常利用洋樓騎樓的牆壁來築巢。

· 家燕一巢生4～8個蛋，這巢的五隻
幼鳥順利長成，已將離巢。

· 家燕會以濕黏的泥土為築巢的材料。

深叉尾

燕科

赤ㄔˋ 腰ㄧㄠ 燕ㄧㄢˋ

chi yao yan

Striated Swallow

Cecropis striolata
稀有過境鳥

體長 19cm

俗稱【燕仔、斑腰燕】

分布於台灣、中國大陸南方、中南半島及南洋群島。金門地區是過境鳥，過境期會出現在田野的上空飛行捕捉蚊、蠅及蜉蝣等小飛蟲為食，然後就近停棲在電線上休息。

識別重點

雌雄同色。背面黑色，耳羽、腰栗紅色，腹部白色有褐色細縱紋，尾呈深叉尾狀。

耳羽及腰部栗紅色
體背黑色
腹佈滿細縱紋
深叉尾

出現月份 3-5,9-11月 食物

燕科

洋ㄧㄤˊ 燕ㄧㄢˋ

yang yan

Pacific Swallow
Hirundo tahitica
不普遍過境鳥

體長 13cm

俗稱【燕仔、洋斑燕】

分布於台灣、中南半島、印度及南洋群島。常單獨或小群的在空曠平坦的地方活動，例如沼澤地、矮灌木叢、草地等。比較喜歡低空或貼近地面飛行，捕抓空中飛著的小飛蟲為食，例如蚊蚋等。叫聲為較輕柔的「唧伊」聲。

識別重點

雌雄同色。背面黑色，額、喉部栗紅色，腹部淡黃褐色，尾呈淺叉尾狀，尾下覆羽白色有黑斑。

相似種

家燕：體型較大，尾呈深叉，見 P.206。

額及喉部栗紅色
胸前無黑色橫帶
體背黑色
腹淡黃褐色
淺叉尾

出現月份 3-5,9-11月 食物

百靈科 （全世界91種，台灣4種，金門2種）

小ㄒㄧㄠˇ 雲ㄩㄣˊ 雀ㄑㄩㄝˋ
xiao yun que

Oriental Skylark
Alauda gulgula
普遍留鳥

體長 15cm

俗稱【半天鳥】

分布於亞洲大陸南部。會在空中原地鼓翼並一邊叫著悅耳的聲音，所以被稱為「半天鳥」。喜歡在草地活動，金沙水庫、沙崗農場等地春天只要天氣晴朗的日子，很容易可以聽到牠們嘹亮婉轉的歌聲。在地面上覓食築巢，以昆蟲或草籽為食。

識別重點
雌雄同色。嘴褐色、下嘴紅色，眼黑色，腳紅色，腳後趾長，尾羽外側白色。全身大致為褐色，頭上有細黑縱紋，後頭有短冠羽不明顯，淡黃白眉線，耳栗褐色邊緣較白，背部羽軸黑褐色、羽緣淡黃褐色。腹面顏色較淡黃，胸部有黑色縱紋。

相似種
歐亞雲雀：全身黃褐色，背部斑紋較淡，見P.210。
大花鷚，體背黃褐色黑色羽軸、黃褐色羽緣，無翼帶，乳黃色眉線，見 P.256。

· 喜歡在草地活動。

頭有細黑縱紋及短冠羽
淡黃白眉線
耳栗褐色邊緣白色
背部羽軸黑褐色
羽緣淡黃褐色

出現月份 全年　食物

百靈科

歐 ㄡ 亞 ㄧㄚ 雲 ㄩㄣ 雀 ㄑㄩㄝ
ou   ya   yun   que

Eurasian Skylark
Alauda arvensis
稀有過境鳥

體長 17cm

俗稱【雲雀】

分布於歐亞大陸。習性似小雲雀，過境季節在開闊的農耕地、短草地較有機會看見牠們。在地面覓食，食物為昆蟲及草籽。

識別重點

雌雄同色。體型稍大，極似小雲雀，色彩為黃褐色較無斑紋。

相似種

小雲雀：背部羽軸黑褐色、羽緣淡黃褐色，見 P.209。

出現月份 3-5,9-11月　食物 🦗

全身黃褐色
背部斑紋較淡

扇尾鶯科（全世界111種，台灣5種，金門2種）

棕 ㄗㄨㄥ 扇 ㄕㄢ 尾 ㄨㄟ 鶯 ㄧㄥ
zong   shan   wei   ying

Zitting Cisticola
Cisticola juncidis
不普遍過境鳥

體長 10cm

俗稱【錦鴝】

分布於東南亞、南亞及非洲，華南族群冬季有遷移的現象。棲息於沼澤、灌草叢或農耕地，常單獨活動，喜歡隱身在草叢內覓食，所以很難看到牠，不過有時會停在草叢頂端張望。叫聲為連續的「妻叉、妻叉----」，非繁殖季節甚少鳴叫。

識別重點

雌雄同色。嘴、腳肉色，背部大致為紅棕色有黑色縱斑，腰栗褐色，白色眉線，腹面淡褐色、腹央較白，尾羽張開呈扇形、末端灰色。尾羽冬季比夏季長。

白色眉線

體背紅棕色
黑縱紋

嘴及腳肉色

尾羽長
末端灰色

出現月份 3-5,9-11月　食物 🦗

扇尾鶯科

灰ㄏㄨㄟ 頭ㄊㄡˊ 鷦ㄐㄧㄠ 鶯ㄧㄥ

hui tou jiao ying

Yellow-bellied Prinia
Prinia flaviventris
普遍留鳥

眼前短白眉線

體長 14cm

俗稱【布袋鳥、芒噹丟阿】

普遍分布於東南亞。棲息的環境和褐頭鷦鶯重疊，但偏好較為隱密的灌叢。以小昆蟲為食。繁殖季常停在灌叢高處鳴叫，叫聲類似「唭嚓、唭嚓」聲，移動跳飛時，振翅會發出「噗、噗」聲。平時則發出似貓叫的「喵-」聲。

築巢於灌叢中，以枯細樹葉及蜘蛛絲編織形狀如袋狀巢，因此也被稱為「布袋鳥」。巢的開口在側邊，雌雄鳥會共同輪流孵蛋及育雛。

識別重點

雌雄同色。嘴黑色，眼黃褐色，腳肉色。頭頂暗灰色，眼前有短白眉線，背部黃褐色，喉部較白，腹面淡黃色，尾羽甚長散狀。

相似種

褐頭鷦鶯：體背褐色，臉淡黃色，見 P.212。

尾羽長呈散狀

頭部暗灰色
體背黃褐色
眼黃褐色
嘴黑色

出現月份 全年 食物

扇尾鶯科

褲〔ㄏ〕頭〔ㄊ〕鷦〔ㄐ〕鶯〔一〕
he　tou　jiao　ying

Plain Prinia
Prinia inornata
普遍留鳥

體長 15cm

俗稱【布袋鳥、芒噹丟阿】

分布於亞洲南部及非洲。全島灌草叢、沼澤地或農耕地的環境都能發現牠們，常成小群活動，似有固定的活動範圍，以小昆蟲為食。

繁殖季振翅時會發出「噗、噗」的聲音。喜歡在芒草上築巢，將芒草撕成細長絲狀，編織成一個似橢圓形的袋狀巢，因此被稱為「布袋鳥」。巢的開口在側邊，雌雄鳥共同輪流孵蛋及育雛。

識別重點

雌雄同色。嘴細小黑色，眼黃褐色，腳肉色。體背面大致為褐色，臉淡黃色，腹面淡黃褐色，尾羽長散生。

相似種

灰頭鷦鶯：體背黃褐色，頭部暗灰色，眼前短白眉線，見 P.211。

臉淡黃色
體背褐色

眼黃褐色
嘴黑色
尾羽長

出現月份 全年　食物 🦗

鵯科（全世界130種，台灣6種，金門3種）

白頭翁
ㄅㄞˊ ㄊㄡˊ ㄨㄥ
bai tou weng

Light-vented Bulbul
Pycnonotus sinensis
普遍留鳥

體長 18cm

俗稱【白頭鵯】

廣泛分布於華中、華東及台灣西部。金門為留鳥，全島只要有植物的地方幾乎就可看見牠們。本種和台灣亞種稍有差異，體型稍大，腹部黃色縱紋較為明顯。雜食性，昆蟲、植物嫩芽嫩葉、花蜜、漿果、木瓜等都是牠們喜愛的食物。冬天會成群聚集，少則數十隻，多則上百隻不等。性聒噪，叫聲多變化，但主要為嘹亮似「巧克力－巧克力」的聲音。

繁殖季為4～8月，巢為碗狀，以五節芒花、木麻黃葉、枯葉或人工的棉線、塑膠袋等為巢材編織而成。蛋孵化期約15天，雙親輪流孵蛋及育雛，一年可繁殖二次。

識別重點

雌雄同色。嘴、眼、腳黑色。
頭黑色，頭後至枕有一大白斑塊，耳羽及喉部白色，背部及尾羽灰褐色，雙翼翼緣來雜黃綠色，胸淡褐色，腹部灰白色有不明顯的淡黃色縱紋。

· 巢材多有人工物質。

頭黑色
嘴黑色
頭後大白斑塊
體背灰
翼黃綠色
腹部黃色縱紋

成鳥

頭後尚無白斑

亞成鳥

出現月份 全年　食物 🦗 🍒

鵯科

栗背短腳鵯
li bei duan jiao bei

Chestnut Bulbul
Hypsipetes castanonotus
稀有過境鳥

體長 21cm

分布於中國南方到越南，部份地區冬季有遷移現象。喜歡在濃密的林區活動，太武山春過境季節曾多次發現，習性和白頭翁極為類似，常成群活動，性吵雜。

識別重點

雌雄同色。嘴褐色，眼黑色，腳短黃褐色。頭及背部栗色、頭上較黑，翼及尾羽褐色，喉白色，胸腹部灰白色。

喉白色
體背栗色
雙翼及尾羽褐色
頭栗色
何志剛 / 攝

出現月份 3-5月　食物

鵯科

紅嘴黑鵯
hong zui hei bei

Black Bulbul
Hypsipetes leucocephalus
迷鳥

體長 24cm

俗稱【黑鵯】

分布於台灣、華南及中南半島北部。金門紀錄極少，偏好成群在樹林活動，習性吵雜，叫聲為「吱吱喳喳」的吵雜聲，單獨時偶而發出似貓叫的「喵一喵一」聲。雜食性，昆蟲、花蜜、漿果、木瓜等都是牠們的食物。

識別重點

雌雄同色。嘴、腳紅色，眼黑色，全身大致為黑色，飛羽翼邊有灰邊。

全身黑色
飛羽翼緣灰色
嘴、腳紅色

出現月份 迷　食物

鶯科（全世界281種，台灣24種，金門16種）

短翅樹鶯
ㄉㄨㄢˇ ㄔˋ ㄕㄨˋ ㄧㄥ
duan　chi　shu　ying

Japanese Bush Warbler
Cettia diphone
稀有冬候鳥、過境鳥

體長 14〜16cm

俗稱【報春鳥、日本樹鶯】

繁殖地在千島群島、日本有北韓、中國東北、江蘇省及安徽省局部地區，冬季遷移到台灣及中國東南局部地區度冬。喜歡在樹林草叢間、沼澤地或庭園的樹上穿梭尋找小蟲為食。聲音婉轉悅耳，春天一到便可聽到牠似「pe-chew」的哨音，因而被稱為「報春鳥」，但常只聞聲音不見鳥。

體背褐色
淡黃色眉線
黑褐色過眼線
腳粉紅色

辨別重點

雌雄同色。樹鶯體型較柳鶯圓胖。嘴暗褐色，眼黑色，腳粉紅色。背面大致為褐色，淡黃色眉線，黑褐色過眼線，腹面淡褐色，尾羽稍長。

相似種

東方大葦鶯，體型較大，全身橄欖褐色，喉較白，腳灰黑色，見下圖。
褐色柳鶯，全身深褐色，嘴黃褐色上嘴黑色。
見 P.216。

出現月份 9-4月　食物 🦗

鶯科

東方大葦鶯
ㄉㄨㄥ ㄈㄤ ㄉㄚˋ ㄨㄟˇ ㄧㄥ
dong　fang　da　wei　ying

Oriental Reed Warbler
Acrocephalus orientalis
普遍冬候鳥

體長 17cm

俗稱【大葦鶯】

繁殖地由亞洲東北部的庫頁島以南到浙江、以西到青海一帶，冬季遷移到華南局部地區、台灣、中南半島及南洋群島度冬。喜好隱身於蘆葦沼澤內，所以不容易見到牠們的蹤跡，但因體型較大，當牠在蘆葦叢中移動時會造成蘆葦搖動，而透露出牠的行蹤。陵水湖、慈湖東岸魚塭區較常出現。領域性強，常以叫聲來宣示領域。大都單獨活動覓食，以小昆蟲、飛蟲為食。

淡黃色眉線
黑褐色過眼線
全身橄欖褐色
喉較白
胸腹淡褐色

辨別重點

雌雄同色。嘴暗褐色，眼黑色，腳灰黑色。全身大致為橄欖褐色，淡黃色眉線，黑褐色過眼線，胸腹部淡褐色，喉部較白。

相似種

褐色柳鶯：全身深褐色，嘴黃褐色上嘴黑色，見 P.216。
短翅樹鶯，體背褐色，腳粉紅，見上圖。

出現月份 9-4月　食物 🦗

鶯科

褐ㄏㄜˋ 色ㄙㄜˋ 柳ㄌㄧㄡˇ 鶯ㄧㄥ
he shui liu ying

Dusky Warbler
Phylloscopus fuscatus
普遍冬候鳥

體長 12cm

俗稱【褐柳鶯】

繁殖地在西伯利亞、華北及華中,冬季遷移到中國南方、中南半島及印度北部一帶度冬。全島樹灌草叢、庭園、菜園、農田及沼澤地帶皆有機會發現。習性好動,不停的穿梭灌木草叢間尋找小昆蟲為食,不容易觀察。發出連續短絀的「剎、剎」聲。

全身深褐色
淡黃色長眉線
黑褐色過眼線
胸腹顏色淡
嘴黃褐色
上嘴黑色

識別重點

雌雄同色。嘴細小黃褐色上嘴黑色,眼黑色,腳黃褐色。全身大致為深褐色,腹面較淡,淡黃色長眉線,黑褐色過眼線。

相似種

東方大葦鶯:全身橄欖褐色,喉較白,見 P.215。
短翅樹鶯,體背褐色,腳粉紅色,見 P.215。

出現月份 9-4月 食物

鶯科

黃ㄏㄨㄤˊ 眉ㄇㄟˊ 柳ㄌㄧㄡˇ 鶯ㄧㄥ
huang yao liu ying

Pallas's Warbler
Phylloscopus proregulus
稀有冬侯鳥

體長 11cm

繁殖地在西伯利亞,冬季遷移到中南半島度冬。樹棲型鳥類,喜在樹林活動,全島樹灌叢皆有機會發現。身形嬌小,好動,穿梭樹葉枝椏間尋找小昆蟲為食,常因樹葉枝椏擋住視線所以不易觀察。覓食時偶而會發出尖細的「唧一」聲。

黃色長眉線
黑褐色過眼線
體上黃橄欖綠色
兩道黃色翼帶

識別重點

雌雄同色。嘴細小黃褐色,眼黑色,腳黃褐色。頭、背及尾部大致為黃橄欖綠色,黃色長眉線、黑褐色過眼線,大、中覆羽末端黃色呈二道翼帶,腹面淡黃褐色。

相似種

極北柳鶯:體上橄欖綠色,淡黃色長眉線,嘴暗褐色,腳粉紅色,見 P.217。

出現月份 9-4月 食物

鶯科

極 ㄐㄧ 北 ㄅㄟ 柳 ㄌㄧㄡ 鶯 ㄧㄥ
ji　bei　liu　ying

體長 12cm

繁殖地在西伯利亞及中國東北局部地區，冬天遷移到東南亞一帶度冬。樹棲型鳥種，喜在樹林活動，全島樹灌叢皆有機會發現。身形嬌小好動，穿梭樹葉枝椏間尋找小昆蟲為食，有時也會拍翅鼓翼啄食葉子上的蟲子，常因樹葉枝椏擋住觀察視線所以不易細看。會發出短促又輕細的「茲、茲」聲。

識別重點

雌雄同色。嘴細小暗褐色，眼黑色，腳粉紅色。體背面大致為橄欖綠色，淡黃色眉線，大、中覆羽末端淡黃色形成翼帶，腹面淡黃褐色。

出現月份 9-4月　食物

Arctic Warbler
Phylloscopus borealis
稀有冬候鳥、過境鳥

淡黃色長眉線
體上橄欖綠色
兩道黃色翼帶
腳粉紅色

相似種

黃眉柳鶯，體上黃橄欖綠色，黃色長眉線，嘴黃褐色，見 P.216。

畫眉科 （全世界263種，台灣16種，金門1種）

大 ㄉㄚ 陸 ㄌㄨ 畫 ㄏㄨㄚ 眉 ㄇㄟ
da　lu　hua　mei

體長 22cm

俗稱【畫眉、花眉】

分布於中國華中及東南部一帶、海南島及印度北部，分布於台灣的為另一亞種，於2006年列為台灣特有種。噪眉屬不善飛行，喜歡在樹叢下層活動，尋找地表層的昆蟲或毛蟲為食。領域性強，常以歌聲來宣示領域。歌聲嘹亮悅耳又多變化，因而常被人捕捉飼養。在野外，常只聞聲音不見鳥，太武山區較易聽到。

識別重點

雌雄同色。全身大致為黃褐色，頭、背、胸及腹部有細褐色縱紋，尾部有橫紋。嘴黃褐色，眼暗褐色，腳黃色。
眼先黑色，眼周圍白眼圈，自眼後延伸一道白線到後頸，為最主要特徵。

出現月份 全年　食物

Melodious Laughing Thrush
Garrulax canorus
稀有留鳥

眼周白圈延伸到後頸
嘴黃褐色
全身黃褐色
體上佈細縱紋

繡眼科（全世界94種，台灣2種，金門1種）

綠繡眼
ㄌㄩˋ ㄒㄧㄡˋ ㄧㄢˇ
lu   xin   yan

Japanese White-eye
Zosterops japonicus
普遍留鳥

體長 10cm

分布於日本南部、韓國，華北、華南及海南島。金門為留鳥，全島有樹木的地方，幾乎都有機會看到牠們。喜歡成小群穿梭於樹木枝椏、花朵上覓食。雜食性，舉凡昆蟲、漿果、花蜜都是牠們喜愛的食物。平時叫聲為連續清脆的「唧伊－唧伊－」，有時也會在比較隱密的地方發出細細的低吟。繁殖季求偶期常會停棲在較高的枝椏上鳴叫，叫聲婉轉多變。

築巢於平行的枝椏上，巢為小碗狀，以蜘蛛絲、枯枝葉、苔蘚或人工的棉線等編織築成，極為結實，雌雄鳥共同孵蛋及餵養幼鳥，一年有二次繁殖。

·綠繡眼親鳥正在巢邊育雛。

辨別重點

雌雄同色。嘴細小黑色，眼暗橙色，腳黑色。眼先有一條黑橫紋，眼周圍白色，頭、背、雙翼、尾羽為黃綠色，喉及尾下覆羽鮮綠色，胸、腹部灰白色。

·綠繡眼正吃一棵成熟的霹荔果實。

眼周白圈·
眼先黑橫紋·
嘴黑色·
體上黃綠色
體下淡色
腳黑色

出現月份 全年 食物

椋鳥科 （全世界114種，台灣8種，金門9種）

紫_ア背_{ㄅㄟ}椋_{ㄌㄧㄤ}鳥_{ㄋㄧㄠ}
zi　bei　liang　niao

Chestnut-cheeked Starling
Sturnus philippensis
稀有過境鳥

體長 19cm

俗稱【小椋鳥】

繁殖地在庫頁島及日本北部，冬季會遷移到菲律賓群島及北婆羅洲一帶度冬。喜成小群活動，在比較開闊的樹叢間覓食，屬雜食性鳥類，以昆蟲、花蜜、漿果類果實及水果等為食。

頭淡黃白色
頰栗褐色斑
雄鳥
翅為金屬光澤的紫藍色有白斑
雌鳥

識別重點

雌雄異色。嘴、腳黑色。

雄鳥頭、頸、胸及腹部淡黃白色，背、尾羽黑色，翅為金屬光澤的紫藍色有白斑，腰部灰色，尾上覆羽淡橙色，胸側及脅暗灰色。

雌鳥腹面淡灰色，背、翅及尾羽黑褐色、翅有白斑，腰部褐色。

相似種

灰背椋鳥：全身灰色，眼淡藍白色，見 P.226。

出現月份 3-5,9-11月　食物 🐛 🍅 🦗

椋鳥科

家_{ㄐㄧㄚ}八_{ㄅㄚ}哥_{ㄍㄜ}
jia　ba　ge

Common Myna
Acridotheres tristis
籠中逸鳥

體長 25cm

本種原產於南洋、中亞及印度。金門紀錄不詳，應為籠中逸鳥。牠對環境的適應能力很強，習性與八哥類似。在台灣牠們已有和八哥雜交的現象，對原生八哥造成嚴重的威脅。常在地面闊步走動覓食，昆蟲、果實、花蜜、蛙類、蜥蜴都是牠們的食物。

頭部黑色
眼黑色
眼後皮膚裸露黃色
嘴黃色
全身黑褐色

識別重點

雌雄同色。嘴、腳黃色，眼黑色，眼後皮膚裸露黃色，全身黑褐色，頭部黑色，翼有白斑，尾羽末端白色。

相似種

八哥：上嘴基與額頭處有豎起的羽毛，見 P.220。

出現月份 迷　食物 🐛 🍅 🦗

椋鳥科

八哥
ㄅㄚ ㄍㄜ
ba ge

Crested Myna
Acridotheres cristatellus
普遍留鳥

體長 26cm

分布於東亞地區。金門為留鳥，全島到處可見，近年來數量有增加的現象。雜食性鳥類，舉凡昆蟲、水果、植物的嫩芽嫩葉、高粱酒糟都是牠們的食物，也常看到牠們在馬路上撿食被車輾壓過的動物屍體。冬天有成群活動的習性，夜棲於農試所、下埔下及南山林道一帶的樹林。在金門的田野裡，常可看見牠們和牛背鷺一樣跟隨在牛隻旁，當農田整地時會成群的跟隨在曳引機後面，覓食因翻動泥土而顯露的昆蟲。

繁殖季在3～9月，利用天然樹洞、人工建築物縫隙或翡翠科鳥類所挖的土洞為築巢場所，築巢的材料有枯木麻黃、枯樹葉也有人工的材料像棉線、塑膠袋等，築成一個似碗狀的巢。

識別重點
雌雄同色。嘴黃色、基部淡橘紅色，眼、腳橘黃色，全身黑色，上嘴基與額頭處有豎起的羽毛，飛行時翼有白色斑很醒目，尾羽末端白色，尾下覆羽有白色橫紋。

相似種
家八哥：全身黑褐色，眼後皮膚裸露黃色，見 P.219。

· 秋天高粱成熟的季節，八哥的繁殖季也結束了，高粱田裡常可看見成群活動。

出現月份 全年 食物

· 八哥總愛站在高粱桿頂端
低頭啄食。

· 成群的八哥聚集在剛翻耕的農田裡覓食，這是金門秋
收春耕前農田裡常見的景像。

· 八哥有成群活動、成群過夜的習性，圖中這群八哥正
準備在樹上過夜。

眼橘黃色

嘴黃色基部淡橘紅色
上嘴基與額頭處有豎
起的羽毛

全身黑色
翼有白斑

尾羽末端白色

椋鳥科

灰椋鳥
hui liang niao

White-cheeked Starling
Sturnus cineraceus
普遍冬候鳥

雌鳥

體長 24cm

繁殖地在蘇俄東部、中國東
北、日本及韓國，冬季部份族
群會遷移到東南亞度冬。金門
為冬候鳥，西半島較易發現，
黃昏時會在南山林道附近集結
過夜，有時數量超過2,000隻。
常成群活動，會和絲光椋鳥等
混群，耕作地及養牛場都是牠
們最喜歡的地方。屬雜食性，
在地上覓食昆蟲及植物嫩芽或
常到樹上覓食漿果類果實和水
果如木瓜。

灰椋鳥經常成群在養牛場的酒
糟堆上覓食，只見牠們會把酒
糟用嘴撥開，然後張大嘴貼近
酒糟，此動作用意不明。

嘴橘黃色
先端黑色

額頰喉白色
雜有黑羽

全身黑褐色

識別重點

雌雄異色。嘴橘黃色先端黑色，腳橘黃色。
雄鳥全身大致為黑褐色，額、頰、喉白色
雜有黑羽，胸到後頭黑色，腰及尾羽末端
白色。

出現月份 9-4月　食物

·成群在電線休息的灰椋鳥。

·冬天是金門鳥類最熱鬧的季節，常可見到一大群鳥一起活動的畫面，圖中這群鳥是以灰椋鳥為主，度冬的數量超過2,000隻。

·成群在水邊喝水。

椋鳥科

黑ㄏㄟ 領ㄌㄧㄥ 椋ㄌㄧㄤ 鳥ㄋㄧㄠ
hei ling liang niao

Black-collared Starling
Sturnus nigricollis
不普遍留鳥

體長 28cm

分布於東南亞。喜歡在聚落田野間的
樹林或農田活動。雜食性，常在地面
上覓食昆蟲，蚯蚓等，而樹上的水
果、漿果類果實也是他們喜歡的
食物，另外也會進食穀類如
酒糟。終年成對活動。
築巢於樹上，巢呈圓
壺狀開口在側邊。

歌聲響亮悅耳，雖
不像八哥一樣會學
人講話，但仍然常
遭人捕捉飼養。

觀別重點

雌雄同色。嘴黑色，腳淡
黃白色，眼黑色、周圍黃
色，頭、腹部白色，胸部
黑色環到後頸如領，背部
黑褐色雜有白色斑，尾羽
末端白色。

眼黑色周黃色

體背黑色雜白斑

胸頸黑色
環如領

頭腹白色

· 冬季成群覓食的黑領椋鳥。

出現月份 全年　食物

．黑領椋鳥終年成對活動。

．在樹上築巢，巢呈圓壺狀開口在側邊。

巢口

．黑領椋鳥為雜食性的鳥類，木瓜樹上成熟的
　木瓜，正是牠的最愛。

椋鳥科

灰 背 椋 鳥
hui　bei　liang　niao

White-shouldered Starling
Sturnus sinensis
稀有冬候鳥

體長 19cm

俗稱【噪林鳥】

主要繁殖地在中國的華南地區，冬季會到台灣及東南亞一帶度冬。1999年夏天在太湖附近發現一隻嘴上咬著蟲的灰背椋鳥，依行為判斷疑似有繁殖的舉動，但並沒有找到牠的巢。喜成小群活動，常在公園、聚落旁的樹叢間覓食，屬雜食性鳥類，以昆蟲、花蜜、漿果類果實及水果等為食。

辨別重點

雌雄異色。嘴、腳藍灰色，眼淡藍白色。
雄鳥全身大致為灰色，初、次級飛羽、尾羽黑色，覆羽及尾羽末端白色。
雌鳥類似雄鳥，但頭背部顏色較為褐色，覆羽白斑較小。

相似種

絲光椋鳥：頭胸喉部淡橙黃色，嘴紅色，見 P.227。
紫背椋鳥：頭部淡黃白色，頰有栗褐色斑，見 P.219。

眼淡藍白色

嘴灰藍色

全身灰色

雄鳥

飛羽及尾羽黑色
羽末端白色

出現月份 3-5,9-11月　食物

椋鳥科

絲 光 椋 鳥
si　guang　liang　niao

Red-billed Starling
Sturnus sericeus
普遍冬候鳥

體長 24cm

繁殖地在中國的華東華南一帶，主要為當地的留鳥，僅有少部分冬季有遷移的行為。喜歡成群活動，偶而也會發現單獨活動的個體，另外牠們也經常和灰椋鳥混群活動。喜歡在農耕地、養牛場、菜園或沼澤地帶活動覓食，沙崗農場及浯江溪口的紅樹林是牠們經常出現的地帶。

屬雜食性鳥類，在地上覓食昆蟲及植物嫩芽或也常到樹上覓食漿果類果實如榕果及木瓜，另外高粱酒糟也是牠們喜愛的食物。

識別重點

雌雄異色。嘴橘紅色尖端黑色，腳橘黃色，眼黑色。
雄鳥頭頸淡橙黃色，喉白色，背腹部紫黑色，翼及尾羽黑色，翼有白斑，腰灰色。
雌鳥翼及尾羽同雄鳥，頭、背、腹部黃褐色。

相似種

灰背椋鳥：全身灰色，眼淡藍白色，見 P.226。

頭背腹部黃褐色

雌鳥

頭頸淡橙黃色

嘴橘紅色
先端黑色

體背紫黑色

翼有白斑

雄鳥

出現月份 9-4月　食物

椋鳥科

歐ㄡ 洲ㄓㄡ 椋ㄌㄧㄤ 鳥ㄋㄧㄠ
ou zhou liang niao

European Starling
Sturnus vulgaris
迷鳥

體長 21cm

俗稱【歐洲八哥、紫翅椋鳥】

分布於亞洲西部、歐洲及非洲北部。
金門地區紀錄不詳，冬天時曾在沙崗
農場內的養牛場發現混群於灰椋鳥中
活動。在地面活動，覓食昆蟲或植物
果實等。

識別重點

雌雄同色。嘴黑色，腳橙褐色，全身大致為黑
色有紫色或綠色金屬光澤並均勻地雜有白色小
斑點。

嘴黑色

全身是金屬光澤的紫
黑綠色
統體佈滿白色小斑點

腳橙褐色

出現月份 9-4月 食物

鶇科 （全世界335種、台灣23種、金門19種）

虎ㄏㄨ 斑ㄅㄢ 地ㄉㄧ 鶇ㄉㄨㄥ
hu ban di dong

Scaly Thrush
Zoothera dauma
不普遍冬候鳥

體長 29cm

俗稱【虎鶇】

繁殖地在中國南部、中南半島北部、蘇
門答臘及爪哇，冬季遷移到中國東南、
台灣、中南半島及印度北部度冬。喜歡
在草地上尋找地表層生物為食，常見牠
們走走停停，有時還會把頭歪一邊，停
止不動，感覺牠是用聽覺在尋找獵物。
食物種類為蚯蚓、昆蟲等。本種很安靜
幾乎不叫，甚至於飛行時都很安靜。

識別重點

雌雄同色。嘴、眼黑色，腳黃褐色，眼周白色。
背面為黃褐色，腹面較白，全身密佈黑色鱗狀
斑，尾下覆羽白色。

眼周白色

全身黃褐色佈滿
黑色鱗狀斑

尾下覆羽白色

相似種：
白氏地鶇：體型略小，長像和虎斑地鶇極相似難
以辨別。

出現月份 9-4月 食物

鶇科

白 ㄅㄞˊ 眉 ㄇㄟˊ 鶇 ㄉㄨㄥ
bai mei dong

Eyebrowed Thrush
Turdus obscurus
不普遍冬候鳥

雄鳥
周民雄 / 攝

頭灰褐色
白眉線
黑過眼線
體背至尾橄欖褐色
胸脅橙色

體長 22cm

繁殖地在西伯利亞中部及堪察加半島局部地區，冬季遷移到東南亞一帶度冬。常在樹灌叢下覓食，以地表的昆蟲、蚯蚓及樹上的漿果類果實為食。飛行的時候會發出輕聲而尖細的單音「滋」聲。

識別重點

雌雄異色。嘴黃色尖端黑色，眼黑色、黑過眼線、白色長眉線、腮線及眼先下方有白色線，腳黃褐色。

雄鳥頭部灰褐色，背部至尾橄欖褐色，胸、脅部橙色，腹中央白色。

雌鳥似雄鳥，但頭部橄欖褐色，喉白色。

相似種

赤胸鶇：頭黑色色，胸脅橙色，見 P.232。

白腹鶇：全身茶褐色，頭黑褐色，腹顏色較白，眼周黃色，見下圖。

出現月份 9-4月　**食物**

鶇科

白 ㄅㄞˊ 腹 ㄈㄨˋ 鶇 ㄉㄨㄥ
bai fu tdong

Pale Thrush
Turdus pallidus
普遍冬候鳥

體長 23cm

繁殖地在西伯利亞東南部、中國東北局部地區及韓國，冬季遷移到日本、中國東南部度冬。習性和赤胸鶇極類似。棲息於空曠的農耕地、草地、灌木叢及樹林，喜歡在草地或樹灌叢下層覓食，以地表的昆蟲、蚯蚓及樹上的漿果類果實為食。飛行的時候會發出輕聲而尖細的單音「滋」聲，或類似用力甩薄墊板的聲音。

識別重點

雌雄異色。嘴黃色尖端黑色，眼黑色，眼周黃色，腳黃褐色。

雄鳥頭部黑褐色，全身大致為茶褐色，腹部顏色較白，二側尾羽末端白色。

雌鳥似雄鳥顏色較淡，頭部茶褐色，喉胸灰白色有縱紋。

相似種

赤胸鶇：頭茶褐色，胸脅橙色，見 P.232。

白眉鶇：頭灰褐色，黑過眼線，白眉線，見上圖。

全身大致為茶褐色
頭部黑褐色
白喉

雄鳥

出現月份 9-4月　**食物**

雄鳥

鶇科

黑ㄏㄟ 鶇ㄉㄨㄥ
hei dong

Eurasian Blackbird
Turdus merula
不普遍留鳥

體長 21cm

俗稱【烏鶇】

繁殖地在歐洲、中國的東南部、西南部及哈薩克東部局部地區，冬季局部地區有遷移現象。台灣為冬候鳥，金門地區為留鳥，數量有持續增加的現象。喜歡在草地上尋找覓食，馬路邊的草地，公園內的草地只要稍加留意就很有機會看到牠們，尤其是水頭、古崗到莒光樓一帶。雜食性，食物包括蚯蚓、小昆蟲、漿果類果實等。遇危險即迅速飛離，飛行速度又急又快，同時發出響亮急促的「嘎嘎嘎-」聲。

繁殖季為3～8月，巢為碗狀，外圍以枯草枝、枯葉築成，內層會以羽毛或棉線等做襯墊，巢築於樹叉上或建築物窗台上。雙親共同育雛。

冬季會成群聚集，曾發現最大一群數量將近百隻。

識別重點
雌雄異色。嘴黃色，眼、腳灰黑色，眼周黃色。
雄鳥全身黑色。
雌鳥全身黑褐色，嘴喙顏色較暗。

雌鳥

嘴喙較暗

全身黑褐

雌鳥

· 雌鳥正咬著成熟的桑椹果實準備回巢育雛。

出現月份 全年 食物

嘴黃色

眼周黃色

雄鳥

全身黑色

腳灰黑色

· 黑鶇在巢上餵牠的雛鳥，
  這個巢築在聚落裡的龍眼
  樹上，不注意的話很難發
  現它的存在。

· 黑鶇喜歡在水溝邊的草地上尋找像蚯蚓
  這類的軟體動物為食。

鶇科

赤 胸 鶇
chi xiong dong
ㄔˋ ㄒㄩㄥ ㄉㄨㄥ

Brown-headed Thrush
Turdus chrysolaus
普遍冬候鳥

體長 22cm

俗稱【赤腹鶇】

繁殖地在庫頁島、日本北部及千島群島，冬季遷移到日本南部、中國東南沿海一帶、台灣、海南島及菲律賓群島度冬。喜歡棲息於空曠的耕地、草地、灌木叢及樹林，常在草地或樹灌叢下覓食，以地表的昆蟲、蚯蚓及樹上的漿果類果實為食。飛行時會發出輕聲而尖細的單音「滋」聲，或類似用力甩薄墊板的聲音。

識別重點

雌雄異色。嘴黃色尖端黑色，眼黑色，腳黃褐色。

雄鳥頭部黑褐色，背部至尾羽橄欖褐色，胸、脅部橙色，腹中央白色。

雌鳥似雄鳥，但頭部橄欖褐色，喉淡褐色有縱紋。

相似種

白腹鶇：全身茶褐色，頭黑褐色，腹顏色較白，眼周黃色，見 P.229。

白眉鶇：頭灰褐色，黑過眼線，白眉線，見 P.229。

頭橄欖褐色

喉淡褐色有縱紋

雌鳥

頭黑褐色

雄鳥

體背至尾橄欖褐色

胸脅橙色腹中夾白色

腳黃褐色

出現月份 9-4月　食物

鶇科

斑(ㄅㄢ)點(ㄉㄧㄢˇ)鶇(ㄉㄨㄥ)
ban **dian** **dong**

Dusky Thrush
Turdus eunomus
普遍冬候鳥

體長 24cm

繁殖地在西伯利亞中部到東北部及勘察加半島，冬季遷移到日本、韓國、台灣及中國南部度冬。喜歡單獨或成小群在空曠的耕地或草地活動，以跳躍方式或行走方式前進覓食，常跳跳停停，挺身張望，以昆蟲為主食，有時也會覓食漿果類的果實。

紅尾鶇 Turdus naumanni 以往被認為是斑點鶇的一個亞種，目前被認定是一個種。腹斑點紅色。

辨別重點

雌雄同色。嘴黃色尖端黑色，眼黑色，腳黃褐色。體色多變化，常見色型為頭黑褐色，白色眉線，白色顎線彎曲到頸部，喉白色，背部到尾羽褐色，背佈黑色斑點，翼紅褐色，胸腹面白色、佈滿黑色斑點。

頭黑褐色
白眉線及顎線

體背至尾羽褐色
翼紅褐色

腹白色佈滿
黑色斑點

出現月份 9-4月　食物

鶇科

白 ㄅㄞˊ 斑 ㄅㄢ 紫 ㄗˇ 嘯 ㄒㄧㄠˋ 鶇 ㄉㄨㄥ

bai ban zi xiao dong

Blue Whistling-Thrush
Myiophoneus caeruleus
稀有留鳥、冬候鳥

體長 32cm

俗稱【紫嘯鶇】

廣泛分布於中國、中南半島、蘇門答臘、尼泊爾及中亞局部地區。台灣為迷鳥，金門地區數量非常稀少，可能為冬候鳥或是留鳥，曾多次在太武山區的水庫或東部海岸發現，於4月份繁殖季節最多同時看到二隻。喜歡在接近水域的地方活動，常在地面上覓食，以昆蟲、蚯蚓、兩棲類等為食。叫聲為長而尖銳響亮的「唧一」聲。

眼暗紅色
全身深藍色佈細小白色斑點

識別重點

雌雄同色。嘴、腳黑色，眼暗紅色。全身深藍色，密佈細小白色斑點。

出現月份 **全年** 食物

鶲科

銅 ㄊㄨㄥˊ 藍 ㄌㄢˊ 鶲 ㄨㄥ

tong lan weng

Asian Verditer Flycatcher
Eumyias thalassina
稀有過境鳥

體長 17cm

分布於中國南部、中南半島、東南亞及印度，冬季有少部份會遷移至中國東南部度冬。曾於金門北山聚落雙鯉湖旁的樹叢發現一隻。牠以飛蟲為食，喜歡停在空曠明顯的樹枝上等待飛蟲經過，常在捕捉飛蟲後，又飛回原來棲枝。

眼先灰黑色

雌鳥

全身淡色的藍綠色

腳黃褐色

識別重點

雌雄異色。嘴、眼黑色，腳黃褐色，體型較大。
雄鳥全身大致為藍綠色，眼先黑色。
雌鳥顏色較雄鳥淡，眼先灰黑色。

出現月份 **3-5,9-11月** 食物

鶲科 （全世界116種，台灣11種，金門10種）

紅ㄏㄨㄥˊ 喉ㄏㄡˊ 歌ㄍㄜ 鴝ㄑㄩˊ
hong hou ge qu

Siberian Rubythroat
Luscinia calliope
不普遍冬候鳥

體長 16cm

俗稱【紅點頦、野鴝】

繁殖地在西伯利亞東南、韓國、中國東北及東部，冬季遷移到台灣、中國東南、中南半島南洋群島度冬。喜歡單獨在濃密的灌叢底層活動，偶而出現在較為空曠的田野，雙腳跳躍前進，時常將尾羽翹起，以地表的小昆蟲為食。習性隱密不易發現，常只聽見聲音不見鳥，叫聲為嘹亮的單音「唧-」。

辨別重點

雌雄異色。嘴、眼黑色，腳暗褐色。
雄鳥背面大致為橄欖褐色，眉線、頸線白色，眼先黑色，喉鮮紅色，腹面淡褐色，腹中央較白。
雌鳥似雄鳥，喉部白色。

· 常在地表覓食。

白色眉線及顎線

喉鮮紅色

體背橄欖褐色

雄鳥

腳暗褐色

出現月份 9-4月　食物 🪱

鶲科

藍尾歌鴝
<ruby>藍<rt>ㄌㄢˊ</rt></ruby> <ruby>尾<rt>ㄨㄟˇ</rt></ruby> <ruby>歌<rt>ㄍㄜ</rt></ruby> <ruby>鴝<rt>ㄑㄩˊ</rt></ruby>

lan　　wei　　ge　　qu

Orange-flanked Bush Robin
Luscinia cyanura
不普遍冬候鳥

雌鳥

體長 14cm

俗稱【紅脇藍尾鴝、藍尾鴝】

繁殖地在西伯利亞中部到中國東北、日本及華中一帶，冬季遷移到華南到中南半島一帶度冬。喜歡單獨在樹灌叢底層活動，停棲的時候會不時的上下擺尾，常靜靜地等待獵物出現，不易發現。以小昆蟲為食。度冬時甚少聽到叫聲。

識別重點

雌雄異色。嘴尖細黑色、眼圓大黑色，腳黃褐色。
雄鳥體背、尾羽、臉部藍色，有粗短白眉線，喉腹白色，脅部橙色。
雌鳥背面褐色，眼上有一白點，腰及尾羽淡褐色帶藍色，脅部淡橙色。

相似種

黃尾鴝雌鳥：全身褐色，翼顏色黑褐色，見 P.237。

眼上有一白點
體背褐色
尾羽帶藍色

粗短白眉線
體背上半部藍色

雄鳥
陳永福 / 攝

喉腹體下白色
脅橙色

出現月份 9-4月　食物 🦗

鶲科

黃尾鴝
huang wei qu

Daurian Redstart
Phoenicurus auroreus
普遍冬候鳥

體長 15cm

俗稱【北紅尾鴝】

繁殖地在亞洲東部，冬季遷移到日本、台灣、中國南部及中南半島度冬。金門是冬候鳥，全島都有分布，農地、樹灌叢或住家庭院都可見到牠們。牠有很明顯的度冬領域行為；每年11月左右度冬族群抵達時，常聽到為了建立領域而發出的「叮叮--叮叮--」鳴叫聲，也常見到追逐的行為。以小昆蟲為食，喜歡停在明顯的地方等待獵物出現，停棲時，尾羽會不時的上下搖動。

識別重點

雌雄異色。嘴、眼、腳黑色，翼有白色翼斑。

雄鳥頭頂銀灰色，背、額、臉及喉部黑色。胸、腹及尾羽橙色，中央尾羽黑色。

雌鳥全身大致為褐色，翼黑褐色，餘與雄鳥相似。

相似種

藍尾歌鴝雌鳥脅部橙黃色，尾藍色，沒有白色翼斑，見 P.236。

雌鳥

全身褐色

翼顏色黑褐色

頭頂銀灰色

雄鳥

體背、額、臉及喉部黑色

翼有白斑

胸腹及尾羽橙色

出現月份 9-4月　食物

鶲科

鉛色水鴝
gian se shui qu

Plumbeous Water Redstart
Rhyacornis fuliginosa
迷鳥

體長 13cm

俗稱【紅尾水鴝、鉛色水鶇】

廣泛分布於台灣、中國東部及喜瑪拉雅山一帶。金門無分布，為迷鳥。單獨在溪流等水域活動，喜歡停在水邊的岩石等突出的地方，等待覓食空中的飛蟲。領域性強，常會將尾羽上下擺動，並將尾羽張開成扇形，一擺一張並發出單音連續的「吱」聲。

識別重點

雌雄異色。嘴、眼黑色，腳紅褐色。
雄鳥全身大致為藍灰色，尾部暗栗紅色。
雌鳥頭、背部淡藍色，翼、尾羽褐色，腰白色，腹面淡藍色，喉部較白。

雌鳥

翼、尾羽褐色
腰白色

喉較白

全身藍灰色

雄鳥

尾暗栗紅色

腳紅褐色

出現月份 迷　食物

鶲科

黑ㄏㄟ 喉ㄏㄡ 鴝ㄑㄩ
hei hou qu

Common Stonechat
Saxicola torquatus
普遍冬候鳥

體長 13cm

俗稱【黑喉石鵙】

繁殖地遍及西伯利亞、中國及歐洲，冬季遷移到中國南部、中南半島、印度及非洲度冬。喜歡單獨在空曠的荒草地、農耕地活動，會選擇突出明顯的棲枝停棲，等待地表活動的昆蟲出現，即飛下捕捉，無論是否獵捕成功，會回到原來的棲枝上繼續等待，或短距離的移動。

識別重點

雌雄異色，具繁殖及非繁殖羽色。嘴、眼、腳黑色，三級飛羽羽緣淡色。

雄鳥繁殖羽頭、背面及尾羽黑色，肩羽、腰白色，頸側及腹部白色，胸部橙黃色。非繁殖羽色似雌鳥體色呈紅褐色，眼及眼先黑色。

雌鳥繁殖羽全身紅褐色，背面有黑色縱紋，有淡紅褐色眉線。

相似種

灰叢鴝雌鳥：全身黃褐色，眉線淡褐色，見 P.240。

體背、頭及尾部黑色

換羽中
雄鳥

肩羽、頸側及
腹部白色

繁殖羽
雄鳥

頭部較暗

眼及眼先黑色

全身紅褐色
背有黑縱紋

雌鳥

出現月份 9-4月　食物

鶲科

灰 叢 鴝
hui cong qu

Grey Bushchat
Saxicola ferreus
迷鳥

頭及臉部黑色
白色長眉線

雄鳥

體背黑褐色

喉腹灰白色

體長 15cm

繁殖地在中國中部及東南部、中南半島北部，冬季遷移到中國東南沿海、中南半島及印度北部度冬。習性各方面都和黑喉鴝相似。喜歡單獨在空曠的荒草地、農耕地活動，選擇突出明顯的棲枝停棲，等待捕食地表活動的昆蟲，一出現即飛下捕捉，會回到原來的棲枝上繼續等待。

識別重點

雌雄異色。嘴、眼、腳黑色，三級飛羽羽緣淡色，中央尾羽黑色、外側白色。
雄鳥背面大致為黑褐色，頭、臉黑色，白色長眉線，喉白色，胸、腹部灰色。
雌鳥體色黃褐色，眉線淡褐色。

相似種
黑喉鴝雌鳥：全身紅褐色，背有黑縱紋。見 P.239。

出現月份 9-4月 食物

鶲科

斑 鶲
ban weng

Grey-streaked Flycatcher
Muscicapa griseisticta
稀有過境鳥

眼周白色
腮腺灰褐色
顎線白色
頭、體背至尾暗灰褐色
一道白色翼帶
胸腹有褐色縱紋

體長 13cm

俗稱【灰斑鶲】

繁殖於中國大陸東北及蘇聯，冬季會南遷至中國大陸南方一帶的沿海度冬。喜歡在稀疏的樹林邊緣樹上層活動，曾於南山林道及太武山區發現。常是單獨停在明顯的樹枝上等待機會覓食，當捕捉飛蟲後，有又飛回原棲枝等待的習性。

識別重點

雌雄同色。嘴、眼、腳黑色。頭、背至尾部大致為暗灰褐色，眼先黑色上有一道白線，顎線白色，腮腺灰褐色，有一條白色翼帶，腹面白色，胸、腹側有褐色縱紋。

相似種
烏鶲：腹灰褐色有縱紋，見 P.241。
灰鶲：胸淡褐色，腹白色，嘴略寬，見 P.241。

出現月份 3-5,9-11月 食物

鶲科

烏鶲
wu weng

Dark-sided Flycatcher
Muscicapa sibirica
稀有過境鳥

體長 14cm

俗稱【鮮卑鶲】

繁殖地在西伯利亞、中國大陸東北，冬天至中國大陸南方、中南半島及菲律賓群島度冬。喜歡在稀疏的樹林邊緣樹上層活動，曾於南山林道的行道樹上發現。常單獨停在明顯的樹枝上等待飛蟲，當捕捉飛蟲後，會有又飛回原來的棲枝等待的習性。

識別重點

雌雄同色。嘴黑褐色，眼、腳黑色。體背面大致為暗灰褐色，眼先白線，三級飛羽羽緣乳白色，有一條白色翼帶，腹面灰褐色佈暗色縱紋，下腹較白。

相似種

斑鶲：頸線白色，腮腺灰褐色，胸腹白色有褐色縱紋，見 P.240。
灰鶲：胸淡褐色，腹白色，嘴略寬，見下圖。

出現月份 3-5,9-11月　**食物**

眼周白色
體背暗灰褐色
白色翼帶
腹灰褐色有暗紋

陳永福 / 攝

鶲科

灰鶲
hui weng

Asian Brown Flycatcher
Muscicapa dauurica
稀有過境鳥

體長 13cm

俗稱【寬嘴鶲】

繁殖於西伯利亞、蘇聯、日本北方，冬季會到中國南方、中南半島及菲律賓群島度冬。喜歡在稀疏的樹林邊緣樹的上層活動，曾於南山林道的行道樹上發現。常單獨停在明顯的樹枝上，等待覓食機會，當捕捉到飛蟲後會再飛回原來的棲枝，繼續等待。

識別重點

雌雄同色。嘴、眼、腳黑色，嘴略寬厚。頭、背及尾部大致為灰褐色，眼先白線，眼周白色，胸部淡褐色，腹面白色。

相似種

烏鶲：腹灰褐色有縱紋，見上圖。
斑鶲：頸線白色，腮腺灰褐色，胸腹白色有褐色縱紋，見 P.240。

出現月份 3-5,9-11月　**食物**

嘴略寬厚
眼周白色
頭、體背至尾暗灰褐色
胸淡褐色
腹白色

許晉榮 / 攝

鶲科

鵲鴝
ㄑㄩㄝ˙　ㄑㄩ
que　　**qu**

Oriental Magpie Robin
Copsychus saularis
普遍留鳥

體長 20cm

除了台灣外廣泛分布於中國中、南部、中南半島、菲律賓群島及印度。金門全島可見，常見於人類活動的聚落、農耕地、樹林邊緣及溪流、河川、海岸、泥灘地等環境。通常單獨活動，有極強的領域性，經常見牠雙翅下垂，尾羽翹的高高的。喜歡在地面上以跳躍式前進，尋找昆蟲為食。叫聲婉轉響亮多變化，經常清晨三、四點，天未亮就開始鳴叫。

築巢於建築物孔隙的地方，巢為碗狀以枯草葉、苔蘚及柔軟的羽毛或人工物如塑膠袋、棉線為巢材。

辨別重點

雌雄異色。嘴、眼、腳黑色，尾羽外側白色。

雄鳥除下腹部及肩羽白色外，其他部位為有金屬光澤的黑色。

雌鳥似雄鳥除飛羽外，黑色部份均為灰黑色。

頭胸背及尾羽灰黑色

雌鳥

亞成鳥

出現月份 全年　食物 🐛

· 鵲鴝活動接近人類生活區域。

全身黑色

飛羽黑色

下腹部、肩羽及
尾羽外側白色

腳黑色

雄鳥

· 泥灘濕地活動。

鶲科

藍 磯 鶇

<ruby>藍<rt>ㄌㄢ</rt></ruby> <ruby>磯<rt>ㄐㄧ</rt></ruby> <ruby>鶇<rt>ㄉㄨㄥ</rt></ruby>

lan   ji   dong

Blue Rock Thrush
Monticola solitarius
普遍冬候鳥、稀有留鳥

體長 23cm

俗稱【厝角鳥】

繁殖地在日本、韓國、中國東北、中國南方、南洋群島、中亞及歐洲局部地區，冬季較北方的族群會南遷到中南半島、印度及非洲度冬。喜歡停在突出岩石或建築物上，如屋頂角落的地方，所以被稱為「厝角鳥」，常在海岸邊的聚落發現牠們。以昆蟲為食，領域性強，會經年回到同樣的地方度冬。度冬期很少鳴叫。

識別重點

雌雄異色。嘴、腳黑褐色，眼黑色。
雄鳥頭、胸、背及尾羽藍色，飛羽黑色，腹部及尾下覆羽栗紅色。
雌鳥全身褐色，背羽雜有淺藍色，腹部黃色鱗斑。

相似種

藍腹藍磯鶇雌鳥難以辨認。
見 P.245。

全身褐色
背羽雜淺藍色

腹黃色鱗斑

雌鳥

雄鳥

頭、胸、背及
尾藍色

腹及尾下覆羽
栗紅色

出現月份 9-5月 食物

鶇科

藍ㄌㄢˊ 腹ㄈㄨˋ 藍ㄌㄢˊ 磯ㄐㄧ 鶇ㄉㄨㄥ
li fu lan ji dong

Blue Rock Thrush
Monticola solitarius
迷鳥

雌鳥

背羽雜淺藍色

腹黃色鱗斑

體長 23cm

pandoo 亞種
在台灣及海南島是迷鳥

俗稱【厝角鳥】
繁殖地在新疆西北部、西藏南部、華南地區。習性似藍磯鶇，曾在太武山區發現。

鑑別重點
雌雄異色。嘴、腳黑褐色，眼黑色。
雄鳥全身藍色。
雌鳥全身褐色，背羽雜有淺藍色，腹部黃色鱗斑。

相似種
藍磯鶇雌鳥難以辨認，見 P.244。

出現月份 9-4月　食物

鶇科

白ㄅㄞˊ 腹ㄈㄨˋ 藍ㄌㄢˊ 鶲ㄨㄥ
bai fu lan weng

Blue-and-white Flycatcher
Cyanoptila cyanomelana
稀有過境鳥

雄鳥
林勝惠 / 攝

頭、背及尾藍色

臉及胸黑色

腹白色

體長 16cm

俗稱【白腹姬鶲、白腹琉璃】
繁殖於日本、韓國、中國東北及西伯利亞，冬天遷移至東南亞度冬。喜歡在稀疏的樹林活動，曾在太武山區及雙鯉湖自然中心旁的樹林發現，常單獨停在林緣突出的樹枝上，靜待飛蟲飛過，常捕捉飛蟲後，又飛回原來的棲枝。

鑑別重點
雌雄異色。嘴、眼、腳黑色，體型較大。
雄鳥頭、背及尾羽為有金屬光澤的藍色，臉至胸部黑色，腹部白色。
雌鳥喉、腹部白色外全身顏色為茶褐色。

出現月份 3-5,9-11月　食物

鶲科

白_{ㄅㄞˊ} 眉_{ㄇㄟˊ} 姬_{ㄐㄧ} 鶲_{ㄨㄥ}
bai　mei　ji　weng

Yellow-rumped Flycatcher
Ficedula zanthopygia
迷鳥

雌鳥

‧體背褐色

‧喉、胸及脅部
橙黃色

體長 13m

俗稱【白眉鶲、白眉黃鶲】

繁殖地在中國東部，冬季遷移到南洋群島度冬。金門記錄不詳。牠喜歡單獨在較為開闊的樹林、公園綠林等環境活動，常穿梭於樹林間捕捉飛蟲為食。很少鳴叫。

識別重點

雌雄異色。嘴、眼、腳黑色。
雄鳥頭、背、尾羽大致為黑色，眉線甚短、白色，翼有白斑，喉、胸部橙黃色越下顏色越淡，下腹及尾下腹羽白色。
雌鳥背面褐色，喉、胸及脅橙黃色，下腹部白色。

相似種

黃眉姬鶲雌鳥：全身褐色，喉及下腹部白色。

短白眉線

頭、背及尾黑色

喉胸腹橙黃色

白翼斑

雄鳥

出現月份 3-5,9-11月　食物

鶲科

黃眉姬鶲
huang mei ji weng

體長 14cm

Narcissus Flycatcher
Ficedula narcissina
稀有過境鳥

黃長眉線
頭、背及尾黑色
白翼斑
喉胸腹橙黃色

雄鳥

俗稱【黃眉黃鶲】

繁殖地在中國東北局部地區及庫頁島、千島群島及日本北部，冬季遷移到南洋群島度冬。喜歡在較為開闊的樹林、公園綠林等環境活動，常單獨穿梭於樹林間捕捉飛蟲為食。很少鳴叫。

識別重點

雌雄異色。嘴、眼、腳黑色。

雄鳥頭、背、尾部大致為黑色，長黃眉線，下背、腰橙黃色，翼有白斑，喉、胸部橙黃色越下顏色越淡，下腹及尾下腹羽白色。

雌鳥除喉及下腹部白色外，全身大致為褐色。

相似種

白眉姬鶲雌鳥：體背褐色，喉、胸及脅部橙黃色，見 P.246。

出現月份 3-5,9-11月　食物 🐛

鶲科

紅喉姬鶲
hong hou ji weng

體長 12cm

Red-breasted Flycatcher
Ficedula parva
迷鳥

雌鳥

體背顏色較淡
喉白色

俗稱【紅喉鶲】

繁殖地位於歐亞大陸北部，冬季往南遷移至亞洲南方度冬。習慣將雙翅下垂，尾羽往上翹擺的習性。喜歡在樹林邊緣的下層活動，食物以飛蟲為主，有時也會到地面覓食。

識別重點

雌雄異色。嘴、眼、腳黑色。

雄鳥全身大致為灰褐色，喉部橙黃色，尾羽黑色外側白色。

雌鳥似雄鳥顏色較淡，喉部白色。

相似種

紅尾鶲：體背及尾羽暗栗褐色，頭灰褐色，眼周白色，見 P.248。

出現月份 3-5,9-11月　食物 🐛

鶲科
紅ㄏㄨㄥˊ尾ㄨㄟˇ鶲ㄨㄥ
hong　wei　weng

Ferruginous Flycatcher
Muscicapa ferruginea
稀有過境鳥

亞成鳥

體長 12cm

俗稱【棕尾姬鶲、紅褐鶲】

繁殖地在中國中部及台灣的中高海拔山區，冬季遷移到海南島、中南半島及南洋群島度冬。金門地區曾於春季在農試所農田旁的樹林邊發現一隻。喜歡在稀疏的樹林邊緣中下層活動，常單獨停在明顯的樹枝上，等待飛蟲，捕到飛蟲後，會再飛回原棲枝的習性。

識別重點

雌雄同色。嘴、眼黑色，腳黃褐色。頭部灰褐色，眼周圍白色，背、尾羽暗栗褐色，腰栗色，飛羽黑色、羽緣栗色，腹部淡紅褐色、中央白色。
亞成鳥體上佈滿斑點。

相似種

紅喉姬鶲：體背灰褐色，喉橙黃色，尾羽黑色外側白色，見 P.247。

亞成鳥

眼周白色
頭灰褐色
體背及尾羽暗栗褐色
成鳥
腹淡紅褐色

出現月份 3-5,9-11月　食物

麻雀科 （全世界35種，台灣2種，金門1種）

麻_{ㄇㄚˊ} 雀_{くuせˋ}
ma que

Eurasian Tree Sparrow
Passer montanus
普遍留鳥

體長 14cm

廣泛分布於歐亞大陸。對人類生存的環境非常適應，聚落及田野間很容易可以看到牠們。以穀類、禾本科種子為食，偶而也會吃植物的嫩芽嫩葉或昆蟲。繁殖季在3～10月，在建築物的細縫或現成的樹洞裡築巢，育雛期間主要以昆蟲來餵食幼鳥。非繁殖季節會成群在樹上過夜，黃昏準備過夜時「唧唧喳喳」的叫聲非常的吵雜。

·黃昏時分群聚的麻雀群。

辨別重點

雌雄同色。嘴短粗厚、黑色，眼黑色，腳黃褐色。頭上部暗栗褐色，眼先及喉黑色，耳羽至喉側部白色、臉頰中間有一黑圓斑，頸側有白環，背部暗紅褐色有黑色縱紋，翅膀覆羽末端白色，腹部淡紅褐色，尾羽紅褐色。

頭上栗褐色
耳羽及喉側白色
臉頰黑圓斑
嘴短粗厚黑色
體背暗紅褐色有黑縱紋
頸側白環

出現月份 全年 食物

梅花雀科（全世界140種，台灣5種，金門2種）

斑文鳥
ㄅㄢ ㄨㄣ ㄋㄧㄠˇ
ban wen niao

Scaly-breasted Munia
Lonchura punctulata
普遍留鳥

體長 11cm

廣泛分布於華南、東南亞、南亞及印度。喜成群活動，常在草叢或五節芒上覓食穀類禾本科種子為生。叫聲為輕細連續的單音「匹-匹-」。繁殖季在3～10月，築巢於樹的枝枒間，以芒花梗編築成袋狀的巢。

辨別重點

雌雄同色。嘴短粗厚、鉛灰色，腳黑色。背面褐色，頭部顏色較暗，腹面淡褐色並佈有白色鱗狀斑紋。
亞成鳥腹面無白色鱗狀斑紋。

亞成鳥

頭較暗

成鳥

嘴短粗厚鉛灰色

體背褐色

亞成鳥

腹部淡色佈滿白色鱗狀斑紋

出現月份 全年　食物 🌱

梅花雀科

黑ㄏㄟ 頭ㄊㄡˊ 文ㄨㄣˊ 鳥ㄋㄧㄠˇ
hei tou wen niao

Black-headed Munia
Lonchura malacca
迷鳥

體長 10cm

俗稱【栗腹文鳥】

主要分布於中國華南、東南亞、南亞及印度一帶。是經常被飼養的鳥種之一，在台灣有其他不同的亞種被進口飼養及放生。金門少見，紀錄不詳。常成小群活動，喜歡在草叢、農田裡覓食，以禾本科的草籽及穀類為食。叫聲為輕細連續的單音「匹-匹-」。

識別重點

雌雄同色。嘴短粗厚、鉛色，腳黑色。全身除了頭、喉、腹中央及尾下覆羽黑色外，餘為暗栗色。

許晉榮 / 攝

嘴短粗厚鉛色

體背暗栗色

頭、喉、腹中央
及尾下黑色

出現月份 迷　食物 🌱

鶺鴒科 （全世界62種，台灣10種，金門12種）

黃ㄏㄨㄤ 鶺ㄐㄧ 鴒ㄌㄧㄥ
huang ji ling

Yellow Wagtail
otacilla flava
普遍過境鳥

體長 17cm

俗稱【牛屎鳥】

繁殖地廣佈於歐亞大陸北部，冬季遷移到中國南方、東南亞、印度及非洲度冬。喜歡單獨或成小群在濕地、開闊的草地或農耕地活動，在地面上行走覓食，會不時的上下擺動尾羽。飛行為波浪狀，叫聲為輕細的單音「唧一」。

辨別重點

雌雄同色，具繁殖及非繁殖羽色。本種有白眉及黃眉二個亞種，除繁殖羽頭部有差異外，其餘大致相似。嘴、眼、腳黑色，尾羽黑色外側白色。

白眉黃鶺鴒繁殖羽；頭部灰黑色，白色眉線，背及覆羽綠色，初級飛羽黑色，次級飛羽、中大覆羽灰黑色，末端白色，腹面黃色。

黃眉黃鶺鴒繁殖羽；頭部黃綠色，黃色眉線。其他與白眉黃鶺鴒相似。

非繁殖羽背面灰褐色，但乳白色眉線，腹部灰白色。

相似種

灰鶺鴒：腳黃褐色，體背及翼覆羽鼠灰色或灰色，見 P.253。

頭灰黑色
體背黃綠色
白眉線
腹黃色
繁殖羽
白眉黃鶺鴒

黃眉線
體背灰褐色
非繁殖羽
黃眉黃鶺鴒
腹部灰白
腳黑色
尾羽長兩側白色

出現月份 3-5,9-11月 食物

鶺鴒科

灰 ㄏㄨㄟ 鶺 ㄐㄧ 鴒 ㄌㄧㄥ
hui　ji　ling

Grey Wagtail
Motacilla cinerea
不普遍冬候鳥

體長 18cm

俗稱【牛屎鳥】

繁殖地在西伯利亞、中國東北及北方、韓國、日本、印度北部及歐洲局部地區冬季遷移到東南亞、印度及非洲北部到歐洲的西南部度冬。喜歡單獨在溪流、河溝、淺水灘、浮水植物上或耕地活動，常沿著水邊行走或輕捵水面上覓食飛蠅等小昆蟲為食，有時發現獵物會壓低身體然後突然往獵物衝去，也常發現在地上追逐飛蟲。在農村裡，因牛糞常招來飛蠅，所以牠們常在牛糞邊覓食，因此稱牠們為「牛屎鳥」。牠們會不時的上下擺動尾羽。飛行為波浪狀，常邊飛邊發出連續的「唧唧、唧唧」兩音叫聲。

識別重點

雌雄異色，具繁殖及非繁殖羽色。嘴黑色，腳黃褐色，尾羽黑色外側白色。

雄鳥頭、背及小覆羽鼠灰色，翼及喉部黑色，眉線及顎線白色，腰及腹面橙黃色。非繁殖羽頭背及覆羽呈灰色，喉白色。

雌鳥似雄鳥非繁殖羽，喉部白色。

相似種

黃鶺鴒：體背黃綠色，頭灰黑色，腳黑色，見 P.252。

明顯白色眉線及顎線

頭、體背及翼覆羽鼠灰色

喉黑色

腹黃色

腳黃褐色

**繁殖羽
雄鳥**

頭及翼覆羽灰色

喉白色

**非繁殖羽
雄鳥**

出現月份 9-5月　食物

鶺鴒科

白 face 白 鶺 鴒
bai mian bai ji ling

White Wagtail
Motacilla alba
普遍留鳥

體長 19cm

baicalensis 亞種
白面白鶺鴒繁殖於中國東北地區

俗稱【牛屎鳥】

廣泛分布於歐、亞、非洲，在比較北方繁殖的鳥，冬季會往南遷移。白鶺鴒有11個亞種，金門地區有二個亞種，本種為其中的一種，是普遍的留鳥。喜歡在淺水灘、水溝、畜牧養殖場、濕地、浮水植物或農耕地活動，以蚊蠅等小昆蟲為食，停棲的時候會不時的擺動尾羽。飛行呈波浪狀，常邊飛邊發出數個「唧-唧-」的單音叫聲。白鶺鴒冬季有聚集成群夜棲的習性，沙美公車站旁東南側的行道樹上，曾發現入夜前由四面八方飛來夜棲的個體，數量約300隻左右。

辨別重點

雌雄異色。嘴、眼、腳黑色，尾羽二側為白色。
雄鳥後頭至尾羽及胸部黑色外其餘為白色。
雌鳥似雄鳥，但後頭至背部為灰色。
亞成鳥較似雌鳥，頭部灰色到額頭，有白色眉線，耳羽灰色，腹面全白色。

相似種

黑眼線白鶺鴒：臉白色有細黑色過眼線，見 P.255。

頭部灰色到額頭
有白色眉線
耳羽灰色

亞成鳥

腹面白色

頭後及背部灰色

繁殖羽
雌鳥

出現月份 全年　食物

黑 眼 線 白 鶺 鴒
hei yan xian bai ji ling

White Wagtail
Motacilla alba
普遍留鳥

體長 19cm

ocularis 亞種
黑眼線白鶺鴒越冬在中國南方、台灣、海南島

俗稱【牛屎鳥】
分布習性和白面白鶺鴒同。

識別重點
雌雄異色。嘴、眼、腳黑色，
尾羽二側為白色。
雄鳥後頭、喉、胸及尾羽黑
色，細黑色過眼線，背部灰
色，其他為白色。
雌鳥似雄鳥，但後頭是灰色，
胸為寬黑帶。

相似種
白面白鶺鴒：臉白色無細黑色過眼線。
見 P.254

頭後灰色

胸前寬黑帶

繁殖羽
雌鳥

臉白色有細黑
色過眼線

頭後及尾羽黑色

體背灰色

前胸有黑色塊

尾羽長兩側白色

繁殖羽
雄鳥

出現月份 全年 食物

鶺鴒科

大花鷚
da hua liu

Richard's Pipit
Anthus richardi
普遍冬候鳥

乳黃色眉線

體背黃褐色黑色羽軸
黃褐色羽緣
無翼帶

腳黃褐色

體長 18cm

俗稱【田鷚】

繁殖地在西伯利亞、中國東北及華中一帶，冬季會遷移到東南亞及印度度冬。喜歡在開闊平坦的地方覓食，像是剛翻耕過的農地，常跳跳停停隨時挺直著身體保持警戒的狀態。以地表的昆蟲為食。

識別重點
雌雄同色。體型較大，嘴稍厚黃褐色，腳黃褐色，後腳趾甚長，尾羽外側白色。頭上有細黑縱紋，乳黃色眉線，背面黃褐色、羽軸黑色、羽緣黃褐色，胸及脅部黃褐色，胸有少許黑縱紋，腹央白色。

相似種
小雲雀：頭後有短冠羽，淡黃白眉線，耳栗褐色邊緣白，見 P.209。

出現月份 9-5月　食物

鶺鴒科

樹鷚
shu liu

Olive-backed Pipit
Anthus hodgsoni
普遍冬候鳥

白眉線及頰線

耳羽後方白斑

體背橄欖褐色
有黑色縱紋

體長 14cm

繁殖地在西伯利亞、中國東北、日本及華南局部地區，冬天會遷移到日本、華南、台灣、中南半島、印度及南洋群島度冬。常在公園路旁的短草地、農田活動，像中山紀念林、榕園等便常可見到牠們。通常成小群在地面上覓食昆蟲，尾部會上下擺動。遇有干擾會發出單音的「唧」聲，然後相繼飛到樹上警戒，如果干擾結束便又飛至地面繼續覓食。

識別重點
雌雄同色。嘴、腳黃褐色，後腳趾較長，尾羽外側白色。背面橄欖褐色，有深淺不一的黑色縱紋，白色眉線及頰線，耳羽後方有一白斑為其特徵，胸腹部不均勻的黃白色，自喉下方至胸有黑色縱紋。

相似種
赤喉鷚：體背有黑縱紋，有二道灰色翼帶，頭胸紅褐色，見 P.257。
水鷚：體背灰褐色，有二道白色翼帶，喉白色。
白背鷚：體背灰褐色有四道白色縱線，翼有二道白色橫帶，見 P.258。

出現月份 9-5月　食物

鶺鴒科

赤ィˋ喉ㄏㄡˊ鷚ㄌㄧㄡˋ
chi hou liu

Red-throated Pipit
Anthus cervinus
不普遍過境鳥

體長 15cm

俗稱【紅喉鷚】

繁殖地在北極圈，冬季遷移到東南亞、尼泊爾、中國南方及非洲度冬。金門為過境鳥，春季比較容易發現。喜歡在剛翻耕的農田、短草地或濕地，尋找小昆蟲為食。性機警，覓食的時候會不時挺身張望，尾部也會上下不時的擺動，叫聲為輕細的「茲-」。

辨別重點

雌雄同色，具繁殖及非繁殖羽色。嘴、腳黃褐色，後腳趾較長，尾羽外側白色。

繁殖羽體色有個體差異，大致為頭到胸部紅褐色，頭上有黑色細縱紋，有淡色的眉線，背部灰褐色有黑色縱紋，二道灰白翼帶，腹部淡黃色，脅部有黑色縱紋。

非繁殖羽頭胸背部均灰褐色，腹面白色雜點黃，胸、脅部有黑色縱紋。

相似種

水鷚：體背灰褐色，有二道白色翼帶，喉白色。

白背鷚：體背灰褐色有四道白色縱線，翼有二道白色橫帶，見 P.258。

樹鷚：體背橄欖褐色有黑色縱紋，耳羽後方白斑，見 P.256。

換羽中

頭胸紅褐色

體背灰褐色黑縱紋
二道灰色翼帶

繁殖羽

脅黑色縱紋

出現月份 3-5,9-11月 食物

鶺鴒科

白ㄅㄞˊ 背ㄅㄟˋ 鷚ㄌㄧㄡˋ
bai bei liu

Pechora Pipit
Anthus gustavi
稀有過境鳥

體長 15cm

繁殖地在中國東北局部地區及西伯利亞北部及北極圈內，冬季遷移到南洋群島一帶度冬。習性較為隱密，喜歡在灌草叢、水田等濕地活動，在地面低矮植物上覓食昆蟲。

識別重點

雌雄同色。嘴、腳黃褐色，後腳趾較長，尾羽外側白色。極似赤喉鷚非繁殖羽，背部有四道白色縱線，翼有二道白色橫帶。

相似種

樹鷚：體背橄欖褐色有黑色縱紋，耳羽後方白斑，見 P.256。
赤喉鷚：體背有黑縱紋，有二道灰色翼帶，頭胸紅褐色，見 P.257。
水鷚：體背灰褐色，有二道白色翼帶，喉白色。

出現月份 3-5,9-11月 **食物** 🦗

體背灰褐色有四道白色縱線

翼有二道白色橫帶

後趾極長

鶺鴒科

黃ㄏㄨㄤˊ 腹ㄈㄨˋ 鷚ㄌㄧㄡˋ
huang fu liu

Buff-bellied Pipit
Anthus rubescens
稀有過境鳥

陳王時 / 攝

體長 15cm

俗稱【褐色鷚】

殖地在歐洲及中國新疆、青海、甘肅與西伯利亞南部，冬季往南遷移到歐洲、非洲北部、台灣、中國南方。喜歡在剛翻耕的農田、短草地或濕地，尋找小昆蟲為食。叫聲為輕細的「嗞-」。

識別重點

雌雄同色。嘴黃褐色上方及先端黑色，眼黑色，腳黃褐色。背面灰褐色，淡眉線，有二道白色翼帶，腹面白色，胸、脅部有黑色縱紋，尾羽外側白色。

相似種

樹鷚：體背橄欖褐色有黑色縱紋，耳羽後方白斑，見 P.256。
赤喉鷚：體背有黑縱紋，有二道灰色翼帶，頭胸紅褐色，見 P.257。
白背鷚：體背灰褐色有四道白色縱線，翼有二道白色橫帶，見上圖。

出現月份 3-5,9-11月 **食物** 🦗

喉白色

體背灰褐色

有二道白色翼帶

胸脅黑色縱紋

雀科（全世界125種，台灣11種，金門6種）

花雀 ㄏㄨㄚ ㄑㄩㄝˋ
hua que

Brambling
Fringilla montifringilla
稀有過境鳥

體長 16cm

繁殖地在歐亞大陸的北部，亞洲族群冬季會遷移到日本、韓國及中國東北到東南部一帶度冬。喜歡在灌木草叢地上或公園綠地活動覓食，以草籽等為食。

識別重點

雌雄異色，具繁殖及非繁殖羽色。嘴尖短黃褐色尖端黑色，眼黑色，腳黃褐色。

雄鳥繁殖羽臉及背面大致為黑色，背部羽緣黃褐色，腰及尾上覆羽白色，喉至胸部、小覆羽、脅部橙紅色，腹部白色。雄鳥非繁殖羽似雌鳥。

雌鳥頭部黃褐色頭頂有黑色細斑紋，後頭頸側灰色有二條黑色縱線，餘似雄鳥。

繁殖羽 雄鳥

嘴尖短黃褐色 先端黑色

頭臉黑色

體背黑色 羽緣黃褐色

喉胸翼覆 羽橙紅色

頭黃褐色頭頂細斑紋

後頭頸側灰色有二條 黑色縱線

雌鳥

出現月份 3-5,9-11月　**食物**

雀科

金翅雀
（ㄐㄧㄣ）（ㄔˋ）（ㄑㄩㄝˋ）
jin   chi   que

Oriental Greenfinch
Carduelis sinica
不普遍留鳥

體長 14cm

主要分布於亞洲東部，由勘察加半島往南到中國東南部，冬季部份族群會遷移。在台灣是不普遍的過境鳥，金門則是留鳥，中山紀念林常可發現牠們的蹤跡。成小群在灌木草叢、農田或開闊的樹林裡覓食，主要攝取植物的種子為生。喜停棲在樹林間的樹稍上。叫聲為尖細的「吱－吱－」聲，常一邊飛行一邊鳴叫。曾於中山紀念林高大的松樹上發現牠們的巢，繁殖狀況不明。

識別重點

雌雄異色。嘴短尖錐狀、黃褐色，眼黑色，腳黃褐色。

雄鳥全身大致為橄欖黃褐色，頭部較灰，翼、尾羽黑色基部橙黃色，胸、腹部顏色較淡，腰、初級覆羽、大覆羽、尾下覆羽橙黃色。

雌鳥似雄鳥但顏色較淡不鮮明。

體色較淡

雌鳥

頭灰色

嘴短尖錐狀、黃褐色

全身橄欖黃褐色

飛羽及尾羽黑色基部橙黃色

雄鳥

出現月份 全年　食物

雀科
黃ㄏㄨㄤˊ 雀ㄑㄩㄝˋ
huang que

Eurasian Siskin
Carduelis spinus
稀有過境鳥

體長 12cm

繁殖地分布在歐洲及亞洲的西伯利亞、中國東北、韓國及日本北部，冬季遷移到日本、中國東部及東南部度冬。常成小群在稀疏的樹林活動，覓食植物的種子，常在松樹上覓食松子。

識別重點

雌雄異色。嘴、腳黃褐色。

雄鳥頭頂黑色，背部黃綠色有黑褐色縱紋，臉、胸、腹、腰、尾上覆羽黃色，耳羽、腮灰黑色，翅黑色、羽緣黃色、有二條黃帶，下腹白色有黑色縱紋，尾羽黑色外側黃色。

雌鳥頭頂黃綠色，腹面白色有黑色縱紋，脅淡黃色，其他與雄鳥相似。

陳永福 / 攝

雄鳥
陳永福 / 攝

頭頂黑色

嘴尖短黃褐色

體背黃綠色黑縱紋

翅黑色羽緣黃
兩條黃翼帶

出現月份 3-5,9-11月 **食物**

雀科

小ㄒㄧㄠˇ 黃ㄏㄨㄤˊ 嘴ㄗㄨㄟˇ 雀ㄑㄩㄝˋ
xiao huang zui que

Black-tailed Hawfinch
Eophona migratorius
稀有冬候鳥

體長 18cm

雌鳥

俗稱【小桑鳰、黑尾蠟嘴雀】

繁殖地在中國東部及韓國，冬季會遷移到日本南部及中國東南部度冬。常成小群在稀疏的樹林活動，南山林道等地常可發現。主要以植物種子為食，但也會吃昆蟲。飛行速度很快呈波浪狀，拍翅聲很大。平時叫聲為響亮的「滴-滴-」聲。

辨別重點

雌雄異色。嘴短粗厚、橙黃色尖端黑色，眼暗紅色，腳粉紅色。
雄鳥頭、喉、翅及尾羽黑色有金屬光澤，後頸、背部灰褐色，飛羽末端白色，胸、腹部灰褐色，脅橙褐色，下腹部白色。
雌鳥頭部及喉灰褐色，餘似雄鳥。

頭部及喉部
灰褐色

脅橙褐色

嘴短粗厚橙黃色
先端黑色

體背灰褐色

頭、翼、尾黑色

飛羽白斑末端
白色

雄鳥

出現月份 9-5月　食物

鵐科 （全世界553種，台灣14種，金門11種）

冠ㄍㄨㄢ 鵐ㄨ
guan　wu

Crested Bunting
Melophus lathami
迷鳥

體長 17cm

全身黑色有頭冠
嘴灰褐色
雄鳥
栗紅色飛羽及尾羽

俗稱【鳳頭鵐】

分布於中國南部、緬甸及印度的西北部地區，冬季會有局部遷移現象。喜歡在地面上活動，覓食草籽或穀類。生性怕人，不易接近。

識別重點

雌雄異色。體型較大，嘴灰褐色，眼黑色，腳黃褐色。

雄鳥全身大致為黑色，有冠羽，飛羽及尾羽栗紅色。

雌鳥全身大致暗褐色，胸部有黑褐色縱紋，飛羽及尾羽栗褐色。

出現月份 3-5,9-11月　食物

鵐科

栗ㄌㄧˋ 耳ㄦˇ 鵐ㄨ
li　er　wu

Chestnut-eared Bunting
Emberiza fucata
稀有過境鳥

體長 15cm

頭上及頸灰色黑色細縱紋
頰及耳羽栗褐色
白頰線
黑顎線
體背栗褐色黑褐色縱紋
雄鳥
陳永福 / 攝

俗稱【赤胸鵐】

繁殖地在日本、韓國及中國的東北，冬季會遷移到中國南部、中南半島、尼泊爾及印度度冬。喜歡在灌叢、草叢及農耕地活動，於地上覓食，平時食物主要為草籽或穀物，有時也會吃昆蟲，繁殖季以昆蟲的幼蟲毛蟲為主。叫聲為連續單音的「唧」。

識別重點

雌雄異色。嘴黃褐色，眼黑色、眼周淡黃色，腳橙黃色。

雄鳥頭上、後頸灰色有黑色細縱紋，頰、耳羽栗褐色，耳下有白斑點，頰線白色，顎線黑色，背、腰及尾上覆羽栗褐色，背部有黑褐色縱紋。腹面大致為白色，胸有黑色縱紋，脅及下胸部為栗褐色。

雌鳥似雄鳥，但顏色較淡不鮮明。

相似種

黃眉鵐：頭頂黑褐色淡色頭央線，長黃眉線，見 P.264。

田鵐：白眉線及顎線，耳羽白斑點，二條白色翼帶，見 P.265。

出現月份 9-5月　食物

鵐科
黃ㄏㄨㄤˊ 眉ㄇㄟˊ 鵐ㄨˊ
huang mei wu

Yellow-browed Bunting
Emberiza chrysophrys
稀有過境鳥

雌鳥

體長 15cm

繁殖地在西伯利亞中部，冬季遷移至中國東南沿海省份度冬。喜歡在灌木草叢及農耕地的地上覓食，平時覓食草籽或穀物，有時也會吃昆蟲。

識別重點
雌雄異色。嘴黃褐色上嘴黑色，眼黑色，腳肉色。

雄鳥頭頂黑褐色，中央有一道淡色的頭央線，黃色眉延到頭後，耳羽黑褐色有一白斑，白色顎線。背及尾羽灰褐色，背有紅褐色縱紋，有二條白色翼帶，喉胸有黑褐色縱斑，腹部白色，脅灰色有紅褐色縱紋。

雌鳥大致與雄鳥相似，但顏色較淡。

頭頂黑褐色淡色
頭央線
長黃眉線
耳羽黑褐色
色澤較雄鳥淡
白顎線

相似種
栗耳鵐：頭上及頸灰色黑色細縱紋，頰及耳羽栗褐色，白頰線，黑顎線，見 P.263。
田鵐：頭黑色有冠，白眉線，見 P.265。

出現月份 9-5月　食物

鵐科
黃ㄏㄨㄤˊ 喉ㄏㄡˊ 鵐ㄨˊ
huang hou wu

Yellow-throated Bunting
Emberiza elegans
稀有過境鳥

雄鳥

體長 15cm

繁殖地在屋烏蘇里、中國東北局部地區及朝鮮半島，冬季遷移至日本及中國南部省份度冬。喜歡在灌木草叢及農耕地的地上覓食，平時食物主要為草籽或穀物，有時也會吃昆蟲。

識別重點
雌雄異色。嘴黃褐色上嘴黑色，眼黑色，腳褐色。
雄鳥：頭頂黑褐色，有羽冠，黃色眉到後頭，耳羽黑褐色有一白斑，白色顎線，喉部黃色，胸有黑色三角色塊，背部灰褐色有紅褐色縱紋，腹部白色，喉胸有黑褐色縱斑，脅灰色有紅褐色縱紋。
雌鳥：大致與雄鳥相似，但顏色較淡。

頭頂黑褐色，有羽冠
黃色喉部
黑顎腺
胸有黑色三角色塊

相似種　黃眉鵐：羽冠不明顯，見上圖。

出現月份 9-5月　食物

非繁殖羽
雄鳥

- 頭黑色有冠
- 白眉線及顎線
- 耳羽白斑點
- 體背栗褐色有黑褐色縱紋 二條白色翼帶

鵐科

田 _{ㄊㄧㄢ} 鵐 _ㄨ

tian   wu

Rustic Bunting
Emberiza rustica

稀有過境鳥

體長 15cm

繁殖地在西伯利亞，冬季會往南遷移到日本、韓國及中國東南及東北一帶度冬。喜歡在灌木草叢及農耕地的地上覓食，平時食物主要為草籽或穀物，有時也吃昆蟲，繁殖季則以昆蟲的幼蟲毛蟲為主。平時叫聲為連續單音的「唧」。

 識別重點

雌雄異色，具繁殖及非繁殖羽色。嘴黃褐色上嘴黑色，眼黑色，腳橙黃色。

雄鳥繁殖羽頭部黑色有冠羽，白眉線及顎線，耳羽下方有白斑點，背部、腰及尾上覆羽栗褐色，背部有黑褐色縱紋，翼有二條白色翼帶，腹面白色，脅及胸側栗褐色，尾黑褐色。非繁殖似雌鳥。

雌鳥似雄鳥，但顏色較淡不鮮明，頭頂及耳羽褐色。

相似種

栗耳鵐：頰及耳羽栗褐色，白頰線，黑顎線，見 P.263。

黃眉鵐：長黃眉線，耳羽黑褐色，二條白色翼帶，見 P.264。

出現月份 9-5月　食物 🦗 🌱

雌鳥

- 上下眼眶白色
- 體背人致為橄欖褐色 二條黃翼帶
- 脅黑褐色縱紋

鵐科

繡 _{ㄒㄧㄡ} 眼 _{ㄧㄢ} 鵐 _ㄨ

xiu   yan   wu

Japanese Yellow Bunting
Emberiza sulphurata

稀有過境鳥

體長 13cm

俗稱【野鵐】

繁殖地侷限於日本北部，冬季遷移到日本南部及菲律賓群島度冬。本種被列為易受威脅的鳥類之一。喜歡在農耕地、灌木草叢的地上覓食，以草籽或穀類為食。叫聲為輕細的單音「唧」。

 識別重點

雌雄異色。嘴肉色上嘴暗褐色，眼黑色、上下眼眶白色，腳肉色。

雄鳥背面大致為灰綠色，背部有黑色縱紋，翼有二條黃翼帶，腹面淡黃色，脅有黑褐色縱紋。

雌鳥背面大致為橄欖褐色，其他與雄鳥相似。

出現月份 3-5,9-11月　食物 🦗 🌱

鵐科

金 ㄐㄧㄣ 鵐 ㄨ

ya wu

Yellow-breasted Bunting
Emberiza aureola
稀有過境鳥

體長 14cm

繁殖地侷限於日本北部，冬季遷移到日本南部及菲律賓群島度冬。本種被列為易受威脅的鳥類之一。喜歡在農耕地、灌木草叢的地上覓食，以草籽或穀類為食。叫聲為輕細的單音「唧」。

識別重點

雌雄異色，具繁殖及非繁殖羽色。嘴肉色上嘴暗色，眼黑色，腳肉色，翼有二條白色細翼帶。

雄鳥繁殖羽背面大致為暗栗褐色，背有黑色縱紋，尾羽、飛羽黑褐色，翼有白斑及細帶，臉及喉黑色，胸、腹部金黃色，胸襟有暗栗褐色橫帶，脅有褐色縱紋。

雌鳥背面大致為褐色有栗色縱紋，黃色眉線，腹面淡黃色，脅有褐色縱紋。

相似種 銹鵐：二條黃翼帶，眼眶白色，見 P.267。

非繁殖羽雄鳥
黃色眉線
淡黃腹
脅褐色縱紋

雌鳥
體背褐色黑色縱紋

繁殖羽雄鳥
喉臉黑色
二條白翼帶
胸腹金黃色
體背暗栗褐色黑色縱紋
脅褐色縱紋

出現月份 3-5,9-11月　食物

鵐科

銹(ㄒㄧㄡ)鵐(ㄨ)
xiu wu

Chestnut Bunting
Emberiza rutila
稀有過境鳥

體長 14cm

**繁殖羽
雄鳥**

俗稱【栗鵐】

繁殖地在西伯利亞及中國東北一帶，冬季遷移到中國東南及中南半島度冬。喜歡在農耕地、灌木草叢的地上覓食，以草籽或穀類為食。叫聲為輕細的單音「唧」。

辨別重點

雌雄異色，具繁殖及非繁殖羽色。嘴肉色上嘴暗色，眼黑色，腳肉色。

雄鳥繁殖羽頭、上胸，背部為栗紅色，尾羽及飛羽褐色、有淺褐色羽緣，下胸及腹部黃色，脅有褐色縱紋。

雌鳥似金鵐雌鳥，但有黑色頸線，沒有翼帶。

相似種

金鵐雌鳥：有二條白色細翼帶，見 P.266。

脅褐色縱紋

頭、胸、背
栗紅色

下胸及腹黃色

鵐科

黑ㄏㄟ 臉ㄌㄧㄢˇ 鵐ㄨˊ
hei　lian　wu

Black-faced Bunting
Emberiza spodocephala

普遍冬候鳥

體長 15cm

俗稱【灰頭鵐】

繁殖地在西伯利亞南部、中國北度、東北部及日本北部，冬季遷移到華中及華南一帶度冬。常成小群躲藏在灌草叢裡活動，不容易被看到，另外也會到樹林邊緣草地，農耕地、或公園綠地活動，主要在地面上覓食植物的種子、草籽為生，有時也會吃毛蟲等昆蟲。叫聲為輕細的單音「茲-」。

識別重點

雌雄異色。有二個亞種，金門地區以灰頭黑臉　較常見。嘴肉色上嘴暗褐色，眼黑色，腳橙黃色。

雄鳥頭部、胸部灰黑色，眼先黑色，背部及尾羽灰褐色，背有黑色縱紋，腹部淡黃色，脅部有褐色縱紋。

雌鳥頭部灰褐色，頭頂、耳羽有細黑色縱紋，黃白色眉線及顎線，胸有褐色縱紋。

頭胸灰黑色

背部及尾羽灰褐色
背有黑色縱紋

眼先黑色

脅褐色縱紋

雄鳥

頭灰褐色

頭頂及耳細黑縱紋

雌鳥

胸褐色

出現月份 9-5月　食物

鵐科

小 ㄒㄧㄠˇ 鵐 ㄨˊ
xiao **wu**

Little Bunting
Emberiza pusilla
稀有過境鳥

體長 13cm

繁殖地在亞洲北方的寒帶地區，冬季會遷移到中國東南一帶及台灣度冬。喜歡在蘆葦叢、灌叢、草地、菜園及農耕地上覓食，食物主要為草籽，有時也會吃植物的嫩芽嫩葉及毛蟲。叫聲為輕細的單音「唧」。

識別重點

雌雄異色。嘴暗色，眼黑色，腳肉色。

雄鳥頭部紅褐色，頭側線、顎線黑色，眉線淡紅褐色，頰線黃白色，背、尾部灰褐色有黑色縱紋，翼紅褐色、羽軸黑色、羽緣淡棕色，腹面白色，胸、脅部有黑色細縱紋。

雌鳥似雄鳥但顏色較淡，沒有黑色頭側線，頭頂有細縱紋。

頭紅褐色有冠
黑頭側線及顎線
臉紅褐色
體背灰褐色黑色縱紋

雄鳥

相似種

栗耳鵐：頭上及頸灰色黑色細縱紋，頰及耳羽栗褐色，見 P.263。

出現月份 9-4月　食物

鵐科

葦 ㄨㄟˇ 鵐 ㄨˊ
wei **wu**

Pallas' Reed Bunting
Emberiza pallasi
迷鳥

體長 14cm

繁殖地主要在亞洲的北方寒帶地區，另一繁殖區在西伯利亞南部到蒙古北部，冬季會遷移到中國東北以南到香港一帶及韓國和日本一帶度冬。喜歡在蘆葦草叢或草地上覓食，食物有蘆葦草籽。

識別重點

雌雄異色，具繁殖及非繁殖羽色。嘴暗色，眼黑色，腳黃褐色。

雄鳥繁殖羽頭、上胸黑色，顎線白色，背部及翼紅褐色有黑色縱紋，腰灰色，尾黑褐色，頸側、下胸及腹部白色。非繁殖羽似雌鳥。

雌鳥頭上褐色有黑色細縱紋，背部似雄鳥但顏色較淡，眉線乳黃色，耳羽褐色，顎線黑褐色，腹面淡褐色。

雌鳥

體背紅褐色黑色縱紋
耳羽褐色
顎線黑褐色
腹淡褐色

出現月份 9-4月　食物

金門
Kinmen

附 錄

中名索引

中名漢語拼音索引

英名索引

學名索引

金門鳥類名錄

本書鳥種分類依據2007年臺灣鳥類誌編寫小組審定臺灣鳥類名錄及「Howard & Moore, A Complete Checklist of the World, 3rd ed. 2003」之版本。生息狀態則依鳥類資料庫及金門鳥會記錄與部份個人資料編寫。

中文目名 / 科名	中文名（原中名）	羅馬拼音	英名 / 學名	生息狀態
雞形目 / 雉科	鵪鶉	an chun	Japanese Quail *Coturnix japonica*	不明
	⑭環頸雉	huan jing zhi	Common Pheasant *Phasianus colchicus*	普遍留鳥
雁形目 / 雁鴨科	鴻雁	hong yan	Swan Goose *Anser cygnoides*	稀有冬候鳥
	豆雁	dou yan	Bean Goose *Anser fabalis*	稀有冬候鳥
	小天鵝（鵠）	xiao tian e	Tundra Swan *Cygnus columbianus*	迷鳥
	大天鵝（黃嘴天鵝）	da tian e	Whooper Swan *Cygnus cygnus*	迷鳥
	翹鼻麻鴨（花鳧）	qiao bi ma ya	Common Shelduck *Tadorna tadorna*	稀有冬候鳥
	黃麻鴨（瀆鳧）	huang ma ya	Ruddy Shelduck *Tadorna ferruginea*	稀有冬候鳥
	⑭鴛鴦	yuan yang	Mandarin Duck *Aix galericulata*	迷鳥
	赤膀鴨	chi pang ya	Gadwall *Anas strepera*	稀有冬候鳥
	羅紋鴨	luo wen ya	Falcated Teal *Anas falcata*	稀有冬候鳥
	赤頸鴨	chi jing ya	Eurasian Wigeon *Anas penelope*	普遍冬候鳥
	葡萄胸鴨	pu tao xiong ya	American Wigeon *Anas americana*	迷鳥
	綠頭鴨	lu tou ya	Mallard *Anas platyrhynchos*	不普遍冬候鳥
	斑嘴鴨（花嘴鴨）	ban zui ya	Spot-billed Duck *Anas poecilorhyncha*	普遍留鳥
	琵嘴鴨	pi zui ya	Northern Shoveler *Anas clypeata*	不普遍冬候鳥
	尖尾鴨（針尾鴨）	jian wei ya	Northern Pintail *Anas acuta*	普遍冬候鳥
	白眉鴨	bai mei ya	Garganey *Anas querquedula*	不普遍冬候鳥

中文目名/科名	中文名（原中名）	羅馬拼音	英名/學名	生息狀態
	花臉鴨（巴鴨）	hua lian ya	Baikal Teal *Anas formosa*	稀有冬候鳥
	小水鴨	xiao shui ya	Common or Green-winged Teal *Anas crecca*	普遍冬候鳥
	紅頭潛鴨（磯雁）	hong tou qian ya	Common Pochard *Aythya ferina*	稀有冬候鳥
	青頭潛鴨	qing tou qian ya	Baer's Pochard *Aythya baeri*	迷鳥
	鳳頭潛鴨（澤鳧）	feng tou qian ya	Tufted Duck *Aythya fuligula*	不普遍冬候鳥
	斑背潛鴨（鈴鴨）	ban bei qian ya	Greater Scaup *Aythya marila*	不普遍冬候鳥
	斑臉海番鴨	ban lian hai fan ya	White-winged Scoter *Melanitta fusca*	迷鳥
	川秋沙（普通秋沙鴨）	chuan qiu sha	Goosander or Common Merganser *Mergus merganser*	迷鳥
潛鳥目/潛鳥科	紅喉潛鳥	hong hou qian niao	Red-throated Loon *Gavia stellata*	迷鳥
	黑喉潛鳥	hei hou qian niao	Black-throated Loon *Gavia arctica*	迷鳥
鸌形目/信天翁科	黑腳信天翁	hei jiao xin tian weng	Black-footed Albatross *Phoebastria nigripes*	迷鳥
	短尾信天翁	duan wei xin tian weng	Short-tailed Albatross *Phoebastria albatrus*	迷鳥
鷿鷈目/鷿鷈科	小鷿鷈	xiao pi ti	Little Grebe *Tachybaptus ruficollis*	普遍留鳥
	冠鷿鷈	guan pi ti	Great Crested Grebe *Podiceps cristatus*	稀有冬候鳥
	角鷿鷈	jiao pi ti	Slavonian or Horned *Grebe Podiceps auritus*	迷鳥
	黑頸鷿鷈	hei jing pi ti	Black-necked Eared Grebe *Podiceps nigricollis*	迷鳥
鸛形目/鸛科	⊛黑鸛	hei quan	Black Stork *Ciconia nigra*	稀有冬候鳥
	⊛東方白鸛	dong fang bai quan	Oriental White Stork *Ciconia boyciana*	稀有冬候鳥
鷺科	⊛琵鷺（白琵鷺）	pi lu	Eurasian Spoonbill *Platalea leucorodia*	稀有冬候鳥

中文目名／科名	中文名（原中名）	羅馬拼音	英名／學名	生息狀態
	⊛黑面琵鷺（黑臉琵鷺）	hei mian pi lu	Black-faced Spoonbill *Platalea minor*	稀有冬候鳥
鷺科	大麻鷺	da ma lu	Eurasian Bittern *Botaurus stellaris*	稀有冬候鳥
	黃斑葦鷺（黃小鷺）	huang ban wei lu	Yellow Bittern *Ixobrychus sinensis*	普遍過境鳥
	紫背葦鷺（秋小鷺）	zi bei wei lu	Schrenk's Bittern *Ixobrychus eurhythmus*	迷鳥
	栗葦鷺（栗小鷺）	li wei lu	Cinnamon Bittern *Ixobrychus cinnamomeus*	普遍夏候鳥
	黃頸黑鷺	huang jing hei lu	Black Bittern *Dupetor flavicollis*	迷鳥
	夜鷺	ye lu	Black-crowned Night Heron *Nycticorax nycticorax*	普遍留鳥
	綠簑鷺（綠鷺）	lu suo lu	Striated Heron *Butorides striata*	稀有過境鳥
	池鷺（沼鷺）	chi lu	Chinese Pond Heron *Ardeola bacchus*	普遍冬候鳥
	牛背鷺（黃頭鷺）	niu bei lu	Cattle Egret *Bubulcus ibis*	普遍冬候鳥 過境鳥
	蒼鷺	cang lu	Grey Heron *Ardea cinerea*	普遍冬候鳥
	草鷺（紫鷺）	cao lu	Purple Heron *Ardea purpurea*	稀有冬候鳥
	大白鷺	da bai lu	Great Egret *Ardea alba*	普遍冬候鳥 過境鳥
	中白鷺	zhong bai lu	Intermediate Egret *Egretta intermedia*	普遍冬候鳥 過境鳥
	小白鷺	xiao bai lu	Little Egret *Egretta garzetta*	普遍留鳥 過境鳥
	岩鷺	yan lu	Pacific Reef Egret *Egretta sacra*	不明
	⊛唐白鷺（黃嘴白鷺）	tang bai lu	Chinese Egret *Egretta eulophotes*	稀有過境鳥
軍艦鳥科	黑腹軍艦鳥（軍艦鳥）	hei fu jun jian niao	Great Frigatebird *Fregata minor*	迷鳥
鵜形目／鵜鶘科	斑嘴鵜鶘（灰鵜鶘）	ban zui ti hu	Spot-billed Pelican *Pelecanus philippensis*	迷鳥
鸕鷀科	鸕鷀（普通鸕鷀）	lu ci	Great Cormorant *Phalacrocorax carbo*	普遍冬候鳥

中文目名/科名	中文名（原中名）	羅馬拼音	英名/學名	生息狀態
	丹氏鸕鷀	dan shi lu ci	Japanese Cormorant *Phalacrocorax capillatus*	迷鳥
	海鸕鷀	hai lu ci	Pelagic Cormorant *Phalacrocorax pelagicus*	迷鳥
隼形目/隼科	㉑紅隼	hong sun	Common Kestrel *Falco tinnunculus*	稀有冬候鳥
	㉑燕隼	yan sun	Eurasian Hobby *Falco subbuteo*	稀有過境鳥
	㉑遊隼（隼）	you sun	Peregrine Falcon *Falco peregrinus*	稀有冬候鳥
鷹科	㉑魚鷹（鶚）	yu ying	Osprey *Pandion haliaetus*	不普遍冬候鳥
	㉑東方蜂鷹（蜂鷹/鵰頭鷹）	dong fang feng ying	Oriental Honey Buzzard *Pernis ptilorhynchus*	稀有過境鳥
	㉑黑翅鳶	hei chi yuan	Black-shouldered Kite *Elanus caeruleus*	稀有留鳥
	㉑黑鳶（老鷹）	hei yuan	Black Kite *Milvus migrans*	稀有過境鳥 冬候鳥
	㉑栗鳶	li yuan	Barhming Kite *Haliastur indus*	迷鳥
	㉑白腹海鵰	bai fu hai diau	White-bellied Sea Eagle *Haliaeetus leucogaster*	迷鳥
	㉑東方澤鵟 （澤鵟/白腹鷂）	dong fang ze yao	Eastern Marsh Harrier *Circus spilonotus*	稀有過境鳥
	㉑灰鵟（灰澤鵟）	hui yao	Northern Harrier/Hen Harrier *Circus cyaneus*	稀有過境鳥
	㉑鵲鵟（花澤鵟）	que yao	Pied Harrier *Circus melanoleucos*	稀有過境鳥
	㉑赤腹鷹	chi fu ying	Chinese Goshawk *Accipiter soloensis*	稀有過境鳥
	㉑日本松雀鷹	ri ben song que ying	Japanese Sparrowhawk *Accipiter gularis*	稀有過境鳥
	㉑松雀鷹	song que ying	Besra *Accipiter virgatus*	不明
	㉑北雀鷹	bei que ying	Eurasian Sparrowhawk *Accipiter nisus*	稀有過境鳥
	㉑蒼鷹	cang ying	Northern Goshawk *Accipiter gentilis*	稀有過境鳥

中文目名／科名	中文名（原中名）	羅馬拼音	英名／學名	生息狀態
	🈯灰面鵟鷹（灰面鵟）	hui mian kuang ying	Grey-faced Buzzard *Butastur indicus*	不普遍過境鳥
	🈯鵟（普通鵟）	kuang	Eurasian Buzzard *Buteo buteo*	不普遍冬候鳥
	🈯毛足鵟	mao zu kuang	Rough-legged Buzzard *Buteo lagopus*	迷鳥
鶴形目／秧雞科	灰胸紋秧雞（灰胸秧雞）	hui xiong wen yang ji	Slaty-breasted Rail *Gallirallus striatus*	迷鳥
	秧雞	yang ji	Water Rail *Rallus aquaticus*	迷鳥
	白胸苦惡鳥（白腹秧雞）	bai xiong ku e niao	White-breasted Waterhen *Amaurornis phoenicurus*	普遍留鳥
	紅胸田雞（緋秧雞）	hong xiong tian ji	Ruddy-breasted Crake *Porzana fusca*	迷鳥
	董雞	dong ji	Watercock *Gallicrex cinerea*	稀有過境鳥
	紅冠水雞	hong guan shui ji	Common Moorhen *Gallinula chloropus*	普遍留鳥
	白骨頂（白冠雞）	bai gu ding	Common Coot *Fulica atra*	普遍冬候鳥
鴴形目／蠣鷸科	蠣鷸（蠣鴴）	li yu	Eurasian Oystercatcher *Haematopus ostralegus*	普遍留鳥
長腳鷸科	長腳鷸 （高蹺鴴／黑翅長腳鷸）	chang jiao yu	Black-winged Stilt *Himantopus himantopus*	稀有冬候鳥
	反嘴長腳鷸 （反嘴鴴）	fan zui chang jiao yu	Pied Avocet *Recurvirostra avosetta*	稀有冬候鳥
鴴科	鳳頭麥雞（小辮鴴）	feng tou mai ji	Northern Lapwing *Vanellus vanellus*	不普遍過境鳥
	灰頭麥雞（跳鴴）	hui tou mai ji	Grey-headed Lapwing *Vanellus cinereus*	稀有過境鳥
	金斑鴴（太平洋金斑鴴）	jin ban heng	Pacific Golden Plover *Pluvialis fulva*	普遍冬候鳥 過境鳥
	灰斑鴴	hui ban heng	Grey Plover/Black-bellied Plover *Pluvialis squatarola*	不普遍冬候鳥
	長嘴鴴（劍鴴）	chang zui heng	Long-billed Plover *Charadrius placidus*	迷鳥
	小環頸鴴（金眶鴴）	xiao huan jing heng	Little Ringed Plover *Charadrius dubius*	普遍冬候鳥
	東方環頸鴴（環頸鴴）	dong fang huan jing heng	Kentish Plover *Charadrius alexandrinus*	不普遍留鳥 普遍冬候鳥

中文目名／科名	中文名（原中名）	羅馬拼音	英名／學名	生息狀態
	蒙古鴴（蒙古沙鴴）	meng gu heng	Lesser Sand Plover *Charadrius mongolus*	不普遍冬候鳥 過境鳥
	鐵嘴鴴（鐵嘴沙鴴）	tie zui heng	Greater Sand Plover *Charadrius leschenaultii*	不普遍冬候鳥 普遍過境鳥
	東方紅胸鴴（東方鴴）	dong fang hong xiong heng	Oriental Plover *Charadrius veredus*	迷鳥
彩鷸科	彩鷸	cai yu	Greater Painted-snipe *Rostratula benghalensis*	迷鳥
水雉科	水雉	shui zhi	Pheasant-tailed Jacana *Hydrophasianus chirurgus*	迷鳥
鷸科	山鷸（丘鷸）	shan yu	Eurasian Woodcock *Scolopax rusticola*	稀有過境鳥
	中田鷸（中地鷸）	zhong tian yu	Swinhoe's Snipe *Gallinago megala*	稀有過境鳥
	田鷸（扇尾沙錐）	tian yu	Common Snipe *Gallinago gallinago*	不普遍冬候鳥
	長嘴半蹼鷸	chang zui ban pu yu	Long-billed Dowitcher *Limnodromus scolopaceus*	迷鳥
	半蹼鷸	ban pu yu	Asian Dowitcher *Limnodromus semipalmatus*	迷鳥
	黑尾鷸	hei wei yu	Black-tailed Godwit *Limosa limosa*	稀有過境鳥
	斑尾鷸	ban wei yu	Bar-tailed Godwit *Limosa lapponica*	稀有過境鳥
	小杓鷸	xiao shao yu	Little Curlew *Numenius minutus*	稀有過境鳥
	中杓鷸	zhong shao yu	Whimbrel *Numenius phaeopus*	普遍冬候鳥
	白腰杓鷸（大杓鷸）	bai yao shao yu	Eurasian Curlew *Numenius arquata*	普遍冬候鳥
	紅腰杓鷸（甆鷸）	hong yao shao yu	Far Eastern Curlew *Numenius madagascariensis*	稀有過境鳥
	鶴鷸	he yu	Spotted Redshank *Tringa erythropus*	稀有過境鳥
	赤足鷸	chi zu yu	Common Redshank *Tringa totanus*	普遍冬候鳥
	澤鷸（小青足鷸）	ze yu	Marsh Sandpiper *Tringa stagnatilis*	不普遍過境鳥
	青足鷸	qing zu yu	Common Greenshank *Tringa nebularia*	普遍冬候鳥

中文目名/科名	中文名（原中名）	羅馬拼音	英名/學名	生息狀態
	諾氏鷸	luo shi yu	Nordmann's Greenshank *Tringa guttifer*	稀有過境鳥
	白腰草鷸（草鷸）	bai yao cao yu	Green Sandpiper *Tringa ochropus*	不普遍冬候鳥
	鷹斑鷸（林鷸）	ying ban yu	Wood Sandpiper *Tringa glareola*	普遍過境鳥
	翹嘴鷸（反嘴鷸）	qiao zui yu	Terek Sandpiper *Xenus cinereus*	不普遍過境鳥 稀有冬候鳥
	磯鷸	ji yu	Common Sandpiper *Actitis hypoleucos*	普遍冬候鳥
	黃足鷸（灰尾鷸）	huang zu yu	Grey-tailed Tattler *Heteroscelus brevipes*	普遍過境鳥 稀有冬候鳥
	翻石鷸	fan shi yu	Ruddy Turnstone *Arenaria interpres*	普遍過境鳥 冬候鳥
	大濱鷸（姥鷸）	da bin yu	Great Knot *Calidris tenuirostris*	不普遍過境鳥
	紅腹濱鷸 （漂鷸/細嘴濱鷸）	hong fu bin yu	Red Knot *Calidris canutus*	稀有過境鳥
	三趾濱鷸（三趾鷸）	san zhi bin yu	Sanderling Calidris *Calidris alba*	不普遍冬候鳥
	紅頸濱鷸 （紅胸濱鷸/穉鷸）	hong jing bin yu	Red-necked Stint *Calidris ruficollis*	普遍冬候鳥 過境鳥
	長趾濱鷸（雲雀鷸）	chang zhi bin yu	Long-toed Stint *Calidris subminuta*	稀有過境鳥
	尖尾濱鷸（尖尾鷸）	jian wei bin yu	Sharp-tailed Sandpiper *Calidris acuminata*	普遍過境鳥
	彎嘴濱鷸（滸鷸）	wan zui bin yu	Curlew Sandpiper *Calidris ferruginea*	不普遍過境鳥
	黑腹濱鷸（濱鷸）	hei fu bin yu	Dunlin *Calidris alpina*	普遍冬候鳥 過境鳥
	琵嘴鷸	pi zui yu	Spoon-billed Sandpiper *Eurynorhynchus pygmeus*	稀有過境鳥
	闊嘴鷸（寬嘴鷸）	kuo zui yu	Broad-billed Sandpiper *Limicola falcinellus*	稀有過境鳥
	流蘇鷸	liu su yu	Ruff *Philomachus pugnax*	迷鳥
	紅領瓣足鷸	hong ling ban zu yu	Red-necked Phalarope *Phalaropus lobatus*	不普遍過境鳥
	灰瓣足鷸	hui ban zu yu	Grey Phalarope/Red Phalarope *Phalaropus fulicarius*	迷鳥

中文目名 / 科名	中文名（原中名）	羅馬拼音	英名 / 學名	生息狀態
燕鴴科	Ⓟ燕鴴（普通燕鴴）	yan heng	Oriental Pratincole *Glareola maldivarum*	不普遍過境鳥
鷗科	黑尾鷗	hei wei ou	Black-tailed Gull *Larus crassirostris*	稀有冬候鳥
	海鷗	hai ou	Mew Gull *Larus canus*	稀有冬候鳥
	銀鷗（織女銀鷗 / 黑脊鷗）	yin ou	Herring Gull *Larus argentatus*	稀有冬候鳥
	灰背鷗（大黑脊鷗）	hui bei ou	Slaty-backed Gull *Larus schistisagus*	稀有冬候鳥
	漁鷗	yu ou	Great Black-backed Gull *Larus ichthyaetus*	迷鳥
	紅嘴鷗	hong zui ou	Common Black-headed Gull *Larus ridibundus*	普遍冬候鳥
	黑嘴鷗	hei zui ou	Saunders's Gull *Larus saundersi*	稀有冬候鳥
	三趾鷗	san zhi ou	Black-legged Kittiwake *Rissa tridactyla*	迷鳥
	鷗嘴燕鷗（鷗嘴噪鷗）	ou zui yan ou	Gull-billed Tern *Sterna nilotica*	稀有過境鳥
	裏海燕鷗	li hai yan ou	Caspian Tern *Sterna caspia*	普遍冬候鳥
	鳳頭燕鷗 （大鳳頭燕鷗）	feng tou yan ou	Greater Crested Tern *Sterna bergii*	普遍過境鳥
	粉紅燕鷗（紅燕鷗）	fen hong yan ou	Roseate Tern *Sterna dougallii*	稀有夏候鳥
	Ⓟ黑枕燕鷗（蒼燕鷗）	hei zhen yan ou	Black-naped Tern *Sterna sumatrana*	稀有夏候鳥 過境鳥
	燕鷗（普通燕鷗）	yan ou	Common Tern *Sterna hirundo*	不普遍過境鳥
	Ⓟ小燕鷗（白額燕鷗）	xiao yan ou	Little Tern *Sterna albifrons*	普遍過境鳥
	Ⓟ白眉燕鷗（褐翅燕鷗）	bai mei yan ou	Bridled Tern *Sterna anaethetus*	迷鳥
	黑腹浮鷗（黑腹燕鷗）	hei fu fu ou	Whiskered Tern *Chlidonias hybrida*	不普遍過境鳥
	白翅黑浮鷗（白翅黑燕鷗）	bai chi hei fu ou	White-winged Black Tern *Chlidonias leucopterus*	不普遍過境鳥
	Ⓟ白頂玄燕鷗（玄燕鷗）	bai ding xuan yan ou	Brown Noddy *Anous stolidus*	稀有過境鳥

中文目名/科名	中文名（原中名）	羅馬拼音	英名/學名	生息狀態
鴿形目/鳩鴿科	金背鳩	jin bei jiu	Oriental Turtle Dove *Streptopelia orientalis*	普遍冬候鳥
	珠頸斑鳩（斑頸鳩）	zhu jing ban jiu	Spotted-necked Dove *Streptopelia chinensis*	普遍留鳥
	紅鳩	hong jiu	Red Turtle Dove *Streptopelia tranquebarica*	稀有留鳥
	灰斑鳩	hui ban jiu	Eurasian Collared Dove *Streptopelia decaocto*	迷鳥
	綠鳩	lu jiu	White-bellied Green Pigeon *Treron sieboldii*	迷鳥
	斑尾鵑鳩	ban wei juan jiu	Barred Cuckoo Dove *Macropygia unchall*	迷鳥
鵑形目/杜鵑科	栗翅鳳鵑 （冠郭公/紅翅鳳頭鵑）	li chi feng juan	Chestnut-winged Cuckoo *Clamator coromandus*	迷鳥
	鷹鵑	ying juan	Large Hawk-Cuckoo *Cuculus sparverioides*	稀有夏候鳥
	四聲杜鵑	si sheng du juan	Indian Cuckoo *Cuculus micropterus*	不普遍夏候鳥
	中杜鵑（筒鳥）	zhong du juan	Himalayan Cuckoo *Cuculus saturatus*	稀有過境鳥
	小杜鵑	xiao du juan	Lesser Cuckoo *Cuculus poliocephalus*	不明
	噪鵑（鬼郭公）	zao juan	Common Koel *Eudynamys scolopaceus*	不普遍夏候鳥
	小鴉鵑（番鵑）	xiao ya juan	Lesser Coucal *Centropus bengalensis*	稀有留鳥
	褐翅鴉鵑	he chi ya juan	Greater Coucal *Centropus sinensis*	普遍留鳥
	烏鵑	wu juan	Drongo Cuckoo *Surniculus lugubris*	不明
鴞形目/草鴞科	㊟草鴞	cao xiao	Grass Owl *Tyto capensis*	迷鳥
鴟鴞科	㊟領角鴞	ling jing xiao	Collared Scops Owl *Otus bakkamoena*	迷鳥
	㊟東方角鴞（日本角鴞）	dong fang jing xiao	Oriental Scops Owl *Otus sunia*	稀有過境鳥
	㊟褐鷹鴞	he ying xiao	Brown Hawk-Owl *Ninox scutulata*	稀有過境鳥
	㊟長耳鴞	chang er xiao	Long-eared Owl *Asio otus*	稀有過境鳥

中文目名 / 科名	中文名（原中名）	羅馬拼音	英名 / 學名	生息狀態
	㊣短耳鴞	duan er xiao	Short-eared Owl *Asio flammeus*	稀有冬候鳥 過境鳥
夜鷹目 / 夜鷹科	普通夜鷹	pu tong ya ying	Grey Nightjar *Caprimulgus indicus*	稀有過境鳥
雨燕目 / 雨燕科	叉尾雨燕（白腰雨燕）	cha wei yu yan	Fork-tailed or Pacific Swift *Apus pacificus*	稀有過境鳥
	白喉針尾雨燕	bai hou zhen wei yu yan	White-throated Needletail *Hirundapus caudacutus*	稀有過境鳥
	家雨燕（小雨燕）	jia yu yan	House Swift *Apus nipalensis*	普遍留鳥 過境鳥
佛法僧目 / 佛法僧科	三寶鳥（佛法僧）	san bao niao	Dollarbird *Eurystomus orientalis*	稀有過境鳥
翠鳥科	赤翡翠	chi fei cui	Ruddy Kingfisher *Halcyon coromanda*	稀有過境鳥
	白胸翡翠（蒼翡翠）	bai xiong fei cui	White-throated Kingfisher *Halcyon smyrnensis*	不普遍留鳥
	黑頭翡翠（藍翡翠）	hei tou fei cui	Black-capped Kingfisher *Halcyon pileata*	稀有冬候鳥
	斑翡翠	ban fei cui	Lesser Pied Kingfisher *Ceryle rudis*	不普遍留鳥
	翠鳥	cui niao	Common Kingfisher *Alcedo atthis*	普遍留鳥
蜂虎科	栗喉蜂虎	li hou feng hu	Blue-tailed Bee-eater *Merops superciliosus*	普遍夏候鳥
戴勝科	戴勝	dai sheng	Common Hoopoe *Upupa epops*	普遍留鳥
鴷形目 / 啄木鳥科	蟻鴷（地啄木）	yi lie	Northern Wryneck *Jynx torquilla*	稀有冬候鳥
雀形目 / 山椒鳥科	黑翅山椒（暗灰鵑鵙）	hei chi shan jiao	Black-winged Cuckoo-shrike *Coracina melaschistos*	迷鳥
伯勞科	紅頭伯勞	hong tou bo lao	Bull-headed Shrike *Lanius bucephalus*	迷鳥
	㊣紅尾伯勞	hong wei bo lao	Brown Shrike *Lanius cristatus*	普遍過境鳥 稀有冬候鳥
	棕背伯勞	zong bei bo lao	Long-tailed Shrike *Lanius schach*	普遍留鳥
	楔尾伯勞	xie wei bo lao	Chinese Grey Shrike *Lanius sphenocercus*	迷鳥
黃鸝科	黃鸝	huang li	Black-naped Oriole *Oriolus chinensis*	稀有過境鳥

中文目名/科名	中文名（原中名）	羅馬拼音	英名/學名	生息狀態
卷尾科	大卷尾（黑卷尾）	da juan wei	Black Drongo *Dicrurus macrocercus*	稀有留鳥 普遍夏候鳥
	灰卷尾	hui juan wei	Ashy Drongo *Dicrurus leucophaeus*	稀有過境鳥
	髮冠卷尾	fa guan juan wei	Hair-crested Drongo *Dicrurus hottentottus*	稀有過境鳥
王鶲科	黑枕王鶲（黑枕藍鶲）	hei zhen wang weng	Black-naped Monarch *Hypothymis azurea*	迷鳥
	亞洲壽帶（亞洲綬帶）	ya zhou shou dai	Asian Paradise-flycatcher *Terpsiphone paradisi*	稀有過境鳥
	㊞紫壽帶（綬帶鳥）	zi shou dai	Japanese Paradise-flycatcher *Terpsiphone atrocaudata*	稀有過境鳥
鴉科	灰樹鵲（樹鵲）	hui shu que	Grey Treepie *Dendrocitta formosae*	迷鳥
	㊞喜鵲	xi que	Common Magpie *Pica pica*	普遍留鳥
	禿鼻鴉	tu bi ya	Rook *Corvus frugilegus*	迷鳥
	玉頸鴉	yu jing ya	Collared Crow *Corvus pectoralis*	不普遍留鳥
	巨嘴鴉	ju zui ya	Large-billed Crow/Jungle Crow *Corvus macrorhynchos*	迷鳥
	達里烏寒鴉	da li wu han ya	Daurion Jackdaw *Corvus dauuricus*	迷鳥
	小嘴鴉	xiao zui ya	Carrion Crow *Corvus corone*	迷鳥
攀雀科	攀雀	pan que	Penduline Tit *Remiz pendulinus*	稀有冬候鳥
燕科	棕沙燕（褐喉沙燕）	zong sha yan	Plain Martin *Riparia paludicola*	不普遍過境鳥
	灰沙燕	hui sha yan	Collared Sand Martin/Bank Swallow *Riparia riparia*	迷鳥
	家燕	jia yan	Barn Swallow *Hirundo rustica*	普遍夏候鳥 過境鳥
	洋燕（洋斑燕）	yang yan	Pacific Swallow *Hirundo tahitica*	不普遍過境鳥
	金腰燕	jin yao yan	Red-rumped Swallow *Cecropis daurica*	稀有過境鳥
	赤腰燕（斑腰燕）	chi yao yan	Striated Swallow *Cecropis striolata*	稀有過境鳥

中文目名/科名	中文名（原中名）	羅馬拼音	英名/學名	生息狀態
百靈科	歐亞雲雀（雲雀）	ou ya yun que	Eurasian Skylark *Alauda arvensis*	稀有過境鳥
	小雲雀	xiao yun que	Oriental Skylark *Alauda gulgula*	普遍留鳥
扇尾鶯科	棕扇尾鶯（錦鴝）	zong shan wei ying	Zitting Cisticola *Cisticola juncidis*	不普遍過境鳥
	灰頭鷦鶯	hui tou jiao ying	Yellow-bellied Prinia *Prinia flaviventris*	普遍留鳥
	褐頭鷦鶯	he tou jiao ying	Plain Prinia *Prinia inornata*	普遍留鳥
鵯科	白頭翁（白頭鵯）	bai tou weng	Light-vented Bulbul *Pycnonotus sinensis*	普遍留鳥
	紅嘴黑鵯（黑鵯）	hong zui hei bei	Black Bulbul *Hypsipetes leucocephalus*	迷鳥
	栗背短腳鵯	li bei duan jiao bei	Chestnut Bulbul *Hypsipetes castanonotus*	稀有過境鳥
鶯科	短尾鶯	duan wei ying	Asian Stubtail *Urosphena squameiceps*	迷鳥
	短翅樹鶯（日本樹鶯）	duan chi shu ying	Japanese Bush Warbler *Cettia diphone*	稀有冬候鳥 過境鳥
	強腳樹鶯（台灣小鶯）	jiang jiao shu ying	Brownish-flanked Bush Warbler *Cettia fortipes*	迷鳥
	東方大葦鶯（大葦鶯）	dong fang da wei ying	Oriental Reed Warbler *Acrocephalus orientalis*	普遍冬候鳥
	雙眉葦鶯	shuang mei wei ying	Black-browed Reed Warbler *Acrocephalus bistrigiceps*	迷鳥
	褐色柳鶯（褐柳鶯）	he shui liu ying	Dusky Warbler *Phylloscopus fuscatus*	普遍冬候鳥
	黃腰柳鶯	huang yao liu ying	Pallas's Warbler *Phylloscopus proregulus*	迷鳥
	黃眉柳鶯	huang mei liu ying	Yellow-browed Warbler *Phylloscopus inornatus*	稀有冬候鳥
	極北柳鶯	ji bei liu ying	Arctic Warbler *Phylloscopus borealis*	稀有冬候鳥 過境鳥
	淡腳柳鶯	dan jiao liu ying	Pale-legged Leaf Warbler *Phylloscopus tenellipes*	迷鳥
	冠羽柳鶯	guan yu liu ying	Eastern Crowned Warbler *Phylloscopus coronatus*	迷鳥
	雙斑綠柳鶯	shuang ban luliu ying	Two-barred Warbler *Phylloscopus plumbeitarsus*	迷鳥

中文目名/科名	中文名（原中名）	羅馬拼音	英名/學名	生息狀態
畫眉科	大陸畫眉（畫眉）	da lu hua mei	Melodious Laughing Thrush *Garrulax canorus*	稀有留鳥
繡眼科	綠繡眼	lu xin yan	Japanese White-eye *Zosterops japonicus*	普遍留鳥
戴菊科	戴菊	dai ju	Goldcrest *Regulus regulus*	迷鳥
椋鳥科	八哥	ba ge	Crested Myna *Acridotheres cristatellus*	普遍留鳥
	家八哥	jia ba ge	Common Myna *Acridotheres tristis*	籠中逸鳥
	紫背椋鳥（小椋鳥）	zi bei liang niao	Chestnut-cheeked Starling *Sturnus philippensis*	稀有過境鳥
	灰背椋鳥（噪林鳥）	hui bei liang niao	White-shouldered Starling *Sturnus sinensis*	稀有冬候鳥
	粉紅椋鳥	fen hong liang niao	Rosy Starling *Sturnus roseus*	迷鳥
	絲光椋鳥	si guang liang niao	Red-billed Starling *Sturnus sericeus*	普遍冬候鳥
	灰椋鳥	hui liang niao	White-cheeked Starling *Sturnus cineraceus*	普遍冬候鳥
	歐洲椋鳥 （歐洲八哥/紫翅椋鳥）	ou zhou liang niao	European Starling *Sturnus vulgaris*	迷鳥
	黑領椋鳥	hei ling liang niao	Black-collared Starling *Sturnus nigricollis*	不普遍留鳥
鶇科	白眉地鶇	bai mei di dong	Siberian Thrush *Zoothera sibirica*	迷鳥
	虎斑地鶇（虎鶇）	hu ban di dong	Scaly Thrush *Zoothera dauma*	不普遍冬候鳥
	灰背鶇（灰背赤腹鶇）	hui bei dong	Grey-backed Thrush *Turdus hortulorum*	稀有冬候鳥
	烏灰鶇	wu hui dong	Japanese Thrush *Turdus cardis*	稀有過境鳥
	黑鶇（烏鶇）	hei dong	Eurasian Blackbird *Turdus merula*	不普遍留鳥
	白眉鶇	bai mei dong	Eyebrowed Thrush *Turdus obscurus*	不普遍冬候鳥
	白腹鶇	bai fu dong	Pale Thrush *Turdus pallidus*	普遍冬候鳥
	赤胸鶇（赤腹鶇）	chi xiong dong	Brown-headed Thrush *Turdus chrysolaus*	普遍冬候鳥

中文目名/科名	中文名（原中名）	羅馬拼音	英名/學名	生息狀態
	斑點鶇	ban dian dong	Dusky Thrush *Turdus eunomus*	普遍冬候鳥
	白斑紫嘯鶇	bai ban zi xiao dong	Blue Whistling-Thrush *Myiophoneus caeruleus*	稀有留鳥 冬候鳥
鶇科	紅喉歌鴝（野鴝）	hong hou ge qu	Siberian Rubythroat *Luscinia calliope*	不普遍冬候鳥
	藍尾歌鴝（藍尾鴝）	lan wei ge qu	Orange-flanked Bush Robin *Luscinia cyanura*	不普遍冬候鳥
	黃尾鴝（北紅尾鴝）	huang wei qu	Daurian Redstart *Phoenicurus auroreus*	普遍冬候鳥
	鉛色水鴝 （鉛色水鶇/紅尾水鴝）	gian se shui qu	Plumbeous Water Redstart *Rhyacornis fuliginosa*	迷鳥
	黑喉鴝	hei hou qu	Common Stonechat *Saxicola torquatus*	普遍冬候鳥
	灰叢鴝	hui cong qu	Grey Bushchat *Saxicola ferreus*	迷鳥
	藍磯鶇	lan ji dong	Blue Rock Thrush *Monticola solitarius*	普遍冬候鳥 稀有留鳥
	藍腹藍磯鶇	li fu lan ji dong	Blue Rock Thrush *Monticola s.pandoo*	迷鳥
	鵲鴝	que qu	Oriental Magpie Robin *Copsychus saularis*	普遍留鳥
	斑鶲（灰斑鶲）	ban weng	Grey-streaked Flycatcher *Muscicapa griseisticta*	稀有過境鳥
	烏鶲（鮮卑鶲）	wu weng	Dark-sided Flycatcher *Muscicapa sibirica*	稀有過境鳥
	灰鶲（寬嘴鶲）	hui weng	Asian Brown Flycatcher *Muscicapa dauurica*	稀有過境鳥
	紅尾鶲（棕尾姬鶲）	hong wei weng	Ferruginous Flycatcher *Muscicapa ferruginea*	稀有過境鳥
	白眉姬鶲（白眉鶲）	bai mei ji weng	Yellow-rumped Flycatcher *Ficedula zanthopygia*	迷鳥
	黃眉姬鶲（黃眉黃鶲）	huang mei ji weng	Narcissus Flycatcher *Ficedula narcissina*	稀有過境鳥
	紅喉姬鶲（紅喉鶲）	hong hou ji weng	Red-breasted Flycatcher *Ficedula parva*	迷鳥
	白腹藍鶲（白腹琉璃）	bai fu lan weng	Blue-and-white Flycatcher *Cyanoptila cyanomelana*	稀有過境鳥

中文目名 / 科名	中文名（原中名）	羅馬拼音	英名 / 學名	生息狀態
	銅藍鶲	tong lan weng	Asian Verditer Flycatcher *Eumyias thalassina*	稀有過境鳥
麻雀科	麻雀	ma que	Eurasian Tree Sparrow *Passer montanus*	普遍留鳥
梅花雀科	斑文鳥	ban wen niao	Scaly-breasted Munia *Lonchura punctulata*	普遍留鳥
	黑頭文鳥（栗腹文鳥）	hei tou wen niao	Black-headed Munia *Lonchura malacca*	迷鳥
鶺鴒科	山鶺鴒	shan ji ling	Forest Wagtail *Dendronanthus indicus*	迷鳥
	黃鶺鴒	huang ji ling	Yellow Wagtail *Motacilla flava*	普遍過境鳥
	黃頭鶺鴒	huang tou ji ling	Citrine Wagtail *Motacilla citreola*	迷鳥
	灰鶺鴒	hui ji ling	Grey Wagtail *Motacilla cinerea*	不普遍冬候鳥
	白面白鶺鴒	bai mian bai ji ling	White Wagtail *Motacilla alba baicalensis*	普遍留鳥
	黑眼線白鶺鴒	hei yan xian bai ji ling	White Wagtail *Motacilla alba ocularis*	普遍留鳥
	布萊氏鷚	bu lai shi liu	Blyth's Pipit *Anthus godlewskii*	迷鳥
	大花鷚（田鷚）	da hua liu	Richard's Pipit *Anthus richardi*	普遍冬候鳥
	樹鷚	shu liu	Olive-backed Pipit *Anthus hodgsoni*	普遍冬候鳥
	白背鷚	bai bei liu	Pechora Pipit *Anthus gustavi*	稀有過境鳥
	赤喉鷚（紅喉鷚）	chi hou liu	Red-throated Pipit *Anthus cervinus*	不普遍過境鳥
	黃腹鷚（褐色鷚）	huang fu liu	Buff-bellied Pipit *Anthus rubescens*	稀有過境鳥
	水鷚（小水鷚 / 褐色鷚）	shui liu	Water Pipit *Anthus spinoletta*	不明
雀科	花雀	hua que	Brambling *Fringilla montifringilla*	稀有過境鳥
	金翅雀	jin chi que	Oriental Greenfinch *Carduelis sinica*	不普遍留鳥
	黃雀	huang que	Eurasian Siskin *Carduelis spinus*	稀有過境鳥

中文目名/科名	中文名（原中名）	羅馬拼音	英名/學名	生息狀態
	錫嘴雀（臘嘴雀）	xi zui que	Hawfinch *Coccothraustes* *coccothraustes*	稀有過境鳥
	小黃嘴雀 （小桑鳵/黑尾蠟嘴雀）	xiao huang zui que	Yellow-billed Grosbeak *Eophona migratoria*	稀有冬候鳥
	黃嘴雀（桑鳵）	huang zui que	Japanese Grosbeak *Eophona personata*	稀有冬候鳥
鵐科	冠鵐（鳳頭鵐）	guan wu	Crested Bunting *Melophus lathami*	迷鳥
	栗耳鵐（赤胸鵐）	li er wu	Chestnut-eared Bunting *Emberiza fucata*	稀有過境鳥
	小鵐	xiao wu	Little Bunting *Emberiza pusilla*	稀有過境鳥
	黃眉鵐	huang mei wu	Yellow-browed Bunting *Emberiza chrysophrys*	稀有過境鳥
	田鵐	tian wu	Rustic Bunting *Emberiza rustica*	稀有過境鳥
	黃喉鵐	huang hou wu	Yellow-throated Bunting *Emberiza elegans*	稀有過境鳥
	金鵐	jin wu	Yellow-breasted Bunting *Emberiza aureola*	稀有過境鳥
	銹鵐（栗鵐）	xiu wu	Chestnut Bunting *Emberiza rutila*	稀有過境鳥
	繡眼鵐（野鵐）	xiu yan wu	Japanese Yellow Bunting *Emberiza sulphurata*	稀有過境鳥
	黑臉鵐（灰頭鵐）	hei lian wu	Black-faced Bunting *Emberiza spodocephala*	普遍冬候鳥
	葦鵐	wei wu	Pallas's Bunting *Emberiza pallasi*	迷鳥
	紅頸葦鵐	hong jing wei wu	Ochre-rumped Bunting *Emberiza yessoensis*	迷鳥

金門保育鳥類名單/43種

水 鳥

瀕臨絕種：
東方白鸛、黑面琵鷺

珍貴稀有種：
黑鸛、琵鷺、鴛鴦
唐白鷺、水雉、彩鷸
燕鴴、黑枕燕鷗
小燕鷗、白眉燕鷗
白頂玄燕鷗

陸 鳥

瀕臨絕種：
鷲鷹科 / 魚鷹、東方蜂鷹、黑翅鳶、黑鳶、栗鳶、白腹海鵰、鵑鵳
灰鷂、東方澤鵟、赤腹鷹、日本松雀鷹、松雀鷹、北雀鷹
蒼鷹、灰面鵟鷹、鵟、毛足鵟、遊隼、燕隼、紅隼

鴟鴞目 / 草鴞、領角鴞、東方角鴞、褐鷹鴞、長耳鴞、短耳鴞

珍貴稀有種：
環頸雉、紫壽帶

其他應予保育種：
紅尾伯勞、喜鵲

國家圖書館出版品預行編目資料

觀鳥金門：金門賞鳥指南 / 梁皆得 撰文. 攝影
－－初版. －－金門縣金城鎮：金縣府, 2008.
07
　面；　公分
ISBN 978-986-01-4770-4（精裝）
1.鳥　2.賞鳥　3.動物圖鑑　4.福建省金門縣

388.8231025　　　　　　　　　　97012802

書　　　名：觀鳥金門（金門賞鳥指南）

出版發行：金門縣政府

發 行 人：李炷烽

總 策 劃：林振查

指　　導：林志國 邊金靜 李奕珊

地　　址：金門縣金城鎮民生路60號

電　　話：(082)324174

傳　　真：(082)320432

網　　址：http://tour.kinmen.gov.tw

企劃製作：社團法人中華民國野鳥學會

編輯顧問：馮雙

撰　　文：梁皆得

攝　　影：梁皆得

美術編輯：伯驊印刷設計工作室

印　　刷：伯驊印刷有限公司

出版日期：2008年8月初版一刷

ISBN：978-986-01-4770-4

GPN：1009701859

工 本 費：新台幣300元

雨燕科 (雨燕) p.178

鳩鴿科 (鳩) p.166

雉科 (雉) p.62

杜鵑科 (杜鵑) p.168

鴉科 (鴉) p.198

啄木鳥科 (啄木) p.190

椋鳥科 (椋鳥) p.219

夜鷹科 (夜鷹) p.178

戴勝科 (戴勝) p.188

鶇科 (鶇) p.228

燕科 (燕) p.205

畫眉科 (畫眉) p.21

攀雀科 (攀雀) p.204

百靈科 (雲雀) p.209

鷚科 (鷚) p.256

鶺鴒科 (鶺鴒) p.252

蠣鴴科 (蠣鴴) p.118

彩鷸科 (彩鷸) p.130

反嘴鷸科 (長腳鷸) p.120

鷸科 (鷸) p.132

鷗科 (鷗) p.154

鷗科 (燕鷗) p.158

鴴科 (鴴) p.121

燕鴴科 (燕鴴) p.154

水雉科 (水雉) p.131

猛禽類

隼科 (隼) p.101

鴟鴞科 (鴟鴞) p.174

鷲鷹科 (鷹) p.103

草鴞科 (草鴞) p.174